VERBOTENE
GESCHICHTE

Lars A. Fischinger

VERBOTENE GESCHICHTE

Die großen Geheimnisse der Menschheit
und was die Wissenschaft
uns verschwiegen hat

Mit einem Vorwort
von Andreas Wilhelm

Ansata

Verlagsgruppe Random House FSC-DEU-0100
Das für dieses Buch verwendete
FSC®-zertifizierte Papier *EOS*
liefert Salzer Papier, St. Pölten, Austria.

Ansata Verlag
Ansata ist ein Verlag der Verlagsgruppe Random House GmbH

ISBN 978-3-7787-7436-6

In Erinnerung an die Vordenker der Prä-Astronautik
und des Phantastischen
in der ehemaligen Sowjetunion:

DR. DR. MATEST M. AGREST
(20. Juli 1915 bis 20. September 2005)

DR. WJATSCHESLAW SAIZEW
(leider unbekannt)

ALEXANDER PETROWITSCH KASANZEW
(2. September 1906 bis 13. September 2002)

Und in Freundschaft für

PETRA FREY
MARIO »OSSI« RINGMANN

»*Was wir wissen, ist ein Tropfen;*
was wir nicht wissen, ein Ozean.«

Sir Isaac Newton
(1643 bis 1727, britischer Astronom, Physiker, Philosoph
und Mathematiker)

»*Es ist schwieriger,*
eine vorgefasste Meinung zu zertrümmern als ein Atom.«

Albert Einstein
(1879 bis 1955, deutscher Physiker und Nobelpreisträger)

»*Nichts ist schrecklicher als ein Lehrer,*
der nicht mehr weiß als das, was die Schüler wissen sollen.«

Johann Wolfgang von Goethe
(1749 bis 1832, deutscher Dichter und Naturwissenschaftler)

»*Die Neugier steht immer an erster Stelle eines Problems,*
das gelöst werden will.«

Galileo Galilei
(1564 bis 1642, italienischer Astronom, Mathematiker und Physiker)

INHALT

VORWORT
VON ANDREAS WILHELM

Geschichte voller Rätsel, rätselhafte Geschichte

Ich bin kein Wissenschaftler. Ich bin nicht einmal Geschichtsstudent oder wenigstens Hobby-Archäologe. Und als Lars A. Fischinger mich fragte, ob ich bereit sei, ein Vorwort für sein neues Buch zu schreiben, glaubte ich daher zunächst an eine Verwechslung. Aber je mehr ich darüber nachdachte, desto besser verstand ich die Idee. Denn tatsächlich gibt es viele Gemeinsamkeiten zwischen uns dreien; Lars A. Fischinger, Ihnen, dem Leser oder der Leserin, und mir: Wir interessieren uns für Rätsel der Welt und der Geschichte, uns locken offene Fragen. Wir ziehen in Betracht, dass es Dinge gibt, die anders sind, als man es uns weismachen möchte. Wir sind Skeptiker.

In meinen Romanen habe ich Geheimgesellschaften, Mythologie und Rätsel vergangener Kulturen verarbeitet, von den Templern und den Rosenkreuzern über die Kabbala, das Erbe der Blutlinie Jesu, Sintflutlegenden, Aleister Crowley, die Tabula Smaragdina, das Alter der Pyramiden, den ägyptischen Ketzerpharao Echnaton bis hin zu den Prophezeiungen von Edgar Cayce und dem verlorenen

Atlantis. All dies war möglich, weil ich Bücher wie dieses von Lars A. Fischinger, schon immer verschlungen habe. Von dort war es nicht weit, sich die berühmte Schriftsteller-Frage zu stellen: »Was wäre, wenn …?«

Aber Romane sind Fiktion, egal wie nah sie an der Realität sind. Und wie viel faszinierender ist es, sich zu vergegenwärtigen, dass so viele Rätsel tatsächlich noch nicht gelöst sind.

Das liefert natürlich endlosen Raum für Spekulationen, und wo eine Antwort fehlt, lassen sich mit hinreichend vielen Annahmen fast beliebig viele Theorien aufstellen. Wenn nur in Platons Bericht über Atlantis die Größenangaben nicht stimmen, oder wenn die Ortsangaben nicht stimmen, oder wenn die Zeitangaben nicht stimmen, oder wenn, wenn, wenn. Kein Wunder, dass auf diese Weise Atlantis nicht nur vor Kuba oder der Westküste Afrikas, sondern auch in Südspanien, in Südengland, auf Helgoland oder in der Antarktis vermutet werden kann.

Es ist prinzipiell nicht hoch genug anzurechnen, wenn etablierte Lehrmeinungen immer wieder hinterfragt und herausgefordert werden. Das akademische Establishment baut immanent auf Expertentum und Hoheitswissen auf, daher ist es zwangsläufig konservativ im Sinne der Machterhaltung. So erinnern einen die Geschichtswissenschaften mitunter an jene Szene aus dem Film *Die Truman Show*, in der Truman schon als Kind der Forscherdrang ausgeredet werden soll, indem eine Lehrerin auf seinen Berufswunsch »Forscher« hin eine Weltkarte ausrollt und lapidar verkündet: »Tja, da kommst du zu spät, es ist schon alles entdeckt worden.«

Bedauerlicherweise kommen allerdings die meisten der Skeptiker-Theorien auf atemberaubende und marktschreierische Weise daher, ganz nach dem Motto: Solange es keinen Beweis dagegen gibt, kann die Theorie nicht widerlegt werden und ist demnach so wahrscheinlich wie jede andere.

So werden die Skeptiker oft ungewollt zu ebensolchen Dogmatikern wie jene, die sie kritisieren. Denn natürlich ist die Abwesenheit von Gegenbeweisen längst kein Beweis für die Richtigkeit einer Theorie. Wer von den Lesern tiefer in diese Logik eintauchen möchte, dem sei eine Internetrecherche nach der Beweistheorie ans Herz gelegt. Und auch die Menge an nötigen Annahmen, um eine Theorie zu untermauern, wäre korrekterweise zu berücksichtigen, denn nach dem »Ockhams Rasiermesser«-Prinzip ist allgemein jene Lösung als am wahrscheinlichsten zu betrachten, die am wenigsten Annahmen benötigt.

Lars A. Fischinger hebt sich auf wohltuende Weise von der Masse ab, indem er ein Skeptiker unter den Skeptikern ist. Er behauptet nicht, er dokumentiert. Er breitet die bekannten Fakten aus, ebenso wie die dazugehörigen Theorien. So hinterfragt er nicht nur das gängige Weltbild, sondern auch die vielfältigen Ansichten und Ideen dazu und überlässt es dem Leser, sich eine abschließende Meinung darüber zu bilden.

Am Ende bleiben die meisten Rätsel ungelöst, und das ist gerade das Schöne daran. Wir sind zwar auf der Suche nach Antworten, was uns aber fasziniert, was uns antreibt, sind die offenen Fragen.

Wir kommen nicht zu spät. Es ist noch nicht alles entdeckt. Lars A. Fischinger rollt die Weltkarte aus und zeigt auf die vielen weißen Flecken. Wenn das nicht Stoff für neue Abenteuerromane ist!

Andreas Wilhelm
im Mai 2010

PROLOG DES AUTORS

»Keine Angst vor kühnen Gedanken!«, sagt ein schreibender Freund von mir gern – und spricht mir damit aus der Seele. Denn »kühne Gedanken« werden auch in diesem Buch ausgesprochen, in dem es um die Geschichte jenseits der Geschichte geht, wie wir sie aus der Schule kennen – die *Verbotene Geschichte* …

Die Geschichte des Rätselhaften und Unfassbaren. Voller Phänomene und Begebenheiten, die von der Community der etablierten Wissenschaft ignoriert oder in Schubladen mit Etiketten wie »Skurriles« verbannt werden.

Mich faszinieren diese Schubladen. Seit mehr als zwei Jahrzehnten schon nähere ich mich ihnen immer wieder, puste den Staub weg, den sie angesetzt haben, und öffne sie. Begierig. Neugierig. Denn sie enthalten den Fundus des Phantastischen, des Sonderbaren aus dieser und vielleicht auch anderen Welten und haben es verdient, unvoreingenommen studiert und diskutiert zu werden.

Dass Sie nicht alles blind glauben, was man Ihnen in der Schule beigebracht hat oder im Fernsehen vorsetzt, davon gehe ich aus – sonst hätte dieses Buch wohl kaum Ihr Interesse geweckt. Doch seien Sie bitte genauso vor-urteils-frei und wachsam, wenn Sie in die packende Welt der Grenzwissenschaften eintauchen.

Ich halte es zwar mit *Hamlet:* »Es gibt mehr Dinge zwischen Himmel und Erde, als sich unsere Weisheit träumen lässt.« Und in diesem Sinne folgt *Die Verbotene Geschichte* Shakespeare. Aber ich schließe mich auch den Worten an, die mein Freund und Autorenkollege Walter-Jörg Langbein schon 1993 in seinem Bestseller *Die großen Rätsel der letzten 2500 Jahre* schrieb:

»Es muss nicht alles so sein, es kann auch ganz anders sein. Manche Rätsel sind Scheinrätsel, manche werden zu welchen gemacht, manche aber widerstehen ziemlich hartnäckig allzu glatten Erklärungsversuchen.«

Begleiten Sie mich nun bitte hinter den Vorhang des Scheins. Und haben Sie keine Angst vor kühnen Gedanken.

Lars A. Fischinger
Malta, September 2010

TEIL I

ARCHÄOLOGISCHE
MYSTERIEN

1

EINE 65 MILLIONEN JAHRE ALTE KULTUR IN RUMÄNIEN?

Kein Dinosaurier hat sich je einem Menschen genähert.

Ganz einfach, weil Menschen noch nicht lebten, als die Erde von den Dinos bevölkert war, versichern uns Anthropologen und Evolutionsforscher.

Was aber, wenn doch …

Vielleicht im Nordosten Rumäniens?

»Es begann mit einem Anruf«, schrieb der Wiener Autor Peter Krassa 1991. Der rumänische Ingenieur Eugen Tanvuia, der damals schon seit etwa 17 Jahren in Österreich lebte, hatte ihm von einer sensationellen Entdeckung berichtet, die im Zuge von Bauarbeiten im Zentrum der rumänischen Stadt Iaşi (Jassy) im Herbst 1990 gemacht worden war: Bei Ausschachtungen für ein neues Gebäude stießen die Arbeiter unversehens auf den Zugang zu einem unterirdischen Höhlensystem. Handelte es sich dabei etwa um die Hinterlassenschaft einer fremden, urzeitlichen Zivilisation? Einiges sprach dafür.

Denn versperrt wurde der Eingang von einer etwa drei Meter großen, runden Metallplatte, die die Geologen, die angeblich hinzugezogen wurden, vor ein Rätsel stellten. Bald kam die Vermutung auf, dass die Platte »mit unserer derzeitigen Technologie nicht hätte hergestellt werden können«.

Die Platte war mit 14 ebenfalls runden Ornamenten versehen. Im Zentrum von vier dieser Schmuckwerke befand sich das Abbild eines Menschen, der einen Schwanz hatte und fremdartig anmutende Kleidung trug. Das Ganze erinnert irgendwie an mittelamerikanische Maya- oder Azteken-Kunst. Zwei Ringe sind um diese Wesen im Zentrum angebracht, von denen der innere Ring eine Schrift enthalten könnte (siehe Bildteil). Der äußere Ring dagegen »zeigt Darstellungen saurierähnlicher Monster«, wie Tanvuia Peter Krassa berichtete. Was auch bei den mit den Untersuchungen befassten rumänischen Wissenschaftlern die Frage aufwarf: Wurden auf den Reliefs humanoide Wesen einer unbekannten Menschenrasse entdeckt, die gleichzeitig mit den Sauriern lebten?

Das wäre natürlich eine echte Sensation gewesen.

Unter dem »Deckel« führte ein senkrechter, mit Granitsteinen ausgekleideter Schacht zehn Meter tief in die Erde. Am Ende lag ein 4,80 Meter langer und 3,60 Meter breiter Raum, dessen Wände ebenfalls aus Granit bestanden, der angeblich »wie glasiert« wirkte und fugenlos verarbeitet war.

Doch dahinter ging es noch weiter, fanden die Geologen, die sich der Sache angenommen hatten, bald heraus. Denn in einer Wand entdeckten sie den Zugang zu einem 2,40 Meter hohen und 1,60 Meter breiten Tunnel, durch den sie in einem Neigungswinkel von 30 Grad 450 Meter weiter hinabgehen konnten.

In 90 Metern Tiefe erreichten sie schließlich einen weiteren Raum, der nicht natürlichen Ursprungs war. Tanvuias Bericht zufolge stießen die Geologen in einer Wand auf einen Granitblock, aus dem durch ein Loch Wasser in eine Vertiefung floss. Das Ganze stellte offenbar so etwas wie einen Brunnenraum dar.

Das Wasser wurde angeblich von Fachleuten aus dem Labor für Bakteriologie und Virologie in Iaşi nach allen Regeln der Kunst analysiert. Ihr Ergebnis: eine wahre Wunderquelle! Mit Krebs infizierte Versuchstiere, so hieß es, konnten, nachdem sie drei Tage mit diesem Wasser behandelt wurden, als geheilt gelten. Ferner ließen sich mit dem Wasser Viren und Bakterien erfolgreich abtöten – und irgendwie würde es damit angeblich auch gelingen, »in den Zellen ein Immunsystem zu schaffen und gewisse Anomalien zu korrigieren«.

Und da man ja nun meinte, endlich ein taugliches Heilmittel gegen Krebs gefunden zu haben, wurde das Tunnelsystem erst einmal mit einer Betonplatte verschlossen, um Unbefugten den Zutritt zu verwehren.

Merkwürdig!

Ich versuchte, die Anschrift von Eugen Tanvuia ausfindig zu machen, um Näheres zu erfahren. Und tatsächlich, in einem älteren Telefonregister Wiens stand sein Name. Allerdings teilte mir das Einwohnermeldeamt der Stadt im Januar 2010 mit, dass Krassas Informant inzwischen verstorben war. Also musste ich andere Wege gehen, um an meine Informationen zu kommen.

Die Albert-Ludwigs-Universität in Freiburg, erfuhr ich,

ist die Partneruni der Alexandru-Ioan-Cuza-Universität in Iaşi. Und Professor h. c. Dr. Bernhard Schröder, der Ehrensenator der Albert-Ludwigs-Uni, war so freundlich, mir einen Kontakt zu Professor Dr. Calina Gogalniceanu zu verschaffen, die mir weiterhalf.

In Iaşi gäbe es tatsächlich künstlich angelegte Tunnel, teilte sie mir mit, »die unterhalb der Stadt ein Netzwerk bildeten«. Auch sei man auf »Ruinen von sehr alten Gebäuden« gestoßen, die bisher jedoch noch nicht ausgegraben werden konnten, weil das Geld dafür fehlte.

Die Tunnel, von denen einige offenbar als Weinlager dienten, so schrieb mir Dr. Gogalniceanu, stammten etwa aus dem 16. Jahrhundert. Ein gewisser M. Radu Iacoban habe in den Achtzigerjahren einmal einen Dokumentarfilm über die unterirdische Welt der Stadt gedreht. Viele der Tunnel seien auch voller Wasser, das sei schwefelhaltig und habe deshalb wohltuende Wirkung bei Rheuma, aber: »So etwas wie ein Heilwasser gegen alles Mögliche wurde hier nie entdeckt.«

Professor Gogalniceanu war so nett, mein Anliegen nebst Krassas Artikel, der auch die im Farbteil dieses Buches abgebildete Skizze von dem angeblichen Fund enthielt, an die Archäologin Frau Stela weiterzuleiten, die zusammen mit dem Archäologieexperten Emanuel Bruckner versuchte, der Sache auf den Grund zu gehen. So begann in Rumänien das Rätselraten über den Bericht von 1991 und jene Skizze, die angeblich aus diesem Fund stammt.

Ende März bekam ich dann konkrete Ergebnisse. Zwischenzeitlich war ich selbst in Rumänien und konnte mich davon überzeugen, dass unterirdische Tunnelsysteme dort tatsächlich keine Seltenheit sind. Golganiceanu schrieb mir:

»Sie [Stela, Anm. L. A. F.] hat mich gebeten, Ihnen zu sagen, dass sie Ihren Artikel gelesen und analysiert hat, und dass sie dazu sagen kann, dass die Informationen, die dort erwähnt sind, nicht zutreffend sind. Sie meint, dass es nach der Wende (d.h. nach Dezember 1989) mehrere solche Gerüchte (denn anders kann man sie nicht nennen) gegeben hätte, aber die Situation nicht so sei, wie in dem Artikel dargestellt. Frau Stela ist als Archäologin in Iași tätig, sie arbeitet seit mehreren Jahren auf diesem Gebiet und sie meint, dass der tiefste Aushub, den sie gesehen hat und wo sie auch bis vor Kurzem dabei war, 9 Meter tief war […]. Bei einem Projekt, das zurzeit in der Stadtmitte durchgeführt wird und wo Frau Stela als Archäologin tätig ist, hat man bis zu einer Tiefe von 15 Metern gegraben und ist dann auf Lehm gestoßen. Bei dieser Tiefe kann man Wasser finden. Es ist richtig, dass es Quellen mit heilendem Wasser gibt, aber kein solches allheilendes Wasser wie in dem Artikel erwähnt. Sie möchte auch betonen, dass es keinen solchen Tunnel gibt, genau dasselbe gilt auch für das Bild [der Platte, Anm. L. A. F.].«

Die ganze Angelegenheit scheint also nichts anderes zu sein als eine schöne Geschichte, eine Vermischung von Realität und Fantasie. Wie so viele »sonderbare Begebenheiten«, über die seit der Öffnung des Ostblocks berichtet wird.

Die Vermutung allerdings, dass das Tunnelsystem von Iași von einer menschlichen Zivilisation aus den Tagen der Dinosaurier stammen könnte, klang von Anfang an so, als wäre sie *zu* schön, um wahr zu sein. Aber man wird ja noch träumen dürfen …

2

DER KOHLESCHÄDEL VON FREIBERG

»Kuriose Fälschung oder 15 Millionen Jahre alt?« Das ist die Frage, die der Diplomgeologe Bernd Nozen im von der Forschungsgesellschaft für Archäologie, Astronautik und SETI (A. A. S.) herausgegebenen Magazin *Sagenhafte Zeiten* Anfang 1999 aufwarf.

Und die Geschichte, um die es geht, ist in jedem Fall kurios genug, um ihr auch jetzt, mehr als zehn Jahre später, noch einmal nachzugehen.

Nozen berichtet nämlich von einem alten Fund, der – wenn er denn echt wäre – beweisen könnte, dass bereits vor 15 Millionen Jahren Menschen auf der Erde lebten. Und das wäre eine echte Sensation – würde es doch alle bisherigen wissenschaftlichen Erkenntnisse auf den Kopf stellen.

Was aber hat es nun wirklich mit diesem Fund auf sich – dem Kohleschädel von Freiberg?

Man kann ihn besichtigen: montags bis donnerstags im Humboldt-Bau der TU Bergakademie in Freiberg, ganz in der Nähe von Schloss Freudenstein. Dort ist er Teil der Paläontologisch-Stratigraphischen Sammlung. Und das schon »seit mindestens 1842«, wie mir mitgeteilt wurde.

Der infrage stehende Schädel entstammt (siehe Bildteil), und nur so viel ist sicher, dem Erbe des Pharmazeuten Löscher, der die Elefantenapotheke in Freiberg betrieb, zudem Bergmeister des Grafen von Thun aus Böhm war und 1813 verstarb.

Ein gewisser Herr Kersten untersuchte den Kopf und veröffentlichte seine Ergebnisse »über einen in Brauneisenstein und Bitumen umgewandelten Menschenschädel« 1842 in Berlin. Mit den Mitteln, die ihm vor 170 Jahren zu Gebote standen, hatte Kersten allerdings weder Spuren von Knochen noch von anderen menschlichen Geweberesten finden können. Als »Innere Ausfüllung eines Menschenschädels durch Kohlemassen« landete der Schädel im Archiv. So ausgewiesen im »Catalog über Versteinerungen der königlichen Bergakademie zu Freiberg« von 1859 unter der Katalognummer 1.

Nachdem der Geologe Otto Stutzer den Schädel 1923 in einer Veröffentlichung erwähnt hatte, erregte er die Aufmerksamkeit von Experten der ethnografischen Abteilung des Zwinger Museums im nahe gelegenen Dresden. Sie untersuchten ihn und kamen zu dem Ergebnis, es handele sich um einen »aus Braunkohle modellierten Schädel«. Also nicht um Teile der sterblichen Überreste eines Menschen, der vor 15 Millionen Jahren gelebt haben könnte.

Von sich reden machte der Fund dann erst wieder 1988, als Prof. Gerhard Roselt in der *Zeitschrift für angewandte Geologie* (Nr. 34) die Ergebnisse seiner mit neueren Methoden durchgeführten Analysen vorlegte. Er bestätigte im großen Ganzen das Resultat der Zwinger-Experten und wies darauf hin, dass das Objekt Spuren von Harzen aufweise, wie sie von Apothekern verwendet worden seien. Hatte sich der Pharmazeut und Bergmeister Löscher in seiner Freizeit vielleicht als Bildhauer versucht? Oder sich einfach ein Späßchen machen wollen?

Zehn Jahre später wurde ein Lokalreporter der *Freien Presse* auf den Schädel aufmerksam. Seiner Anregung folgend führten die Ärzte Dr. Frietjof Kaulen und Dr. Siegfried Pomplun aus Freiberg im November 1998 eine computertomografische Untersuchung des Objekts durch. Dabei zeigten sich Strukturen, die an die Jahresringe von Bäumen erinnerten.

Stand der Dinge wäre also: Zwar ist die Braunkohle in der Region, aus der das an einen Menschenschädel gemahnende Objekt stammt, 15 Millionen Jahre alt – keineswegs aber es selbst. Der Schädel wurde, wie Roselts Analyse aus dem Jahr 1988 nahelegt, von Menschenhand gefertigt.

Warum dann aber, so fragt Bernd Nozon, in Schichten? »Wäre es einfach nur darum gegangen«, wendet er in seinem Artikel in *Sagenhafte Zeiten* ein, »einen künstlichen Schädel herzustellen, hätte man diesen in einem Stück modelliert«. Er regte seinerzeit neuerliche Untersuchungen an, zeigte sich diesbezüglich jedoch wenig optimistisch.

Wohl nicht zu unrecht. Denn nach herrschender Meinung handelt es sich bloß um natürliche Kohle, die ein Unbekannter zu einem menschlichen Schädel modellierte. So wurde es mir im Freiberger Institut erst im März 2010 noch bestätigt. Davon, dass das Objekt ein Beleg für die Existenz von Menschen vor 15 Millionen Jahren sein könnte, geht keiner der Forscher dort aus.

Wie so oft bei seltsamen Fundstücken ist auch hier wieder die Herkunft das eigentliche Rätsel. Denn darüber, wo, wann, wie und von wem der Freiberger Kopf gefunden wurde, ist nicht das Geringste bekannt. Bleibt die Vermutung, dass ihn Apotheker Löscher selbst angefertigt hat. Warum auch immer.

3

JAMES CAMERONS FALSCHE SENSATIONEN

Statistische Beweise liegen mir zwar nicht vor, trotzdem bin ich fest davon überzeugt, dass im Ranking der seit Jahrhunderten meistdiskutierten Personen, Figuren und Gestalten die des Jesus von Nazareth den ersten Platz belegt. Prophet? Ketzer? Messias? Sohn Gottes? Aufgestiegener Meister? Hier scheiden sich die Geister. Und viele fragen sich auch, ob dieser legendenumwobene Mann überhaupt je lebte – und unter welchen Umständen. Hatte er Geschwister? Vielleicht gar eine Ehefrau und Kinder? Und wie war das mit seinem Tod, dem Begräbnis und der Auferstehung?

Lag das *Heilige Grab* wirklich an dem Ort, an dem die meisten Christen es vermuten, auf dem Gelände der Grabeskirche mitten in der Altstadt Jerusalems? Wurde er genau hier gekreuzigt, ist er an dieser Stelle auferstanden? *Leibhaftig?*

Unter einem römischen Tempel soll Flavia Iulia Helena (250–330) neben anderen Indizien Teile von jenem Kreuz gefunden haben, an das Jesu geschlagen wurde. Ihr Sohn,

Konstantin der Große, erteilte den Auftrag zur Errichtung der Anlage und weihte sie am 13. September 326 ein.

Zu Tausenden pilgern Jahr für Jahr Christen aus aller Welt in die Grabeskirche zu Jerusalem. Aber sind sie dort an auch der richtigen Stelle? Oder sollten sie ihr liebendes, ehrendes Angedenken Jesu vielleicht doch besser einige Kilometer südöstlich zum Ausdruck bringen, im Stadtteil Talpiot?

Dort wurde 1990 eine Anlage entdeckt, die mit großer Wahrscheinlichkeit das Grab der Kajaphas-Familie enthielt – und damit auch die Gebeine eines jener Männer, die maßgeblich zur Verurteilung Jesu zum Kreuzestod beitrugen. Was im beschaulichen Talpiot jedoch viel weniger beachtet wurde, war ein Zufallsfund, den Arbeiter bei Bauarbeiten bereits 1980 gemacht hatten: zehn sogenannte Ossuare, von denen sechs beschriftet waren. Solche steinernen »Knochenkisten« wurden im ersten Jahrhundert bis 70 nach Christi Geburt zur Sekundärbestattung (nach der vollständigen Verwesung des Leichnams) verwendet.

Ganze 27 Jahre dauerte es, bis dieser Fund – die Ossuare waren schleunigst der Antiquitätenbehörde übergeben und die Bauarbeiten fortgesetzt worden – für Schlagzeilen sorgte. Dann aber drohte er den christlichen Glauben in seinen Grundfesten zu erschüttern.

In den USA und in Kanada erschien im Frühling 2007 die Fernsehdokumentation *The Lost Tomb of Jesus,* die unter dem Titel *Das Jesus-Grab* am Karfreitag des Jahres auch im deutschen Fernsehen (auf Pro 7) zu sehen war. Regie führte der Emmy-Gewinner Simcha Jacobovici, und zu den Produzenten gehörte kein Geringerer als Oscarpreisträger James Cameron, Regisseur und Drehbuchautor von Kassenschlagern wie *Titanic, Rambo II, Terminator* oder *Avatar* (2010).

In dem Film wird die Behauptung aufgestellt, bei dem Talpiot-Fund von 1980 könne es sich um das Familiengrab Jesu Christi gehandelt haben. Was für eine Vorstellung! Was für eine Provokation! Gewiss, wenn die These der Wahrheit entspräche, wäre sie der Beweis für die historische Existenz des Jesus von Nazareth! Doch wie sehr auch würde das christliche Bild des Gottessohnes Schaden nehmen – der enthaltsam lebende Prediger: ein Gatte, ein Vater? Und nicht *leibhaftig* auferstanden von den Toten?

Als ich Anfang 2009 nach Jerusalem reiste, um der Frage nach dem Jesus-Grab vor Ort nachzugehen, unterhielt ich mich mit Vertretern der verschiedenen Strömungen des Katholizismus, aber auch mit Pilgern aus aller Welt. Und keiner, wirklich kein Einziger ließ auch nur den geringsten Zweifel daran durchblicken, dass Jesus an der Stelle gekreuzigt, zu Grabe getragen und *auferstanden* war, an der sich die Grabeskirche befindet. Niemand konnte sich mit den archäologischen Thesen der Dokumentation von Simcha Jacobovici und Graeme Ball anfreunden. »Glaube macht blind«, sagt man. Auch in diesem Fall der rätselhaften, archäologischen Sensation?

Die Kirchen-Community war angesichts der Dokumentation in Aufruhr. »Der Heiland würde im Grab rotieren« titelte zum Beispiel »Spiegel online« damals. Doch die Dokumentation war nichts weiter als ein Taschenspielertrick. Die »Beweise« für das Grab Jesu sind mager bis falsch.

Schlagzeilen und Einschaltquote standen im Vordergrund, und es wurde übersehen, dass schon 1996 die BBC in »The Body in Question« die Thesen verbreitete, so Bibelexperte Prof. Jürgen Zangenberg, Universität Leiden, Niederlande. Auch wenn Cameron auf der Pressekonferenz zum Film in New York am 26. Februar 2007 von »Beweisen« sprach. Und natürlich brachte Simcha Jacobovici gleichzeitig ein Buch zum Film mit »Beweisen, welche die Geschichte verändern« mit einem Vorwort von Cameron heraus.

Zehn Knochenkisten wurden 1980 im Grab gefunden; sechs mit Inschriften. Dr. Joseph Gath dokumentierte am 30. März 1980, dass »neun intakt, eines zerbrochen« seien. Die Namen darauf, eben wie »Yeschua, Sohn des Yehosef« – Jesus, Sohn des Joseph – waren im ersten Jahrhundert weit verbreitet. Sie waren nichts Besonderes unter den rund 900 bekannten Knochenkisten aus Jerusalem aus der fraglichen Zeit. Trickreich wurde in der Dokumentation dann die griechische (nicht aramäische) Inschrift »Mara von Mariamene« als Maria Magdalene dargestellt. Angeblich beweise das, dass sie die Frau Jesus war und hier bestattet wurde. Dan Brown lässt grüßen. Dass die Legende aber sagt, dass Maria Magdalene nach dem Tode Jesus' in Südfrankreich lebte und starb, wird von Cameron verschwiegen.

Eine weitere Knochenkiste wurde herbeigezaubert, die angeblich aus dem besagten Grab stammt und auf der »Jakobus, Sohn des Joseph, Bruder des Jesus« steht. Aufgetaucht war sie 2002 über Oded Golan aus Tel Aviv. Golan gab an, er hat die Kiste in der Jerusalemer Altstadt erworben. Die »Sensation« wurde zur Ausstellung nach Kanada gebracht und ging dabei zu Bruch. Wie kann es dann sein, dass es sich um das im Museumsarchiv in Jerusalem vermisste zehnte Ossuarium handelt, das bereits 1980 als *zerbrochen* dokumentiert wurde.

Analysen der Patina (Oxydschicht) der Kiste sollen laut Cameron beweisen, dass Golans Fund aus dem »Jesus-Grab« stammt. Auch das war suggestive Berichterstattung. Christopher Rollston, Johns Hopkins University, Professor für das Alte Testament, bemerkt, dass Gegenproben aus anderen Gräbern nicht sorgsam durchgeführt wurden. Die Patina beweist nur, dass der »Jakobus-Sarg« wie hunderte andere auch aus Jerusalem stammt. Außerdem ist bekannt, dass die »fehlende« Knochenkiste im Hof des Rockefeller Museums herumsteht, da es keine Schrift und Verzierung zeige. Es sah schlicht langweilig aus.

Außerdem darf man Golan so oder so nicht trauen: »Associated Press« meldete schon am 23. Juni 2003, dass die Polizei im Hause Golans eine große und gut ausgestattete Fälscherwerkstatt auffliegen ließ. Fertige und in Arbeit befindliche Objekte lagen überall herum. Auch ein berühmter Stein, der den salomonischen Tempelbau beweisen soll, wurde von Golan gefälscht. Ebenso ist die Altertümerverwaltung Israels nach einer genauen Analyse der Inschrift sicher, dass sie gefälscht ist. Seit 2004 steht Golan deshalb vor Gericht. Und: Golan legte ein Foto vor, das er 1976 von der Truhe gemacht haben will. Das FBI konnte nach Laboruntersuchungen bestätigen, dass die Chemikalien und das Papier des Bildes aus den Siebzigerjahren stammen. Doch das »Jesus-Grab« wurde erst 1980 gefunden.

Wieso sein »Beweis« in Camerons Dokumentation vorgeführt wird, ist ein Rätsel. Diese Informationen über

Golan waren durch Presse und Fernsehen seit Jahren international bekannt. Und was sagte ein Antiquitätenhändler in Jerusalem, der Knochenkisten im Angebot hat (für etwa 3000 Dollar kann man diese erwerben)? Die Anwälte Golans boten 30 000 Dollar, wenn er vor Gericht für Golan aussagt und bestätigt, dass die Inschrift echt ist ...

Auch die Frage, wieso Jesus in Jerusalem mit seiner Familie beerdigt wurde, ließ Cameron geschickt offen. »Jesus von Nazareth« nannte man ihn, den angeblich »mehr als 500 Brüder« nach seiner Auferstehung sahen (Kor. 15,3). Josef war ein bescheidener Zimmermann aus Nazareth und starb wohl, als Jesus 12 war. Wie kann ein solcher Mann aus der Provinz ein Grab der Oberschicht in Jerusalem besitzen? Und weiß nicht die Bibel, dass Josef von Arimathäa dem Gekreuzigten sein eigenes Grab nahe Golgatha stiftete (Mt. 27,57–60)? Vier Kilometer von der Vielzahl der Gräber in Talpiot entfernt. Jesus opferte im Tempel einst auch eine Taube (Lk. 2,24), obwohl die Gesetze des Moses fordern, man sollen ein Schaf opfern, wenn man das nötige Kleingeld hat (Lev. 12,8).

Die in der Sendung beteiligten Wissenschaftler gaben der Weltsensation der Archäologie selbst den Todesstoß. Ihre Aussagen seien aus dem Zusammenhang gerissen oder suggestiv verwendet worden, stellten sie später richtig. Nachzulesen etwa im Blog von »Scientific American« schon am 2. März 2007. Das bekam allerdings kaum jemand mit – und dieser Mythos lebt weiter ...

4

EIN TÄFELCHEN AUS NUSSBAUMHOLZ

Zur Debatte stehen vier Buchstaben – die Lettern I.N.R.I., die sich seit dem 4. Jahrhundert auf fast allen christlichen Darstellungen des gekreuzigten Jesu finden. Sie sind ein Akronym der Worte »Iesus Nazarenus Rex Iudaeorum« = »Jesus von Nazareth, König der Juden«.

Den übereinstimmenden Schilderungen der Evangelisten Markus, Lukas, Johannes und Matthäus zufolge wurde Jesus in Jerusalem von den Römern verspottet, gequält und gezwungen, das Kreuz, an das er genagelt werden sollte, selbst zur Hinrichtungsstätte zu tragen. Dort wurde, heißt es, über dem Kopf des Todgeweihten eine Tafel am Kreuz angebracht, aus der das Verbrechen hervorgeht, dessen er sich in den Augen der Römer schuldig gemacht hatte.

Im Evangelium des Lukas ist zu lesen:

»Es stand auch eine Aufschrift über ihm: ›Dieser ist der König der Juden‹.« (Lk. 23,38)

»Und über seinem Haupte hefteten sie eine Inschrift an mit der Angabe seiner Schuld«, steht bei Matthäus (27,37). Das Johannes-Evangelium (Joh. 19,19f.) steuert die Information bei, Pontius Pilatus, von 26 bis 36 unserer Zeitrechnung Statthalter des Kaisers Tiberius in Judäa, habe die Anbringung dieser dreisprachigen Inschrift persönlich befohlen, damit »viele von den Juden« über die Begründung des Todesurteils informiert wurden: Jesus habe – was hier nicht weiter erörtert werden soll – behauptet, der »König der Juden« zu sein. Und das kam einem Kapitalverbrechen gleich – galt eine solche Aussage doch seit einem Erlass des Kaisers Augustus als Hochverrat und Majestätsbeleidigung. Publius Quinctilius Varus (etwa 46 vor bis 9 nach Christus), durch die Varusschlacht im Teutoburger Wald bekannter Senator und Kriegsherr, ließ eine Vielzahl selbsternannter »Judenkönige« kreuzigen.

Dass die Öffentlichkeit durch Schilder über die Verbrechen unterrichtet wurde, die Delinquenten zur Last gelegt wurden, war damals nicht ungewöhnlich. Allerdings hängte man sie ihnen wohl meistens um den Hals. Der römische Senator und Geschichtsschreiber Lucius Cassius Dio Cocceianus (etwa 163–230) jedenfalls erwähnt dies in seiner *Römischen Geschichte* (Buch LIV, 3,7). Bei Jesus allerdings soll es sich, wie gesagt, um eine Tafel gehandelt haben, die auf dem senkrechten Balken des Kreuzes angebracht wurde.

Und genau diese Tafel soll heute noch existieren – sicher verwahrt in einem Seitenschiff der Kirche Santa Croce in Gerusalemme zu Rom (siehe Bildteil). Das Gotteshaus war früher der Palast Flavia Iulia Helenas (etwa 250–330), der

Mutter von Kaiser Konstantin dem Großen. Sie soll es gewesen sein, die die sensationelle Entdeckung machte. Auf einer Pilgerreise, die sie im Jahr 325 nach Jerusalem führte, fand sie angeblich nicht nur das Kreuz, an das Jesu Christi geschlagen worden war, sondern auch drei Nägel davon – und eben besagte Tafel.

Ein Teil der Reliquien wurden nach Rom in den Palast der Helena gebracht und ging dort verloren. 1492 allerdings wurde im Zuge von Bauarbeiten ein Ziegel gefunden, der die Inschrift *Titulus crucis* (»Kreuz-Inschrift«) trug und angeblich im Jahre 1143 dort versteckt wurde. Hinter diesem Stein tauchte in einer Bleischatulle auch ein Teil der Jesus-Tafel wieder auf. Am 29. Juli 1496 erkannte Papst Alexander VI. (1431–1503) die Echtheit der Inschrift an.

Viel Aufsehens für eine im Neuen Testament nur kurz erwähnte Tafel. Doch das ist spannend. Sollte die Reliquie tatsächlich echt bzw. 2000 Jahre alt sein? Ich flog also nach Jerusalem (zum angeblichen Auffindungsort der Reliquie), aber auch nach Rom, um mehr über diesen Reliquien-Fund zu erfahren. In der Santa Croce in Gerusalemme in Rom finden sich einige Kreuzreliquien. Die gesuchte Jesus-Tafel ist noch heute darunter.

Ich habe mir die Reliquie angeschaut. Das in einem prachtvollen Rahmen befindliche Ausstellungsobjekt in Santa Croce in Gerusalemme ist sehr verwittert, von Holzwürmern und Pilzbefall zerfressen. Aber ist es auch wirklich authentisch? Wirklich cirka 2000 Jahre alt?

Schon 1870 legte der Franzose Ch. Rohault de Fleury eine bebilderte Untersuchung der dreisprachigen Tafel vor. Sein Werk ist illustriert und trägt den Titel *Memoire sur des*

Instruments de la Passion de N.-S. J.-C. Er konnte belegen, dass bereits im dritten Jahrhundert die Schreibweise der griechischen Zeile der Jesus-Tafel nachzuweisen ist.

Doch erst am 25. April 1995 kam es zu einer genaueren Bestandsaufnahme. Maria-Luisa Rigato von der Päpstlichen Universität Gregoriana (Rom) war beauftragt worden, die Reliquie eingehend zu dokumentieren. Demnach ist die Tafel 25 Zentimeter lang, 14 Zentimeter hoch und 2,6 Zentimeter dick. Das beschädigte und dunkle Stück besteht aus rund 700 Gramm Nussholz und trägt sichtbare Inschriften. Der Botaniker Professor Elio Corona aus Italien ist sich sicher, dass das Holz von der Echten Walnuss (*juglans regia*) stammt, die im fraglichen Herkunftsgebiet durchaus vorkam.

1998, als der Historiker Michael Hesemann noch Chefredakteur von *Magazin 2000* war, wurde ihm gestattet, die Kreuztafel genauer zu untersuchen. »Der deutsche Historiker Michael Hesemann sieht in ihr den einzigen schriftlichen Beweis für den Kreuzestod von Jesus«, schrieb *Focus* (Nr. 1/2000) über seine Forschungen, die er in einem Buch 1999 vorlegte. *Bild* titelte am 1. Oktober 1999 denn auch: »Deutscher Wissenschaftler ist sich sicher: Dies ist ein Stück vom Kreuz Jesu.«

Was war geschehen? Nachdem er im Jahr zuvor auf die Tafel aufmerksam geworden war, reiste er nach Israel, um dort Experten für Paläografie (die Lehre von alten Schriften) zu konsultieren. Sie bestätigten ihm, dass die Inschriften auf der Kreuzes-Tafel durchaus aus dem ersten Jahrhundert stammen können. Professor Dr. Israel Roll wies

Hesemann zudem auf Parallelen zwischen der lateinischen Zeile, die sich darauf befindet, und einer römischen Weihe-Inschrift aus dem ersten Jahrhundert hin, die 1961 gefunden wurde. Diese Inschrift, so geht aus Hesemanns *Die Jesus-Tafel* hervor, stammte von Pontius Pilatus, der auch die Tafel am Kreuz Jesu anfertigen ließ, wie es im Neuen Testament nachzulesen ist.

Als Hesemann 1999 die Ergebnisse seiner Recherchen auf einem Kongress der Päpstlichen Lateran-Universität (Rom) vortrug, erhielt er großen Beifall.

War der Kreuztitel, den Helena fand, also womöglich wirklich echt? Die Tafel ist den Berichten nach geteilt worden, und dabei ging im Laufe der Zeit ein Teil verloren – noch in Jerusalem, wie Hesemann dokumentiert. Auch das Exponat in Rom ist allem Anschein nach nicht vollständig erhalten. (Während es links eine saubere Schnittkante aufweist, wirken die anderen drei Seiten stark verwittert.)

Der Historiker und Papyrologe Professor Carsten Peter Thiede (1952–2004), den Hesemann im Zuge seiner Recherchen für *Die Jesus-Tafel* interviewt hatte, war ebenfalls der Meinung, die Tafel müsse aus dem ersten Jahrhundert stammen. Davon zeugt auch sein Buch *Das Jesus-Fragment*, das er zusammen mit Matthew D'Ancona 2000 veröffentlichte.

Zwei Jahre später jedoch ergab eine Radiokohlenstoffdatierung, die an der Universität Roma Tre durchgeführt worden war, dass das fragliche Stück wesentlich jünger war – nur etwa 1000 Jahre alt.

In einem Vortrag, den er am 2. Mai 2009 auf einem Kongress hielt, der von der Universidad CEU San Pablo (Mad-

rid) abgehalten wurde, verteidigte Hesemann seine Forschungsergebnisse und mutmaßte, die Proben, die Roma
Tre vorgelegen haben, könnten kontaminiert gewesen
sein.

Die Befürworter der Echtheit des Kreuztitels weisen vor
allem auf Zeugnisse wie etwa das des Pilgers Antonius aus
Piacenza hin, der um 570 in Jerusalem war und die Tafel
vom Kreuz Jesu dort gesehen, geküsst und in den Händen gehalten haben wollte. »Dieses Kreuzesholz ist von
Nussbaum«, soll er anschließend berichtet haben. Über
die Verehrung einer Kreuzestafel in Jerusalem hatte sich
auch die Pilgerin Egeria geäußert, allerdings schon im
Jahr 383.

Und was ist mit der Expertise der Paläografen, die Hesemann zu Rate gezogen hatten? Irrten sie, als sie das Alter
der Tafel auf 2000 Jahre schätzten? Oder wollten sie dem
deutschen Historiker etwa einen Bären aufbinden?

Zu bedenken ist auch: Bei Johannes heißt es, dass die Tafel am Kreuz Jesu auf Hebräisch, Lateinisch und Griechisch
verfasst wurde. Bei der Reliquie in Santa Croce di Gerusalemme aber ist die Reihenfolge der Schriftzüge anders,
nämlich (von oben nach unten) hebräisch, griechisch und
lateinisch. Hätte sich der Fälscher im frühen Mittelalter –
wenn es einen solchen denn gab – nicht eher exakt an den
Wortlaut der Bibel gehalten?

Durchaus möglich also, dass das Ergebnis der Radiokohlenstoffdatierung nicht stimmt. Könnte es sein, so fragt
deshalb auch Michael Hesemann in *Jesus von Nazareth*, dass
das Resultat »darauf zurückgeht, dass die Tafel rund 1100
Jahre (also bis zu ihrer Entdeckung 1492, Anm. L.A.F.) in

einer Bleikassette steckte«? Das Blei könnte den natürlichen radioaktiven Zerfall durch die kosmische Strahlung aufgehalten haben.

Fazit: Die historische Wahrheit über die Kreuztafel Jesu ans Licht zu bringen, wird zukünftigen Analysen vorbehalten bleiben müssen …

5

DIE RÄTSELHAFTEN RIESENMURMELN

Als die UNESCO im Frühjahr 2010 meldete, man erwäge, die Steinkugeln von Costa Rica zum Welterbe der Menschheit zu erklären, witterten viele »alternative« Historiker Morgenluft. Speziell Atlantis-Theoretiker unter ihnen, die sich schon lange mit den mysteriösen Felsobjekten in Zentralamerika beschäftigten, fühlten sich bestätigt.

Vereinzelte Berichte über diese Steinkugeln sind bereits aus dem 19. Jahrhundert bekannt, doch größeres Interesse erregen die Gebilde erst seit den 1930er-Jahren. Waldarbeiter der United Fruit Company rodeten weite Urwaldflächen, um Bananenplantagen anzulegen, und stießen dabei auf perfekt geformte Steinkugeln aus einer Art Granit, die allem Anschein nach seit Jahrhunderten, wenn nicht Jahrtausenden unentdeckt im Dschungel gelegen hatten. Die Kleinsten sind etwa so groß wie Äpfel, andere aber haben einen Durchmesser von bis zu 2,5 Metern und wiegen bis zu 16 Tonnen (siehe Bildteil).

Heute sind etwa 200 dieser Steinkugeln dokumentiert, die meisten davon in Costa Rica, einige auch in Guatemala.

Doch viele liegen vielleicht noch immer im Dschungel verborgen. Was darauf hindeuten könnte, dass sie von Vertretern einer uns unbekannten Kultur erzeugt wurden. Und wenn dem so wäre, könnte man nur den Hut vor ihnen ziehen. Denn die Präzision der Bearbeitung – in vielen Fällen weist die Form nur eine 0,2-prozentige Abweichung von der perfekten Kugel auf – zeugt von wahrer Meisterschaft der Steinmetzkunst.

Manche Autoren ziehen die Möglichkeit in Betracht, dass hier die Nachfahren des versunkenen Volkes von Atlantis am Werk waren. Klaus Aschenbrenner zum Beispiel äußert in *Das neue Bild von Atlantis* die Vermutung, dass die Atlanter »nach der Zerstörung ihrer Heimatinsel dort Zuflucht suchten«. Auch spekuliert er, dass die Anordnung der Objekte »astronomischen Beobachtungszwecken diente(n)«. Was sich jedoch bislang ebenso wenig bestätigen lässt, wie es eine Antwort auf die Frage gibt, welchem Zweck die Objekte gedient haben könnten.

Kurz nach der Entdeckung der Kugeln kam das Gerücht auf, in ihrem Inneren seien Gold- oder andere Schätze verborgen. Aus Neu- und Habgier wurden deshalb viele von ihnen zerstört – vergeblich, denn sie waren massiv und enthielten nichts.

Das Material, aus dem die meisten von ihnen bestehen, ist ein granitähnlicher, sehr harter Stein, der in der Gegend, in der die Objekte gefunden wurden, gar nicht vorhanden ist. Das heißt, sie oder gar die noch schwereren Rohlinge hätten durch den dampfend-heißen Urwald an ihre späteren Fundstätten gewuchtet werden müssen. Wie? Auch das ist bislang ungeklärt. Schon 1943 schrieb die Archäologin

Doriz Z. Stone nach eingehender Untersuchung der Steinkugeln in *American Antiquity*:

»Die Kugeln von Costa Rica müssen zu den ungelösten megalithischen Rätseln der Welt gezählt werden.«

Dem ist auch heute nichts hinzuzufügen.

Doch machen wir jetzt einen Sprung von über 10 000 Kilometern nach Osten. Genauer gesagt nach Bosnien. Nordwestlich von Sarajevo liegt die Kleinstadt Visoko. Dort sollen sich Pyramiden befinden, die angeblich nicht nur viel größer sind als die ägyptischen, sondern auch bedeutend älter, nämlich bis zu 14 000 Jahre alt. »Pyramide der Sonne« und »Pyramide des Mondes« werden sie genannt – und der Streit, ob es sich bei diesen hohen Erdhügeln wirklich um angelegte Pyramiden handelt, hält unvermindert an.

Doch eben diese Region Südosteuropas hält ein weiteres spannendes Phänomen bereit: Steinkugeln, die mit denen im fernen Costa Rica praktisch identisch sind (siehe Bildteil). Entdeckt wurden sie erst im Jahre 2004 von einem Team unter der Leitung von Semir Osmanagić, der auch die Bosnien-Pyramiden erforscht.

Auch hier unterscheiden sich die Objekte in der Größe. Auch hier sind viele aus Granit gemeißelt und so angeordnet, dass man mit etwas gutem Willen ein Muster erkennen kann. Für den Forscher Nenad Djurdjević, der mir freundlicherweise Material über die Funde zur Verfügung stellte,

46

kann kein Zweifel daran bestehen, dass hier ein weiteres Rätsel der Welt seiner Lösung harrt.

Die Einheimischen wissen allerdings schon länger von den Steinkugeln und schreiben ihnen »magische Heilkräfte« zu. Doch was die Herkunft der Objekte angeht, sind auch sie auf Legenden angewiesen. Einer zufolge handelte es sich ursprünglich um Menschen, die – aus welchen Gründen auch immer – versteinerten und Kugelform annahmen. Ihr wahres Alter jedoch, ihr Sinn und Zweck sind in Bosnien ebenso ungewiss wie in Costa Rica.

Der Anthropologe John Hoppes, Universität von Kansas, der die Costa-Rica-Funde schon lange erforscht, vermutet aufgrund von Radiokarbondatierungen in der Nähe gefundener Objekte, dass die Kugeln dort um die tausend Jahre alt sind. Allerdings räumt er ein, es sei »sehr schwer zu sagen, wann genau sie hergestellt wurden«. Und eine Erklärung für die wunderbar gemeißelten und geschliffenen Wunderwerke hat auch Hoppes nicht zu bieten.

Anders Götter-Forscher Erich von Däniken. In *Zurück zu den Sternen* berichtete er schon 1969 von seiner Spurensuche in Costa Rica, zum Beispiel am »Kugel-Hotspot« des Diquis-Deltas.

Seinerzeit mutmaßte er in *Meine Welt in Bildern* (1973) auch, die Kugeln könnten steingewordene Erinnerungen von Menschen an kugelförmige Raumschiffe Außerirdischer sein. Hoppes lehnt solche Ideen rundweg als »wilde Spekulation« ab, ebenso wie jeden möglichen Zusammenhang mit Atlantis.

Die Funde dieser unter größten Mühen und mit beachtlicher Sorgfalt geformten Kugeln diesseits und jenseits des

Atlantiks sprechen aber dafür, dass sie für ihre Schöpfer eine große Bedeutung gehabt haben müssen. Nur welche? Und wieso existieren Zeugnisse eines möglichen Kults der Steinkugeln sowohl in Mittelamerika als auch in Bosnien? Gab es da einen Kontakt? Oder entwickelten die Menschen einen solchen Kult unabhängig voneinander, vielleicht auch zu unterschiedlichen Zeiten?

Und als letztes Beispiel: Immer wieder sorgen Steinkugeln auf Franz-Josef-Land – einer russischen Inselgruppe nur 900 Kilometer vom Nordpol entfernt – für Spekulationen. Denn auch dort – vorwiegend am Kap Triest – befinden sich gewaltige Steinkugeln. Einige UFO-Fans sehen darin Hinterlassenschaften von Aliens. Doch diese These ist sicherlich etwas sehr weit hergeholt. Denn zu welchem Zweck hätten Außerirdische Steinkugeln von drei Metern Durchmesser anfertigen sollen?

Geologen sehen diese Kugeln nüchtern: Es seien nichts weiter als natürliche Gebilde. Denn man könne vor Ort sogar sehen, wie einige dieser Kugeln aus den Felsen der Insel durch Wind und Wetter kugelförmig herauswittern, wodurch Hohlräume im Gestein (sog. Geoden) entstehen. Dies würde auch erklären, warum immer wieder neue Fundstücke auftauchen.

Eine schlüssige, rundum überzeugende Erklärung für die Phänomene in Costa Rica, Bosnien und Franz-Josef-Land scheint mir das, mit Verlaub, jedoch auch noch nicht zu sein. Aber vielleicht kommen wir der Aufklärung ja näher, wenn die UNESCO die Riesenmurmeln in Mittelamerika tatsächlich zum Welterbe der Menschheit erklärt und weitere Untersuchungen veranlasst.

6

DIE STEINE VON ICA

Ica ist eine Kleinstadt im Südwesten Perus, etwa 260 Kilometer Luftlinie südöstlich von Lima. Eigentlich wäre das Örtchen kaum der Rede wert. Doch hier in der Gegend sollen einmal die bedeutendsten und zugleich umstrittensten Funde der Archäologie gemacht worden sein. Die Rede ist von den ominösen »Steinen von Ica«.

Zehntausende davon wurden zutage gefördert. Sie sind allesamt mit Motiven verziert, die von einer uns vollkommen unbekannten Kultur erzählen. Einer Kultur, die scheinbar vor sehr, sehr langer Zeit – geradezu unglaublich langer Zeit – existierte, nämlich in den Tagen der Dinosaurier. Wenn es sie denn gab, muss diese Zivilisation, von der die Steine zeugen, sehr friedfertig und technologisch hoch entwickelt gewesen sein – geradezu unglaublich hoch entwickelt. Und das vor mindestens 65 Millionen Jahren.

Nach einer jahrzehntelangen Diskussion über die Authentizität der Funde ist es heute still geworden um die Andesit-Steine von Ica. Es ist ganz so, als hätte es sie nie gegeben. Doch der Reihe nach.

Im Jahre 1961 kam es in der Pampa von Ocucaje (35 Kilometer von Ica) in den peruanischen Voranden zu ungewöhnlich heftigen Regengüssen, die den Rio Ica aus seinem angestammten Flussbett zwangen. Dabei wurden wohl in den ausgewaschenen Bodenformationen die ersten Steine gefunden. Das Interesse war geweckt. Was auffiel: Zahlreiche der »gravierten« Steine zeigten sonderbare Fabelwesen, monströse Drachen, Gestalten, die sehr deutlich an Dinosaurier erinnerten. Manche Darstellungen von Pflanzen sowie Menschen muteten ebenfalls fremdartig an.

Andere Motive sind eher naturwissenschaftlich-technischer Natur. Auf einem der Steine ist augenscheinlich ein Mann zu erkennen, der mit einem teleskopartigen Gerät einen Kometen am Himmel verfolgt. Selbst komplizierte chirurgische Eingriffe am Herzen oder am Gehirn sind festgehalten, und zwar gleich serienweise, sodass sie sich im Ablauf nachvollziehen lassen. Auf einigen der Ritzzeichnungen werden Herzoperationen – wobei das Organ anatomisch exakt wiedergegeben ist – mithilfe diverser Hilfsmittel wie »Pumpen«, medizinischen Gerätschaften und Infusionen dargestellt.

Die Behauptung, es handele sich dabei bloß um die Abbildung von Opferritualen, wie sie etwa die Azteken in Mexiko praktizierten, trifft den Sachverhalt sicher nicht. Denn es ist doch nur sehr schwer vorstellbar, dass das Menschenopfer zu diesem Zweck an Schläuche und andere Geräte angeschlossen worden wäre, während ein Arzt mit äußerster Sorgfalt an seinem Herzen herumoperiert – oder?

Dieses Motiv findet sich nämlich auch: Auf einem Tisch liegt ein Mensch, dem gerade von einer vierköpfigen Ärztegruppe ein Organ entnommen wird. Er scheint davon nichts zu spüren, weil er narkotisiert wurde, denn auch ein Infusionsschlauch mit einer Ampulle ist zu erkennen. Hinter dem »Patienten« liegt ein zweiter auf einer Art Tisch. An ihm macht sich gerade ein fünfter Arzt zu schaffen und öffnet ihm mit einem Messer den Brustkorb. Wieder eine andere Darstellung scheint die Geburt eines Kindes durch Kaiserschnitt zu zeigen. Auch hier ist die Patientin an ein sonderbares Gerät angeschlossen, durch das ihr scheinbar ein Narkosemittel eingeflößt wird. An chirurgischen Instrumenten fehlt es selbstverständlich auch hier nicht.

Sonderbar sind auch andere Darstellungen auf den Steinen: Sternenkonstellationen, Weltkarten, Sportaktivitäten, Musikinstrumente, Sexualverhalten, mechanische Transportgeräte, Kriege oder Schlachten. Alles in allem das komplette Abbild einer menschlichen Zivilisation. Wären da nicht immer wieder diese Monsterwesen, die so deutlich an die Dinosaurier erinnern. Tatsächlich sind einige der Darstellungen sogar mit heute bekannten Sauriern zu identifizieren.

Wer also schuf diese Gravuren und wie alt sind sie? Sind es möglicherweise doch alles geschickte Fälschungen, wie es die etablierte Archäologie will?

Die Autoren Bernhard Roidinger und Cornelia Petratu berichten in ihrem umstrittenen Buch *Die Steine von Ica* (1994) über Untersuchungen der sonderbaren Funde. Denn schon im Jahre 1966, so die Autoren, sollen die Wissenschaftler Dr. Fernando de las Casas und Dr. Cesar Sotillo vom Institut für Bergbau an der Technischen National Universität von Peru die Oberflächenoxidschicht (»Patina«)

der Gravuren untersucht haben. Beide kamen zu dem Schluss, dass die Schicht, die die Gravuren überzog, mindestens 12 000 Jahre alt sein müsse – wenn nicht bedeutend älter.

Dies würde zwar gegen die Fälscher-Hypothese sprechen, trotzdem lassen sich die Funde in keine geschichtliche Epoche Südamerikas einordnen, denn eine Kultur, die diesen Namen verdienen würde, gab es dort bis vor 5 000 Jahren nicht. Auch muss man bedenken, dass solche Oxydschichten schon damals, als die Steine in den 6oer-Jahren erstmals auftauchten, gefälscht werden konnten.

Auch Ähnlichkeiten zu irgendwelchen Darstellungen bekannter Kulturen oder Stämme in diesen Gegenden existieren nicht. Klare Parallelen lassen sich aber zu den Scharrbildern – insbesondere gewissen Darstellungen von Tieren – auf der nicht mal 100 Kilometer südlich gelegenen Hochebene von Nazca erkennen, die ebenfalls noch Rätsel aufgeben. Die dortigen Phänomene werden auf vielleicht 2 000 bis 3 000 Jahre datiert – bei 65 Millionen Jahren aber schlägt jeder Archäologe die Hände über dem Kopf zusammen.

Der berühmte Steinsammler Dr. Javier Cabrera (1930–2001) aus Ica leitete aus den Motiven der Steine eine fantastische Weltgeschichte ab. Bis zu seinem Tod war er der festen Überzeugung, dass die abgebildeten Menschen tatsächlich vor 65 Millionen Jahren gelebt hatten und durch eine gewaltige Katastrophe umkamen. Auch glaubte Dr. Cabrera, diese Menschen seien teilweise Außerirdische gewesen, die als spirituelle Wesen von den Plejaden (»Siebengestirn«)

gekommen waren und hier inkarnierten. (Gelandet seien sie auf der Hochebene von Nazca.)

Als ich im Oktober 2004 bei Göppingen auf einer Rätsel-der-Welt-Tagung, zu der ich als Referent geladen war, einen Vortrag über Ica, Nazca & Co. hörte, sprach ich den Referenten später an. Er vertrat die Auffassung, die Ica-Steine und Nazca seien ebenso Millionen von Jahren alt wie andere Kulturgüter der Anden auch (etwa Machu Picchu, 75 Kilometer von Cusco) und seien wie sie das Werk von Aliens. Beweise hatte er keine. Allerdings deutete er an, damals selbst als Alien auf die Erde gekommen zu sein ...

In Europa wurden die Steine von Ica vor allem durch den französischen Autor der Grenzwissenschaften Robert Charroux und sein Buch *L'énigme des Andes, Les Pistes de Nazce, La bibliothèque des Atlantes* (1974) bekannt, das in Deutschland unter dem Titel *Das Rätsel der Anden* (1978) erschien. Darin (und bei J. J. Benítez 1975) wurde ausführlich über den Chirurg Dr. Janvier Cabrera Darquea berichtet, der in seinem Haus in Ica mindestens seit 1966 Zigtausende der Steine gesammelt habe.

1974, so Robert Charroux, seien es jedenfalls schon 11 000 gewesen. Er schreibt aber auch, dass er nicht nur auf diesen einzigen Sammler gestoßen sei. Angeblich habe er kein Haus betreten können, in dem es keine Steine gab. Was ihn, Charroux, auf die Idee brachte, insgesamt könne das Lapidarium von Ica womöglich die verschollene Bibliothek von Atlantis sein.

Nachdem er bei Charroux darüber gelesen hatte, nahm sich auch Erich von Däniken der Steine von Ica an. In seinem Buch *Beweise* ging er 1977 auf das Thema ein. Von Däniken hatte sich damals bei dem Archäologen Dr. Henning Bischof vom Völkerkundemuseum in Mannheim erkundigt, was dieser von den gravierten Steinen hielt. Bischof hatte ihm zu diesem Zeitpunkt bereits mitgeteilt, dass es sich um Fälschungen handele, die die Einheimischen anfertigten, um sie an die wenigen Touristen, die es in die Gegend verschlug, zu verkaufen. Von Däniken besuchte Dr. Cabrera und nahm die Ica-Steine persönlich in Augenschein. Er war begeistert – ebenso wie viele andere Interessierte nach ihm.

In der Folge ging es über zwei Jahrzehnte hinweg hin und her. Die Steine von Ica – echt? Gefälscht? Pro und kontra: unentschieden.

Am 7. August 1997 strahlte der Fernsehsender Kabel 1 dann die Dokumentation *Das Geheimnis der Steine von Ica* aus, in der die Autoren versuchten, alle Steine in Bausch und Bogen als Fälschungen zu »entlarven«. Dabei zerrten sie einen Indio vor die Kamera, der das Entstehen einer Gravur routiniert demonstrierte. Damit sei, wie es in der Sendung hieß, das ganze Ica-Thema als Quatsch entlarvt.

Doch schon 20 Jahre zuvor hatte von Däniken eingeräumt, dass manche der Steine gefälscht würden. Er besuchte sogar den Fälscher Basilo Uschuya aus Ocucaje, der vor seinen Augen einen Stein anfertigte. Von Däniken hatte auch zu hören bekommen, dass der Indio alle Steine selbst erschaffen hätte und sich bei seinen medizinischen Motiven von Bildern aus Illustrierten inspirieren ließ. Eine Zeit lang behauptete er, *alle* Steine gefälscht zu haben, aber diese Aussage hat Uschuya unlängst zurückgenommen.

Die Reporter der Dokumentation auf Kabel 1 konfrontierten Dr. Cabrera mit den Aussagen der Indios. Der passionierte Sammler war sichtlich erbost darüber, dass sie es wagen könnten zu behaupten, sie hätten ihn reingelegt. Und seine Meinung zähle doch viel mehr als die Aussagen der Indios. Von dieser Egozentrik Cabreras hatte sich auch Erich von Däniken schon 1977 ein Bild machen können, denn er schrieb:

»Professor Cabrera ist ein eigenwilliger Mann, er duldet keine Gegenmeinung (was ich bedaure).«

Die Fernsehsendung erbrachte also keine Neuigkeiten, außer dass darin alle Steine als falsch klassifiziert wurden. Immerhin sollen der Arzt und sein ebenfalls Steine sammelnder Nachbar 1977 zusammen bereits 25 000 Exemplare besessen haben – was von einer gewissen fleißigen Emsigkeit der Fälscher zeugen würde.

1977 wurde nämlich bereits eine Dokumentation der BBC namens *Pathway to Gods* gesendet. Und auch darin führte Uschuya die Produktion der Steine exemplarisch vor: mithilfe eines zahnmedizinischen Bohrers und anschließendem Backen in Dung.

Als Cabreras »Hauptlieferant« bekam Uschuya Ärger mit der Polizei. Der Vorwurf, der gegen ihn erhoben wurde: Plünderung archäologischer Stätten. In Cabreras Augen war dies der Grund, warum der Indio alle Steine als »falsch« bezeichnete – er selbst habe es dem 2002 verstorbenen Uschuya so geraten.

Wir sehen uns hier einer gewaltigen Menge von gravierten Steinen gegenüber, in denen der Doktor eine fantastische Welt der frühesten Vorzeit zu erkennen glaubte. Alle – und das lässt Dr. Cabrera dann doch ziemlich unglaubwürdig erscheinen –, alle diese Steine seien authentisches Material einer Zivilisation im Zeitalter der Dinosaurier. Fälschungen sollen nicht darunter sein.

Da inzwischen jeder, der das Thema Ica etwas genauer kennt, weiß, dass hier eine Flut von Fälschungen verborgen liegt, ist die Sammlung zum jetzigen Zeitpunkt schlicht und ergreifend »wertlos«. Und zwar nicht materiell gesehen, sondern weil bisher niemand in der Lage war, all die sonderbaren Steine – und vor allem jene, die Saurier und Menschen gleichzeitig zeigen! – einer wissenschaftlichen Analyse zu unterziehen. Ein wahllos herausgegriffener Stein, der auf 50 oder 5 000 Jahre datiert wird, sagt nichts über den gesamten kulturellen Wert der Funde aus. Und: Das Alter von Stein lässt sich grundsätzlich nicht bestimmen.

Da davon ausgegangen werden muss, dass die Bewohner von Ica und Umgebung die Thesen kennen, die Dr. Cabrera vertrat, ist es leicht nachvollziehbar, dass gerade jene Objekte, die seine Überzeugungen am deutlichsten zum Ausdruck bringen, von Einheimischen am liebsten gefälscht werden. (Ich selbst besitze ebenfalls eine Reihe solcher Steine aus Peru.) Auch berichtete mir mein Freund, der Geologe Dr. Johannes Fiebag (1956–1999), bereits vor Jahren, er habe in Ica mit dem Daumen an einigen von Cabreras Steinen gerieben – und sie hätten abgefärbt!

Nun wird es sehr dubios: Zu Lebzeiten hatte Dr. Cabrera in seinem Haus auch eine »Geheimkammer«. Darin lagen, wie er sagte, so unfassbare Steine und Skulpturen, dass sie der Menschheit nicht gezeigt werden dürften. Doch das Team von Kabel 1 war bei den Recherchen zu der Dokumentation schlau genug, eine versteckte Kamera mitlaufen zu lassen. Auch einige andere Interessierte haben diesen Raum inzwischen erkundet. Der Forscher Walter-Jörg Langbein hatte sogar schon ein Jahr vor der »Enthüllung« auf Kabel 1 Fotos von diesen Saurierfiguren veröffentlicht.

Die anderen Objekte in der »Geheimkammer« waren noch seltsamer als die Steine: Sie zeigen christliche Motive. Und so standen denn in den Regalen neben Sauriern, die aus Eiern schlüpfen, Skulpturen des gekreuzigten Jesus Christus und des letzten Abendmahls.

Was sollen solche Darstellungen mit Motiven, die eine 2 000 Jahre alte Welt zeigen, wenn die Sammlung doch von einer Zeit vor 65 Millionen Jahren berichten soll?

Die gesamte Sammlung von Ica-Steinen ist damit zu einem unsicheren und höchst zweifelhaften Thema geworden. Die Zukunft wird, so ist zu hoffen, zeigen, was hier echt, wahr und authentisch und was pure Schwindelei ist. Auch wenn es nicht gerade schwer ist, im Sand der Wüste um Ica Steine mit Gravuren zu finden. So machten sich im Herbst 2002 Maria del Carmen Olazar Benguria und Feliy Arenas Mariscal aus Spanien auf, um im Wüstenboden von Ocucaje nach echten Steinen zu buddeln. Unterstützung erhielten sie von Experten der Universidad Autonoma de Madrid. Und sie wurden tatsächlich fündig. Am Berg Cerro Blanco förderten sie aus zwei Metern Tiefe gravierte Steine zutage, die eindeutig Dinosaurier zeigen. Die Sensation war perfekt, als am 15. Oktober 2002 die Funde an der Universität untersucht wurden. Die Karbonat-Anhaftungen der Steine waren nach der durchgeführten Thermolumineszenz-Datierung 99 240 bis 61 196 Jahre alt! Doch zu dieser Zeit war Südamerika noch nicht einmal besiedelt. Dinosaurier allerdings gab es damals auch schon nicht mehr.

Ica – ein Rätsel? Bestimmt. Und die neuesten Funde lassen vermuten, dass die Geschichte noch lange nicht zu Ende ist …

7

WAR DIE GRABKAMMER IN DER CHEOPS-PYRAMIDE WIRKLICH LEER?

Die Pyramiden von Gizeh ziehen seit 4500 Jahren die Menschen in ihren Bann. Sie sind das letzte noch vorhandene Weltwunder.

Besondere Aufmerksamkeit hat dabei seit jeher die des Königs Cheops (ca. 2620–2580 vor Christus) aus der IV. Dynastie erregt. Kein Wunder: Ist sie doch mit ihren einst 146,59 Metern Höhe und einer Basislänge von 230,33 Metern die größte Pyramide der Erde. Schätzungen zufolge mussten fast zweieinhalb Millionen Steinblöcke herbeigeschafft werden, um ein Bauwerk zu errichten, das durch seine majestätische Wucht fasziniert, das aber auch immer wieder Rätsel aufgibt – insbesondere den Grenzwissenschaften.

Gern wird zum Beispiel die Vermutung geäußert, die Cheops-Pyramide sei eine Art vorsintflutlicher Wissensspeicher. Andere bringen vor, es wäre gar nicht Cheops gewesen, der den Bau in Auftrag gegeben habe, gäbe es in ihrem Inneren doch keinen Hinweis auf seinen Namen. Und die Kartusche des Herrschers, die Richard William Howard Vyse (1784–1853) fand, sei in Wahrheit – so behauptete jedenfalls der bekannte US-Autor Zecharia Sitchin 1980 in seinem Buch *The Stairway to Heaven* – von ihrem Entdecker gefälscht worden. Mehr noch: In einer der sogenannten Entlastungskammern sei sogar der Name des Königs falsch geschrieben.

Alles reine Erfindung Sitchins, wie schon seit Jahren erwiesen scheint (Cheops' Name z. B. enthält keinen Rechtschreibfehler.) – nichtsdestotrotz weiterhin heftigst diskutiert unter Befürwortern und Skeptikern.

Irritiert zeigen sich viele von der Tatsache, dass die Cheops-Pyramide bis auf wenige Inschriften von Bauarbeitern in den Entlastungskammern keine Hieroglyphen-Texte aufweist. Ganz im Gegensatz etwa zu den Pyramiden der Pharaonen Unas (V. Dynastie, ca. 2504–2347 vor Christus) oder auch Teti (VI. Dynastie, ca. 2347–2216 vor Christus) im südlich von Gizeh gelegenen Gräberfeld Sakkara, die eine Fülle davon enthalten. Dieser Frage widmete sich Erich von Däniken 1989 in *Die Augen der Sphinx*. Er und nach ihm viele andere sahen in diesem Fehlen von Inschriften in der Cheops-Pyramide ein Indiz dafür, dass der Pharao das Monument nicht hatte errichten lassen.

Eine genauere Betrachtung der 108 ägyptischen Pyramiden zeigt jedoch, dass Inschriften darin eher Ausnahmen sind und keineswegs die Regel. Denn nicht einmal zehn davon enthalten irgendwelche Texte. Insofern ist die Große Pyramide also kein Sonderfall. Und das Fehlen von Inschriften an den Wänden beweist gar nichts.

Eine These jedoch wird in den Grenzwissenschaften immer wieder vorgebracht, und mit dieser möchte ich mich intensiver befassen, der Behauptung nämlich, dass die Cheops-Pyramide keine Mumie enthalten habe, als sie gegen Ende des ersten Jahrtausends unserer Zeitrechnung erstmals geöffnet wurde.

In der RTL-Sendung *Außerirdische – kommen sie zurück?* zum Beispiel sagte Erich von Däniken am 26. November 1996:

»Noch was. Hier, der Sarkophag. Im Jahre 823 nach Christus ist die Pyramide zum ersten Male geöffnet worden. Der Kalif al-Mamun stieg da hinein, und was fand er? Nichts. Der Sarkophag war leer.«

Aus seinem Buch *Die Augen der Sphinx* erfahren wir auch, wem er dieses Wissen verdankte: nämlich Achmed, seinem lokalen Reiseführer.

»Vieles ist hier umstritten, doziert Achmed. Der Sarkophag soll leer und ohne Deckel aufgefunden worden sein – wozu dient ein leerer Sarkophag?«

Und in einer der Bildunterschriften des Buches heißt es klipp und klar:

»Der Sarkophag in der Königskammer [...] war leer. Wozu mag er gedient haben?«

Eine Aussage, die sich so oder so ähnlich formuliert praktisch in jedem Buch wiederfindet, das sich den Rätseln widmet, die uns die Cheops-Pyramide aufgibt.

So schreibt etwa Roland Göök in *Die großen Rätsel unserer Welt*:

»Die Pyramiden waren Grabdenkmäler und Mausoleen. Oder etwa doch nicht? In der Cheops-Pyramide fand sich nur ein leerer Steinsarkophag.«

Diese Aussage scheint jedoch nicht der historischen Wahrheit zu entsprechen.

Im »Pyramidenkapitel« des legendären al-Hitat, einer Schriftsammlung mit Texten von Chronisten zum frühislamischen Ägypten, finden sich Aussagen, aus denen eindeutig hervorgeht, dass die Cheops-Pyramide durchaus eine Mumie (nebst einigen wertvollen Grabbeigaben) enthielt, als sie 823 geöffnet wurde.

Zum Beleg einige Textbeispiele:

Abu Jakub Muhammad b. Ishak an-Nadim schrieb:

»In der Mitte dieser Plattform befindet sich ein zierlicher, gewölbter Bau; mitten darin steht etwas wie ein Sarkophag. [...] Zwischen den beiden Blöcken steht ein steinernes Gefäß, das mit einem goldenen Deckel verschlossen war. Als man den entfernte, entdeckte man eine Art geruchloses, eingetrocknetes Pech und ein goldenes Kästchen; in diesem fand man beim Öffnen frisches Blut, das aber, als es von der Luft getroffen wurde, gerann, wie Blut zu gerinnen pflegt, und eintrocknete. Auf dem Sarge lagen steinerne Deckel, nach deren Beseitigung man einen schlummernden Mann erblickte, der auf seinem Hinterkopf lag. Er war vollkommen wohlerhalten und trocken, seine Leibesbeschaffenheit war deutlich zu erkennen und sein Haar noch wohl sichtbar. An seiner Seite ruhte ein Weib, das den gleichen Anblick bot.«

Al-Makrizi berichtete:

»Es heißt, man habe auf dem Körper, der in der Pyramide begraben liegt, ein ganz zerfallenes Gewand gefunden, von dem nur noch die goldenen Fäden übrig geblieben waren; die Dicke der Schicht von Myrrhe und Aloe, mit der der Leichnam überzogen war, soll eine Spanne betragen haben.«

Abd ar-Rahim al-Kaisi:

»Es heißt, man sei zur Zeit al-Mamuns dort emporgestiegen, und darauf zu einem gewölbten Gemach geringer Größe gelangt, in dem eine Bildsäule eines Menschen war, die aus grünem Stein, einer Art Malachit, gefertigt war. Man brachte sie zu el-Mamun und es fand sich, dass sie mit einem Deckel verschlossen war. Als man sie öffnete, gewahrte man darin den Leichnam eines Menschen, der einen goldenen, mit allerlei Edelsteinen geschmückten Panzer trug. [...]

Das Götzenbild aber, aus dem man diesen Leichnam her-vorholte, habe ich neben der Pforte des königlichen Palasts zu Misr liegen sehen im Jahre 511.«

Abu t-Taijib al-Mutanabbi:

»Drinnen fanden sie grauenerregende Treppen und Schäch-te, wo man nur unter Schwierigkeiten gehen konnte, und ganz oben fand er [el-Mamun] ein würfelförmiges Gemach; jede Seite hatte eine Länge von etwa 8 Ellen und in der Mit-te stand eine marmorne Mulde, die mit einem goldenen Deckel verschlossen war. Als man den heruntergenommen hatte, fand er darin nur morsche Knochen, über die die da-hingeschwundenen Jahrhunderte dahingegangen waren.«

Demnach wäre die Aussage, in der Cheops-Pyramide sei bei ihrer Öffnung durch Kalif al-Mamun 823 keine Mumie eines menschlichen Leichnams gefunden worden, falsch. Ob es sich jedoch um die sterblichen Überreste Cheops' handelte oder ob die Grabkammer vielleicht doch schon zu einem früheren Zeitpunkt geöffnet wurde, lässt sich heute wohl kaum mehr herausfinden. Heute existiert nichts mehr von Cheops. Bis auf eine 7,5 Zentimeter kleine Figur, die im Ägyptischen Museum in Kairo ausgestellt ist.

8

DAS RÄTSEL DER PYRAMIDEN
VOM DONGTING-SEE

In ... *und kamen auf feurigen Drachen* berichtete mein Freund und Kollege, der 2005 leider verstorbene Sachbuchautor Peter Krassa (Jg. 1938), von einer Entdeckung, die Anfang der Sechzigerjahre angeblich in Zentralchina gemacht wurde, genauer: auf einer der Inseln namens Jotuo im Dongting-See, dem zweitgrößten Binnensee Chinas.

Krassa berichtete, dass am Südufer des 2 820 Quadratkilometer großen Dongting-Sees in der zentralchinesischen Provinz Hunan, 1959 und 1961 etwas Sonderbares entdeckt wurde.

Die betreffende Region war im Oktober 1959 von einem schweren Erdbeben heimgesucht worden, in dessen Folge, so Krassa, Grundrisse von drei sogenannten Rundpyramiden, also Kegeln, freigelegt wurden. Da über solche Bauten bis dato nicht das Geringste bekannt war, soll der Ethnologe und Archäologe Professor Chi Pen Lai (oder auch Chi Pen Lao) von der Universität Peking beschlossen haben, ein Expertenteam zusammenzustellen und die Funde in Augenschein zu nehmen.

Die Vermessungen, die der Professor und ein Team von Wissenschaftlern (wie ein gewisser Hui Chuting und ein Dr. Wu To-wai) durchführten, hätten, so Krassa, erstaunliche Ergebnisse gezeigt. Angeblich hatten sie die ursprüngliche Höhe der Pyramiden auf mehr als 300 Metern geschätzt. Eine noch größere Sensation aber wäre die Entstehungszeit. Das Alter der Bauwerke soll nämlich unglaubliche 45 000 Jahre betragen haben, wenn das denn alles so stimmt. (Das ist genau zehnmal so alt, wie heute die Pyramiden von Gizeh in Ägypten nach anerkannter Archäologenmeinung datiert werden.) Die Xia-Dynastie, angeblich die erste bekannte Dynastie Chinas, hatte erst um 2200 vor Christus ihre Geburtsstunde (auch wenn diese zeitliche Einordnung der Dynastie bisher umstritten ist). Und aufgrund moderner DNA-Untersuchungen geht man heute davon aus, dass es den *homo sapiens* überhaupt erst vor 40 000 Jahren nach China verschlug. Woraus sich die Frage ergibt: Wer hätte denn wohl 5 000 Jahre früher schon 300 Meter hohe Pyramiden bauen können?

»Weshalb diese ominösen Pyramidensockel auf ein solches Alter datiert wurden, ist allerdings nicht bekannt«, schrieb ich in *Göttliche Zeiten* schon 1996. Und neue Erkenntnisse liegen auch heute noch nicht wirklich vor.

Die Legende geht aber noch weiter.

Unweit der Rundpyramiden entdeckten die Archäologen dem Vernehmen nach verschüttete Gänge, die in ein künstliches Labyrinth unterhalb des Seegrundes führten. Einer der vielen exakt gearbeiteten Gänge führte Chi Pen Lai in eine große Halle, deren Wände über und über mit prähistorischen Kritzeleien bedeckt gewesen sein sollen. Angeb-

lich waren Jagdszenen zu erkennen – Menschen, die Blas-
rohre auf Tiere richteten – und oberhalb davon schweb-
ten »modern gekleidete Wesen« in untertassenähnlichen
Gebilden und richteten Gegenstände, die an Feuerwaffen
erinnerten, auf die Beute.

Was davon zu halten ist? Ich weiß es nicht. Hat die angebliche Felszeichnung überhaupt je existiert? (Krassa veröffentlichte 1984 eine »Rekonstruktion« (Zeichnung) davon,
die seither weit verbreitet und aus dem Kanon der Phänomene-Literatur kaum mehr wegzudenken ist. Allerdings
gibt es keinerlei Hinweise darauf, auf welcher Grundlage
Krassa diese »Rekonstruktion« erstellt haben könnte. Es ist
unklar, ob sich dahinter mehr verbirgt als ein bloßes Fan-
tasieprodukt des Autors.

Neben dieser Höhlenmalerei existiert angeblich noch
eine andere Felszeichnung in der Höhle: Eine Abbildung
unseres Sonnensystems, in der Mars und Erde in irgendeiner Beziehung zueinander stehen, da sie mit »Punkten«
miteinander verbunden sein sollen. Dies mutmaßte zumindest Johannes von Buttlar in seinem Buch *Leben auf dem
Mars* (1987). Doch auch diese Felszeichnung hat wohl bisher niemand wirklich gesehen.

Vor 30 Jahren bemühte sich Krassa darum, in China den
Dongting-See besuchen zu können. Er wollte den sonderbaren Berichten über die vermeintlich 45 000 Jahre
alten Pyramiden auf der Insel vor Ort auf die Spur kommen. Als Reaktion auf seine beharrlichen Bemühungen
erhielt er am 3. März 1981 ein Schreiben der österreichi-
schen Botschaft in Peking, in dem ihm die Erlaubnis erteilt
wurde, den See zu besuchen. Zugleich beschied man ihm

aber auch, dass »nicht die Fundamente der dortigen Pyramiden« besichtigt werden können. Erstaunlich – konnten die Ruinen damals nur deshalb nicht besichtigt werden, weil sie eben *nicht* existieren? Dann wäre es aber unsinnig gewesen, eine Besuchserlaubnis für den See auszustellen, die Ruinen dabei aber ausdrücklich auszuklammern. Seltsam ...

Im Rahmen seines Buchs *Die weiße Pyramide* nahm auch Hartwig Hausdorf 1994 dieses Thema wieder auf und machte es weithin bekannt. Doch auch er konnte leider nur die Ergebnisse von Peter Krassa zusammenfassen. Es kam, wie es kommen musste. Hausdorf und Krassa, beide Mitglieder der damaligen »Ancient Astronaut Society« (AAS) und Autoren von prä-astronautischen Büchern über China, lernten sich 1993 auf einer Konferenz der Gesellschaft in Las Vegas, USA, kennen. Und sie beschlossen, vor Ort in China dem Rätsel des Dongting-Sees und anderer Mysterien nachzugehen. Zusammen fuhren sie 1994 an den Dongting-See. Zwar fanden sie angebliche Spuren des Erdbebens von 1959, was sie allerdings nicht lokalisieren konnten, war die geheimnisvolle Insel namens Jotuo, ganz zu schweigen von den Pyramidenresten. In seinem dritten China-Buch schrieb Krassa 2003:

»Wen immer wir 1994 in China auch befragten, ›Jutuo‹ war niemandem ein Begriff.«

Vielleicht, so Krassa weiter, entstammt der Name der Insel einem Dialekt, den es heute nicht mehr gebe. Oder die Insel hieße heute ganz anders, der alte Name sei vielleicht in Vergessenheit geraten. Auch einen Übersetzungsfehler schloss der Autor nicht aus.

Wie ist also der »Stand der Dinge« in Sachen zehntausende Jahre alte Pyramiden am Dongting-See? Und vor allem: Woher kommt die Geschichte eigentlich? Gibt es überhaupt irgendwelche greifbaren Fakten, die auf die Existenz dieser uralten Pyramiden hindeuten?

Erich von Däniken streifte dieses Thema in seinen Bestsellern *Erinnerungen an die Zukunft* (1968) und *Aussaat und Kosmos* (1972). Dabei berief er sich konkret auf ein Buch der französischen Erfolgsautoren Louis Pauwels und Jacques Bergier. Diese hatten schon ab etwa 1962 Bücher »fantastischen Inhaltes« veröffentlicht. 1970 brachten sie dann die Geschichte über die Pyramiden im Dongting-See in ihrem Buch *L'Homme éternel* unter, das 1971 auch in deutscher Übersetzung erschien. Ein Bericht, auf den sich auch Peter Krassa ein Jahr später in seinem Buch *Als die gelben Götter kamen* berief. Doch von Rundpyramiden mit einer Höhe von 300 Metern und einem Alter von 45 000 Jahren erfahren wir bei Bergier und Pauwels nichts. Nur über seltsame Höhlenzeichnungen.

Neben diesem Buch führte Erich von Däniken eine weitere Quelle an: einen Geologen namens Thuinli Lynn. Dieser hätte ihm ebenfalls die Story von den Darstellungen seltsamer Wesen, Rüsselkreaturen und den Untersuchungen Tschi Pen Laos von 1961 erzählt. Hier allerdings heißt der See Tung-Ting. Leider kann Thuinli Lynn nicht mehr dazu befragt werden, da er, laut Erich von Däniken zu mir, bei seinem letzten Treffen mit ihm vor 35 Jahren schon sehr alt und mittlerweile gestorben sei.

Doch weitere Nachforschungen offenbaren eine noch frühere Quelle dieser sonderbaren Meldung aus China. Es handelt sich dabei um das schon 1966 erschienene Buch *Das Abenteuer der biblischen Forschung* von Hans E. Stumpf. Hier wird das Pyramiden-Mysterium eher beiläufig erwähnt, in Form einer langen Fußnote. Doch was darin nicht enthalten ist, ist die »Jagdszene« mit den bewaffneten Wesen in ihren »UFOs«, die Peter Krassa in seinem Buch von 1984 erwähnt und illustriert. (Diese Höhlenmalerei wird erstmals 1972 in »Aussaat und Kosmos« von Erich von Däniken beschrieben.)

Stellt sich nun die Frage: Wer ist dieser Hans E. Stumpf? Woher hatte er seine Informationen? Hier wird es etwas verwirrend.

Ich fand heraus, dass von seinem Buch *Das Abenteuer der biblischen Forschung* noch eine weitere Ausgabe erschienen ist. Allerdings wird in dieser Ausgabe nicht Hans E. Stumpf, sondern ein gewisser Hans Einsle als Autor aufgeführt. Eine Spur, der ich weiter nachgehen wollte.

Leider konnte mir jedoch auch der Pattloch Verlag, bei dem 1984 die bisher letzte Auflage des Buchs erschienen war, nicht weiterhelfen. Niemand wusste, wer hinter diesen Autorennamen steckte.

Nach zahlreichen weiteren Recherchen und unzähligen Telefonaten stieß ich auf den Ort Königsbrunn nahe Augsburg, eine knapp 30 000 Einwohner zählende Gemeinde, wo ein Hans Einsle gemeldet war. Und endlich wurde ich fündig. Die Stellvertretende Leiterin des Archäologischen

Museums von Königsbrunn konnte am 29. Januar 2010 detailliert Auskunft geben. Ebenso die Stadtarchivarin Anfang Februar 2010: Es war tatsächlich dieser Hans Einsle aus Königsbrunn, der damals dieses Buch geschrieben hatte. Hans E. Stumpf, so Matysik, war ein an den Mädchennamen seiner Mutter angelehntes Pseudonym von Einsle, das in Archäologenkreisen durchaus bekannt war. Allerdings war er bereits am 27. Juli 2004 verstorben.

Hans Einsle war ein Weltreisender, der sich für Archäologie interessierte und vor allem auf Kreta spezialisiert war. Doch warum erwähnte er die chinesischen Pyramiden in einem Buch über biblische Forschungen? Und woher hatte er diese Informationen? Die Personen, die ich in Königsbrunn befragte, wussten über die Arbeitsweise des Autors so einiges zu erzählen. Einsle habe bei seiner Arbeit »viel Fantasie mit verarbeitet« und auch »Stammtisch-Geschichten« herangezogen, die er hier und dort aufschnappte. Auch habe er wohl einfach »einige Dinge erfunden«.

»Hans Einsle hat es mit der Wahrheit nicht immer so genau genommen«, berichtete mir eine Informantin. Was er irgendwo gehört hatte, notierte er, um irgendwann darauf zurückgreifen zu können. Auf diese Weise sei sein Archiv zu einer gewaltigen Zettelsammlung angewachsen, die nach seinem Tod im Müll gelandet sei – wie der gesamte Rest seines Archivs auch.

Das ist mehr als bedauerlich. Es wird wohl im Dunkeln bleiben, woher der Autor seine Informationen hatte (wie etwa den Namen des angeblichen Archäologen aus Peking). Und es ist auch nicht auszuschließen, dass Einsle die ganze Geschichte nur erfunden hat.

Doch zurück zu Peter Krassa: Es bleibt die Frage, warum ihm die chinesischen Behörden damals auf seine Anfrage ausdrücklich den Besuch der Pyramiden verboten hatten. Gibt es sie also doch? Oder muss dieser Fall für die Forschung als unlösbar eingestuft und zu den Akten gelegt werden?

Hartwig Hausdorf scheint die Hoffnung noch nicht aufgegeben zu haben. Ende Januar 2010 zeigte er sich optimistisch, als wir über den Dongting-See, die Insel Jutuo und die Ruinen der Pyramiden sprachen. Er sagte mir:

»Rückblickend weiß ich, dass wir nach der Nadel im Heuhaufen gesucht haben. Per Motorboot 4 Inseln von über 100 abgesucht, da steht schon statistisch was dagegen. [...] Nun gut, möglich ist es, eine Spur ist Granitvorkommen auf einer der besuchten Inseln – in einer der Beschreibungen ist ja von einem ›Granittal‹ die Rede.«

Zu allem Überfluss gibt es noch eine andere Quelle, die der Historiker Jörg Dendl aufspürte und in der alle bekannten Gerüchte, die sich um die Pyramiden im Dongting-See ranken, bereits enthalten waren. Es handelt sich um einen Artikel, der bereits 1961 in der dubiosen Zeitschrift »Das vegetarische Universum« (Nr. 9/1961) erschien. War dieser Text der Auslöser für das Interesse Einsles, Krassas und anderer Phänomene-Forscher an diesem angeblichen Mysterium? Oder gibt es tatsächlich einen (mittlerweile verschollenen) archäologischen Bericht von diesem Professor Chi Pen Lai? Kann die geheimnisvolle Insel Jutuo überhaupt noch gefunden werden, nachdem sich der See durch die Neulandgewinnung enorm verändert hat, wie Luftbilder im Internet beweisen?

Wir wissen es nicht. Die Suche nach einem zweifelhaften Mythos geht also weiter …

9

DIE »WEISSE PYRAMIDE« — DAS ENDE EINER SUCHE?

Die höchste Pyramide der Welt steht in Ägypten, das weiß doch jedes Kind. Es ist die Cheops-Pyramide in Gizeh. Ganze 147 Meter war das rund 4500 Jahre alte Monument einst hoch.

Was aber, wenn die Geschichtsbücher neu geschrieben werden müssten? Wenn die höchsten Pyramiden nicht in Ägypten stünden, sondern …

Lange geisterten Gerüchte über eine »riesige weiße Pyramide« durch die Literatur. In China sollte sie stehen und doppelt so hoch sein wie die berühmte Cheops-Pyramide.

Der erste Hinweis auf ihre Existenz stammt aus dem Jahr 1912, als die Geschäftsreisenden Fred Meyer Schroder und Oscar Maman in der Provinz Shaanxi unterwegs waren, etwa 60 Kilometer südwestlich der heutigen Stadt Xian. In den Gebirgen von Qin Ling-Shan stießen die beiden auf eine Pyramide, die etwa 300 Meter in der Höhe maß und oben mit einer Plattform versehen war, ähnlich wie es bei den Pyramiden in Amerika der Fall war. In ihrem Reisetagebuch, welches von Flugkapitän Bruce L. Cathie aus Neuseeland entdeckt wurde, hielten Maman und Schroder fest:

»Es war noch viel unheimlicher, als wenn wir sie in der Wildnis gefunden hätten. Aber diese [es wird von mehreren Pyramiden berichtet, L. A. F.] lagen gewissermaßen unter den Augen der Welt, sind aber in den westlichen Ländern völlig unbekannt.«

Nun ist aber dieser Hinweis keineswegs auch ein Beweis für die reale Existenz der Pyramide(n). Er stammt zwar bereits aus dem Jahr 1912 – doch wurde er erst Jahrzehnte später veröffentlicht. In einer Zeit, als Gerüchte über Pyramiden in China bereits weltweit kursierten. Und schon 1938 hatte der Pilot Wulf Diether Graf zu Castell, der zwischen 1933 und 1936 für die Fluggesellschaft Eurasia tätig war, sein Buch *Chinaflug* veröffentlicht, das auch zwei Fotos enthielt, auf dem 50 Meter hohe Pyramiden zu sehen waren. In der Gegend um Xian gebe es, erklärte er, an die 50 derartige Erdbauten, die als Gräber dienten und zwischen zehn und 50 Meter hoch seien.

Heute können wir sogar von bis zu 100 (wenn nicht gar noch mehr) dieser Bauwerke in China ausgehen, denn den Autoren Hartwig Hausdorf und Peter Krassa gelang es schon vor 15 Jahren, viele davon aufzuspüren. Es gibt sie also. Nach Meinung der Archäologen sind sie etwa 2000 Jahre alt und Königsgräber der Han-Dynastie (etwa 206–220 nach Christus). Dies wurde bereits Bruce Cathie in einem Brief der chinesischen Behörden vom 1. November 1978 mitgeteilt. Der Historiker Jörg Dendl fasste 1996 in dem Magazin *G. R. A. L.* die archäologischen Erkenntnisse über die chinesischen Erdgräber zusammen. Und Dietmar Schröder widmete sich ihnen in einem Artikel für *Sagenhafte Zeiten* (Nr. 4/2001) ebenfalls.

Die Gerüchte und Mutmaßungen über chinesische Erdpyramiden können also schon seit Langem als bestätigt gelten.

Rätsel indes gibt weiterhin die »Weiße Pyramide« auf, die angeblich höchste der Welt. Sie soll noch Reste einer farbenfrohen Bemalung aufweisen. Die im Süden liegende Seite sei rot, heißt es, nach Osten hin sei sie blaugrau, nach Norden schwarz und gen Westen leuchte sie in strahlendem Weiß. Die »Spitze« hingegen sei goldfarben (beziehungsweise, anderen Berichten zufolge, ebenfalls weiß).

Berühmt wurde der Bericht eines gewissen James Gaussman, Pilot der US-Airforce, den der Autor Walter Hain 1991 erstmalig in Deutschland im Rahmen eines eigenen Artikels für die *Ancient Astronaut Society* publizierte. Nach Auskunft von Hain wollte er auch ein Foto der »Weißen Pyramide« veröffentlichen, was die Redaktion jedoch abgelehnt habe. (Erst Anfang 1994 wurde dieses Bild, das angeblich aus dem Archiv des US-Militärs stammen soll, in Hartwig Hausdorfs viel beachtetem Buch *Die weiße Pyramide* erstmals in Deutschland publiziert.) In dem Artikel hieß es, Gaussman habe die »Weiße Pyramide« 1945 während des Zweiten Weltkriegs auf einem Routineflug über dem Qin-Ling-Shan-Gebirge bemerkt. Er soll es auch gewesen sein, der die erste und bislang einzige Aufnahme dieser archäologischen Sensation machte. Walter Hain zitiert Gaussman folgendermaßen:

»Ich flog um einen Berg, und dann kamen wir über ein ebenes Tal. Direkt unter uns lag eine gigantische weiße Pyramide. Es sah aus wie im Märchen. Die Pyramide war von schimmerndem Weiß umhüllt. Es hätte auch Metall sein können oder irgendeine Art von Stein. Sie war an all ihren Seiten völlig weiß. Das Bemerkenswerteste daran aber war die Spitze: ein großes Stück edelsteinähnliches Material. [...] Es war für uns unmöglich zu landen, obwohl wir es gerne getan hätten. Wir waren von der gewaltigen Größe dieses Dinges tief beeindruckt.«

Die Höhe des mächtigsten Bauwerkes der Welt wurde von Gaussman auf etwa 300 Meter geschätzt und die Seitenlänge sogar auf 485 Meter. 1967 griff der französische Autor Robert Charroux (1909–1978) die Story der Riesenpyramiden in einem Buch auf. Charroux, einer der Vorreiter der Prä-Astronautik und »fantastischen Literatur«, schrieb, sie liege angeblich in einer »Sperrzone«, sei 1000 Fuß hoch und an jeder Seite in einer anderen Farbe bemalt. Ihr Alter schätzte er auf 4000 Jahre, eine Zeit, als »höher entwickelte Venusier Mexiko, Peru und Kleinasien beherrschten«, so Charroux.

Aber wo genau befindet sich das Bauwerk?

Dr. Marc Carlotto zieht Vergleiche zwischen »Pyramiden auf dem Mars« und der »Weißen Pyramide«. In seinem Buch *Faszination Mars* schreibt er, die Pyramide liege 100 Kilometer südwestlich der Stadt Xian. Charroux nannte als Standort »40 Meilen südwestlich von Sian« (= Xian).

Walter Hain wiederum, ebenfalls ein Verfechter der These von künstlichen Monumenten auf dem Mars, schreibt in seinem Buch *Das Marsgesicht* (1995), die Riesenpyramide befinde sich »nördlich der heutigen Stadt Hsi-King (Sian) am Fuße des Flusses Wi-ho, exakt auf 34,26 Grad nördlicher Breite und 108,52 Grad östlicher Länge«. »In unmittelbarer Nähe liegt die kleine Ortschaft Pai-miao-ts'un«, heißt es bei ihm weiter.

Das sind doch sehr präzise Angaben. Deshalb stellte ich mir schon 2001 die Frage: Warum konnte die Pyramide bisher noch nicht gefunden werden? Seinerzeit schrieb ich:

»Und wenn Hain unter Berufung auf Cathie die Pyramide ›nördlich der heutigen Stadt Hsi-King‹ – damit ist Xian gemeint – mit exakten Koordinaten lokalisieren will, dann ist es fraglich, ob der Bau tatsächlich diese gewaltige Höhe hat. Er muss einfach zu finden sein.«

Stellen wir die Frage nach dem Standort aber vorerst noch zurück.

Denn auch etwas anderes ist bisher kaum beachtet worden: Auf dem Bild der Pyramide, auf dem man im Hintergrund so etwas wie ein Dorf zu erkennen glaubt, ist definitiv *nicht* jenes Bauwerk zu sehen, das Gaussman beschrieben hat. Vielmehr ähnelt es den Pyramiden in der Gegend von Xian, die Hausdorf und Krassa umfassend dokumentierten. Gaussman beschrieb die Pyramide schwärmerisch als vollkommen weiß. Auch will er an der Spitze »ein großes Stück edelsteinähnliches Material« gesehen haben. Eine Art Abschluss-Stein, der bei den Ägyptern Pyramidion genannt wurde und Teil einer »klassischen« Pyramide ist. Die kursierende Aufnahme zeigt aber einen gewöhnlichen Erdbau mit enormen Erosionen. Eine der Erdpyramiden, die bei Xian häufig vorkommen.

Tatsächlich verschwimmen die »Fakten« bei intensiveren Recherchen bezüglich des Ursprungs der Berichte immer mehr. Jörg Dendl gelang es schließlich, die Herkunft des Berichtes (es sind eigentlich zwei Berichte) über die Riesenpyramide in China zu ermitteln. Es war die *New York Times* vom 28. März 1947.

Die Zeitung berichtete damals, der TWA-Pilot Maurice Sheahan sei es gewesen, der beim Überflug der Tsingling-Berge 40 Meilen südwestlich von Xian eine gewaltige Pyramide gesehen hatte. Auch sprach er von einer zweiten, aber wesentlich kleineren Pyramide unweit der ersten sowie einer Reihe von Grabhügeln in der Umgebung. Unter Berufung auf ein Interview Sheahans von *United Press* am 27. März erschien am 28. März 1947 in der *New York Times* ein entsprechender Artikel darüber. Die Urquelle des gesamten Mythos. Dieser Bericht wurde am 30. März 1947 von der *New York Sunday Times* übernommen. Und dabei auch mit dem bis heute umstrittenen Foto illustriert, das aller Wahrscheinlichkeit nach der Airforce-Pilot Gaussman 1945 gemacht hatte.

In der Zeitung wird Sheahan mit den Worten zitiert, er sei »von ihrer perfekten pyramidalen Form und ihrer enormen Größe« beeindruckt gewesen. Außerdem berichtete er, dass er von seinem Flugzeug aus »schmale Fußpfade sehen [konnte, L. A. F.], die zu einem Dorf am Standort der Pyramide führten«. »Er schätzte ihre Höhe auf 1000 Fuß und ihre Breite an der Basis auf 1500 Fuß«, hieß es 1947.

Auch wurden in der Meldung Dr. James L. Clark vom American Museum of Natural History sowie Dr. Arthur Upham Pope vom Asia Institute erwähnt. Demzufolge meinte Dr. Clark, es handele sich um einen »sehr bedeutenden Fund«; und Dr. Pope steuerte die Erkenntnis bei, die Pyramide passe sehr wohl zu den religiösen Vorstellungen der alten Chinesen. Seiner Auffassung nach handele es sich um einen Grabhügel aus gestampfter Erde.

Tatsächlich ist auf dem als »Gaussman-Foto« berühmt gewordenen Pyramiden-Bild ein Pfad zu erkennen, der zu einem mutmaßlichen Dorf im Hintergrund führt. Eventuell auch eine befestigte Straße. Gewisse Ähnlichkeiten des Gaussman-Fotos mit den Beschreibungen Sheahans möchte ich gar nicht in Abrede stellen. Doch spricht Sheahan eindeutig von einer »richtigen« Pyramide und zeigt sich tief beeindruckt von deren »perfekter« Form.

Somit ist keine der beiden Sichtungen, weder von Gaussman noch von Sheahan, mit dem angeblichen Foto der Riesenpyramide zu vereinbaren.

Nachdem die *New York Times* über die Entdeckung berichtet hatte, erschien am 30. April 1947 ein Leserbrief von Dr. Pope, in dem er sich unter anderem über buddhistische Mythen äußerte, in deren Zentrum der göttliche Berg Meru steht. Ferner schrieb Dr. Pope, dass es einmal eine chinesische Grabpyramide »vom Kaiser« – einen Namen nannte er nicht – gegeben habe, die verschiedenfarbig bemalt gewesen sei: im Osten grün, im Süden rot, im Westen weiß, im Norden schwarz; und darüber habe sich eine Deckschicht aus gelbem Sand befunden. Diese Beschreibung der

Farbgebung entspricht den Erzählungen über die Weiße Pyramide – nur dass Dr. Pope eine andere meinte: nämlich die Grabpyramide eines namenlosen Kaisers. Er sagt nicht, die große Pyramide des Piloten Sheahan weise diese Farben auf. Hier wurden zwei verschiedene Berichte vermischt – was bis heute zu Irrtümern und Missverständnissen führt.

Erst 25 Jahre nach diesen beiden Meldungen der New York Times wurde das Thema der geheimnisvollen Riesenpyramide wieder aufgegriffen. Und zwar von dem Autor Robert Charroux. Dieser bezog sich eindeutig auf die beiden erwähnten Zeitungsartikel von 1947, wie aus seiner Wortwahl ersichtlich wird – auch wenn Charroux seine Quellen nicht nennt.

Charroux übertrug die Angaben einer Bemalung einer *anderen* Pyramide aber auf die große Pyramide von Xian. Diese wurde 1976 auch im *UFO Jahrbuch über Utopie und Wirklichkeit* erwähnt – jedoch unter Bezugnahme auf die *New York Times* vom 28. März 1947.

Und damit war der Mythos von der großen Weißen Pyramide in China geboren, der seither durch die »Rätsel-Literatur« geistert.

Und nun kommen wir zurück zum möglichen Standort der Pyramide. Seit 1995 frage ich mich, wie es sein kann, dass es zwar konkrete geografische Angaben darüber gibt, das Bauwerk aber nie lokalisiert werden konnte.

Fakt ist: Die Beschreibungen jener Personen, die die Pyramide angeblich sahen (Gaussman und Sheahan), entsprechen nicht dem, was auf der einzigen Abbildung, dem Gaussman-Foto, zu sehen ist.

Hier hilft heutzutage Google Earth weiter. Eine Überprüfung der seit Bruce Cathies Buch bekannten Koordinaten 34,26 Grad nördlicher Breite und 108,52 Grad östlicher Länge ist auf den ersten Blick ernüchternd: weit und breit nichts als Felder und Wiesen und weite Ebenen. Doch bei näherem Hinschauen kann man tatsächlich zwei prachtvolle Pyramiden ausmachen, von denen eine sogar exakt auf den Koordinaten 34°26'02.22« Nord und 108°52'52.21« Ost liegt. Allerdings scheinen beide nicht dem Gaussman-Foto von der Weißen Pyramide zu entsprechen.

Suchen wir weiter, sehen wir nicht nur zahlreiche Erdpyramiden um Xian (zum Beispiel bei 34°24'03.28« Nord zu 108°45'52.51« Ost), sondern finden eine hoch interessante Pyramide in einer weitläufigen landwirtschaftlichen Ebene bei den exakten Koordinaten 34°20'17.54« Nord zu 108°34'10.61« Ost. Nur 0,73 Kilometer weiter in 108,15 Grad Richtung Nordwest steht eine zweite, kleinere Pyramide. Ebenso lassen sich bei 252,61 Grad knapp über einen Kilometer Richtung Nordost zwei weitere Erdpyramiden dingfest machen. Die Pyramide entspricht jedoch auch nicht der Meldung in der *New York Times* von 1947. Und sie liegt auch nicht, wie es in der Zeitung unter Berufung auf den Piloten Sheahan hieß, »am hinteren Ende eines lang gezogenen Tals, in einem unzugänglichen Teil«. Auch sind es zum Stadtzentrum von Xian nicht 40 Meilen (= rund 64 Kilometer), wie es in der *New York Times* stand, sondern nur 22 (etwa 36 Kilometer).

Doch wir können das Gaussman-Foto von 1945 mit der Pyramide bei 34°20'17.54« Nord zu 108°34'10.61« Ost vergleichen. 1947 hieß es auch, dass eine zweite Pyramide in der Nähe stehe, die jedoch »wesentlich kleiner« sei. Das ist bei dieser mithilfe von Google Earth nun aufgespürten Pyramide der Fall. An ihr ist aber nichts Geheimnisvolles, denn es handelt sich dabei um das Mausoleum des Maoling. Es ist das Grab des Han-Kaisers Wo beziehungsweise Wudi (156–87 vor Christus) und damit etwa 2100 Jahre alt. Das Grab eines der bedeutendsten Herrscher der Han-Zeit, das seit 1961 unter Denkmalschutz steht.

Ein Bildvergleich moderner Aufnahmen (siehe Bildteil) mit dem alten Foto lässt eigentlich keinen Zweifel zu: Die Weiße Pyramide auf dem Gaussman-Foto ist das Maoling-Mausoleum! Die geografischen Gegebenheiten um das Mausoleum inklusive der im Hintergrund zu sehenden Ortschaft sprechen für sich. Die Schnellstraße, die vor der Pyramide in einem Bogen an der Südostecke vorbeiführt, gab es vor 60 Jahren allerdings noch nicht.

Der geneigte Leser möge es sich im Bildteil ansehen und Google Earth hinzuziehen.

Ist der Mythos der 300-Meter-Pyramide damit zerstört? Immerhin entspricht die Lage des Mausoleums nicht den Ortsangaben von 1947 über den angeblichen Riesenbau. Schon eher die mutmaßliche Pyramide (leider ist die Bildqualität zu schlecht) unter den Koordinaten 33°59'38.23« Nord zu 108°43'48.00« Ost. Sie liegt am Ende eines langen Tals südöstlich von Xian. Aber nur rund 22 Meilen (= 36 Kilometer) vom Stadtzentrum Xians entfernt …

Hartwig Hausdorf sagte mir bei einem Treffen am 30. Dezember 2008, er könne sich nicht vorstellen, dass sich die Piloten damals bei der Höhenangabe derart verschätzt haben. Und weiter:

»Und Piloten können Entfernungen schätzen, das gehört zu ihrem Job! Ich bin überzeugt, dass dieses Bauwerk nicht nur existiert, sondern längst gefunden ist. Aber es stellt so was Außergewöhnliches dar, dass hier wohl weiter ›gemauert‹ wird.«

Nun, eine Verschwörung der Chinesen wittere ich nicht. Aber zumindest können wir das Gaussman-Foto der Weißen Pyramide allem Anschein nach ad acta legen …

Ob es eine solche Pyramide überhaupt gibt, bleibt weiter mehr als fraglich. Und so darf die ägyptische Cheops-Pyramide auch weiterhin den Titel der höchsten Pyramide der Welt für sich in Anspruch nehmen.

10

EISZEIT-PYRAMIDEN IM ROCK LAKE?

Angeeignetes Wissen gelegentlich zu überprüfen kann nie schaden. Auf keinem Gebiet.

Als ältester Monumentalbau der Welt zum Beispiel gilt die Pyramide des Pharao Djoser in Sakkara südlich von Kairo, die während der dritten Dynastie erbaut worden sein soll, etwa 2650 Jahre vor Christi Geburt. Aber stimmt das überhaupt? Oder gibt es inzwischen stichhaltige neuere Erkenntnisse? Existieren vielleicht Pyramiden, die noch viel früher errichtet wurden als die in Ägypten? Bereits vor der Eiszeit, als nach herrschender Meinung an eine menschliche Zivilisation noch lange nicht zu denken war?

Einige Autoren, die sich in diesem Zusammenhang gern auch auf das mythische Atlantis als eine Art Mutterkultur der Urzeit berufen, gehen fest davon aus.

Und Funde im Rock Lake, etwa 13 Kilometer östlich von Madison im Süden des US-Bundesstaates Wisconsin, könnten ihre These stützen. Der See soll in der letzten Eiszeit entstanden sein und beherbergt auf seinem Grund angeblich pyramidenartige Steinstrukturen, die Schätzungen zufolge mindestens 12 000 Jahre alt sein könnten.

Im Süden Wisconsins entdeckte Nathaniel Heyer bereits 1836 eine kleine Pyramide, die er »Atzalan« taufte. Ihr Alter wurde auf rund 1000 Jahre geschätzt. Und in der Tat, auch die Indianer Nordamerikas haben Pyramiden und andere Kulthügel errichtet. Allerdings nicht aus Stein, sondern aus Erde. Sie sind heute unter der Bezeichnung »Mounds« bekannt und befinden sich vor allem im Südosten der USA; allein im Gebiet von Ohio sollen es an die 12 000 sein. Man geht davon aus, dass sie bis zu 3 200 Jahre alt sind. Vielleicht reichen ihre Ursprünge aber sogar noch weiter in die Vergangenheit zurück. Gisela Ermel schreibt in *Das Moundbilder Phänomen*:

»Eines Tages jedoch, vor mehr als 5 000 Jahren, versammelten sich primitive Jäger und Sammler im Gebiet des damaligen Flussbettes des Arkansas River, um erstmals eine geplante Erdwerkanlage zu errichten.«

5 000 Jahre, das wäre schon ein ansehnliches Alter. Aber nichts im Vergleich zur möglichen Entstehungszeit jener merkwürdigen Bauwerke, über die Leon E. Seltzer bereits 1862 in der *Columbia Lippincot Gazette of the World* 1862 geschrieben hatte:

»Rock Lake. Auf dem Grund des Sees sind große Steinpyramiden, von denen angenommen wird, sie seien von prähistorischen Indianern errichtet worden.«

Im Laufe der folgenden Jahre mehrten sich die Hinweise. Als – wahrscheinlich im Sommer 1900 – das Gebiet um den Rock Lake von einer großen Dürre heimgesucht wurde, die zur Folge hatte, dass der Wasserspiegel des Sees sank, fielen Lee Wilson, dem Bürgermeister von Lake Mills, und seinem Bruder Claude beim Fischen steinerne Strukturen auf dem Grund des Rock Lake auf. Da sich zu der Zeit jedoch noch niemand sonderlich für ihre Sichtung interessierte, geriet die Entdeckung bald wieder in Vergessenheit.

Bis im Frühjahr 1936 ein gewisser Victor S. Taylor meldete:

»Vier Pyramiden auf dem Grund des Rock Lake entdeckt, womöglich indianischen Ursprungs, vielleicht von Azteken erbaut.«

Die Idee, dass die Azteken dort irgendetwas gebaut haben könnten, war allerdings – buchstäblich – ziemlich weit hergeholt. Denn sie lebten im mexikanischen Hochland, und das ist alles andere als nur einen Katzensprung vom Rock Lake entfernt.

Doch Taylors Meldung kam auch Dr. B. W. Saunders zu Ohren, der als Herausgeber eines Reiseführers für die USA ein natürliches Interesse an möglichen Sehenswürdigkeiten jedweder Art hatte. Er plante eine Tauchexpedition zu den rätselhaften Bauten, fand jedoch niemanden, der sein Vorhaben finanzierte.

Der Geologe Professor Ernst F. Bean und der Historiker Dr. Charles E. Brown nahmen sich ebenfalls vor, die infrage stehenden Ruinen zu untersuchen, aber auch daraus wurde nichts. Die mutmaßlichen Bauten im Rock Lake fielen erneut der Vergessenheit anheim.

Nicht so jedoch bei Rekord- und Tiefseetaucher Max Gene Nohl, der sich 1937 mit einem kleinen Boot auf den See begab. Dabei zog er einen an einem Seil befestigten schweren Eisenklotz über den Grund. Mit dieser einfachen Hilfskonstruktion gelang es ihm, die Position der seltsamen Unterwasserformation genauer zu bestimmen. Nach mehreren Tauchgängen meinte er schließlich, tatsächlich eine Pyramide gefunden zu haben, fast genau in der Mitte des Sees. Er notierte:

»Die Pyramide hat die Gestalt eines gekippten Kegels. Oben befindet sich eine kleine, quadratische Plattform, Kantenlänge 1,4 Meter. Kantenlänge am Boden: 5,43 Meter. Höhe: 8,83 Meter. Offenbar besteht die Konstruktion aus glatten, in Mörtel gesetzten Steinen. Sie ist weitgehend von einem grünlichen Schaum überzogen, der sich aber leicht wegkratzen lässt, zum Teil treten die Steine offen zutage, sind dem Wasser direkt ausgesetzt.«

Leider stießen Nohls Beobachtungen in der Öffentlichkeit auf taube Ohren, und so vergingen weitere 30 Jahre, ohne dass das Geheimnis gelüftet wurde.

Am 30. Juli 1967 schließlich verschlug es eine Gruppe von sieben Tauchern in den See, zu denen auch ein John Kennedy aus Lambard gehörte. Von allen Teilnehmern blieb er am längsten unter Wasser. Kurz bevor ihm die Luft knapp wurde, sah er plötzlich eine Plattform von sechs mal zwölf

Metern Größe, die circa 1,50 Meter hoch war, und brach eilig drei Fragmente davon ab, um sie zu bergen.

Man glaubte ihm jedoch nicht, und er wurde als Betrüger hingestellt. Auf einem Tauchersymposion erklärte Leon Mericle, der auch im See suchte, am 30. März 1968 in Chicago entgegen Kennedys Behauptung, »dass es da, wo wir gesucht haben, keine Spur von Pyramiden gibt«.

Inzwischen bezeugen jedoch weitere Taucher und auch Forscher die Existenz der Ruinen auf dem Grund des Rock Lake.

So beispielsweise Craig Scott, der Präsident der Tauchergruppe Sea Search, der den See mit modernsten Geräten erforschte. Auch John Shulak, ebenfalls Taucher, gab zu Protokoll:

»Sechs Jahre beschäftigte ich mich mit dem Rock Lake. Dann wurde endlich Sonarelektronik eingesetzt. Eine Pyramide nach der anderen wurde gefunden. Zwei Bauten empfinde ich als besonders beeindruckend. Sie liegen in der Mitte des Sees. Eine ist fast vier Meter breit, 30 Meter lang. Sie ragt 2,43 Meter aus dem schlammigen Boden. Sie besteht aus Steinen unterschiedlicher Größe, wobei die größeren unten, die kleineren oben eingesetzt wurden. Weitere Teile der Konstruktion sind zementiert, als hätten die Erbauer die Steine sorgsam aufeinandergefügt und dann mit einer Art Beton zusammengekleistert.«

Für Dr. James Scherz, Ingenieur an der Universität von Madison, Wisconsin, stellen die Strukturen »einen fantastischen Fund« dar. Seiner Meinung nach wurden von den Bauten aus »Sonne, Mond, Planeten und Sterne in ihrem Lauf beobachtet«. Ferner trug er die Beobachtung bei, »die große Unterwasserpyramide« sei »exakt nach Norden ausgerichtet«.

In *Skin Diver*, einem Fachblatt für den Tauchsport, hieß es im Januar 1970 über das Rock-Lake-Rätsel:

»Die Pyramiden sind unglaublich. Eigentlich sollte es sie gar nicht geben. Sie wären zu alt und an einer Stelle, wo niemand sie hätte bauen können. Logischerweise dürften sie gar nicht existieren. Die Geschichte ist freilich selten logisch. Und Logik hin, Logik her: Die Pyramiden von Rock Lake tauchen oft genug aus der Versenkung auf, um die noch so logisch denkenden Erforscher der amerikanischen Vergangenheit in Verlegenheit zu bringen.«

Was an den Pyramiden und anderen Monumenten im Rock Lake, deren Anzahl inzwischen mit 13 angegeben wird, so verblüfft, ist ihre Entstehung. Denn – vorausgesetzt, es gibt sie wirklich, und davon gehe ich aus – unter Wasser werden sie ja wohl nicht gebaut worden sein.

Dann jedoch müssen sie aus einer Zeit stammen, in der es den Rock Lake noch gar nicht gab. Das wäre demnach vor rund 12 000 (oder bis zu 16 000) Jahren gewesen, als sich in diesem Teil der Erde die letzte Eiszeit ihrem Ende näherte, was zur Bildung vieler Seen und Flüsse führte.

Und so wäre denn auch alles, was sich an der Stelle des heutigen Rock Lakes befand, vom Wasser überflutet worden. Andererseits: Wie hätten die Pyramiden dem Druck und der Verschiebung der Eismassen standhalten können?

Skeptiker halten die Bauten im Rock Lake für indianische Mounds. Und damit wären sie natürlich vergleichsweise jungen Datums, denn auch der See ist ja noch nicht allzu alt. Frank Joseph (Francis Joseph Collin), Autor zahlreicher Bücher über versunkene Welten, ist jedoch überzeugt, dass es sich um echte, unermesslich alte Pyramiden handelt, wie er in *The Lost Pyramids of Rock Lake* und *Atlantis in Wisconsin* unter Berufung auf »neue Entdeckungen über die versunkene Stadt« von Rock Lake belegen möchte.

Gunnar Thompson von der Universität von Hawaii schließt sich dem durchaus umstrittenen Autor an. Er ist überzeugt, dass es Joseph gelungen sei, den Beweis für ein »Zentrum« steinerner Pyramiden auf dem Grund des Sees zu führen. Und auch Professor Larry Junkins von der Universität von Wisconsin spricht davon, dass der Rock Lake ein faszinierendes Rätsel berge.

Taucher und Unterwasserforscher stoßen im Meer immer wieder auf Bauten und allem Anschein nach von Menschenhand errichtete Strukturen. Sollten das etwa alles Spuren der einstigen »Mutterkultur« Atlantis sein, wie viele vermuten? Zum Beispiel vor der Küste Japans/Taiwan, vor Indien, auf dem Grund des Titicacasees in Bolivien, vor der Insel Malta, um Bimini oder auch in 35 Metern Tiefe vor Cap Morgiou in Südfrankreich?

Die dort 1985 von Henri Cosquer entdeckten Unterwasserhöhlen konnten 1991 sogar datiert werden. Und zwar anhand der Wandmalereien, die sich darin befinden. Eine Prüfung von Proben der verwendeten Farben nach der

C14-Methode ergab ein Alter von 18 440 Jahren – eine Zeit also, zu der die Höhlen noch nicht unter Wasser lagen.

Beheimatet der Rock Lake nun aber tatsächlich Zeugnisse einer untergegangenen Zivilisation, die älter war als die der Ägypter oder Sumerer? Oder haben doch die Skeptiker mit ihrer Behauptung recht, es handele sich um einfache und nicht einmal besonders alte Bauten indianischen Ursprungs, wie man sie überall in den USA findet und die nicht aus Stein sind, sondern aus Erde?

Der Weltreisende und Bestsellerautor Walter-Jörg Langbein, der sich in seinem Buch *Bevor die Sintflut kam* auch mit dem Rock-Lake-Phänomen auseinandergesetzt hat, schrieb mir in einer E-Mail am 21. Januar 2010:

»Steinerne Pyramiden von Indianern sind mir keine bekannt.«

Das Rätsel auf dem Grund des Felsensees wird also – vorerst zumindest – eines bleiben.

11

DER FUND VON AIUD –
DES RÄTSELS NÄCHSTER TEIL

Manche meiner Leser kennen das Rätsel des Aluminium-Objektes von Aiud, Rumänien, sicher schon aus *Historia Mystica* (2009) oder früheren Veröffentlichungen von mir. (Erstmalig berichtete ich darüber bereits 1996 in meinem Buch *Göttliche Zeiten*.)

Für alle anderen hier zunächst eine Zusammenfassung der bisherigen Ereignisse:

1973 (nicht 1974) wurde in 10 Metern Tiefe in einer Sandabbaukuhle bei Aiud nahe dem Fluss Mures ein sonderbarer Fund gemacht. Wie sich nach der Reinigung des Objekts vom hart verkrusteten Sand herausstellte, handelte es sich um einen künstlichen »Keil« aus Metall von rund 20 Zentimetern Länge, 13 Zentimetern Breite und sieben Zentimetern maximaler Höhe. Oben befindet sich ein 3,5 Zentimeter großes Loch, das sich in 4,7 Zentimetern Tiefe innerhalb des Objektes mit einer zweiten Bohrung trifft. Diese 1,8 Zentimeter kleine Bohrung führt von der vermuteten Rückseite in das Objekt. Gewicht des Fundes: 2,3 Kilogramm (siehe Bildteil).

Da mit diesem Sandklumpen zusammen »verbacken« auch zwei Knochen (ein Stück Beinknochen und ein Zahn) von einem Mastodon gefunden wurden, einem längst ausgestorbenen Urtier, schossen schnell Spekulationen ins Kraut, insbesondere im Kreise grenzwissenschaftlich Interessierter. Und so streiten sich die Geister, seit das Thema durch einen Artikel des Rumänen Florin Gheorghita 1992 in *Ancient Skies* weithin bekannt wurde. Zu denken geben insbesondere eine rätselhafte Oxidschicht und natürlich die beiden Knochenfunde. Die einen vermuten, der Fund könnte 100 000 Jahre oder mehr alt sein, andere halten ihn für Schrott aus modernen Zeiten.

1995 konnte sich mein Kollege Michael Hesemann in Cluj-Napoca davon überzeugen, dass der zuvor als »verschollen« geltende Fund tatsächlich noch existiert. Zusammen mit ersten Fotos des Objektes publizierte er Anfang 1996 einen entsprechenden Artikel in *Magazin 2000* (Nr. 108, 1/1996). Der Schweizer Forscher und Autor Luc Bürgin und später dann auch ich nahmen diese Bilder in unsere Bücher auf.

Und dann geschah erst einmal lange gar nichts mehr.

Ende 2008, als ich für mein Buch *Historia Mystica* recherchierte, waren die Ergebnisse, was den Keil von Aiud betrifft, zunächst einmal mager. Es war mir partout nicht möglich, ihn aufzuspüren. Ja, nicht einmal das Institut, das Hesemann 1995 besucht hatte, gelang es mir zu finden. Von einer rumänischen Kollegin erfuhr ich stattdessen, dass man vor Ort in der Stadt Cluj-Napoca auf entsprechende Anfragen ausgesprochen abweisend reagiere – man wisse nichts von irgendeinem ominösen Aluminiumfund. Und für mich als Ausländer würden die Chancen bestimmt noch schlechter stehen. Nachdem ich diese Fakten und Fotos über die Forschungsgesellschaft für Archäologie, Astronautik und SETI (A. A. S.) in dem Magazin *Sagenhafte Zeiten* publizierte, wurde das Thema – vor allem im Internet – erneut diskutiert.

Für mich war das Ansporn genug, der Sache mit frischem Elan noch einmal nachzugehen. Ich schaltete die Rumänische Botschaft in Berlin, die Deutsche Botschaft in Bukarest, das Rumänische Konsulat in Bonn sowie andere Behörden und Institute ein. Meine Hartnäckigkeit sollte sich auszahlen. Denn am 26. Januar 2010 bekam ich eine Nachricht von der rumänischen Botschaftssekretärin Adriana Winkler. Wie mir mitgeteilt wurde, hatte sie das *Muzeul National de Istorie a Transilvaniei* als Aufbewahrungsort des von mir gesuchten Objektes ausfindig gemacht. Dort kam ich in Kontakt mit der Archäologin Dr. Carmen Ciongradi, die sich ausgesprochen kooperativ zeigte.

Erstaunliches stellte sich heraus: Die Ergebnisse der Analyse des Fundes von Aiud, die seit Florin Gheorghitas Artikel 1992 kursierten (er hatte sie bereits 1983 in seinem Buch *Enigme în Galaxie* veröffentlicht), waren so gar nicht richtig. Weitgehend unbemerkt waren diese Ergebnisse jedoch schon vier Jahre vor Gheorghitas Artikel durch den Rumänen Günter Trendler im deutschen Raum in dem Magazin *Ancient Skies* (VI/1988) publiziert worden. Auch Trendler berichtete übrigens »das Fundstück in dem verkrusteten Sand erinnerte irgendwie an einen Metallfuß, der unten seitlich die Spuren von harten Schlägen aufwies« und dann »einmal abgefallen oder im Schlick steckengeblieben« ist. Eine Idee, die bis heute Bestand hat.

Zwei Analyse-Berichte von 1975 des Objektes bekam ich aus Rumänien, die den Widerspruch zeigten. Das *Centrul de Cercetari si Proiectari Pentru Metale Radioactive* in Bukarest und Turnu Măgurele führte diese unter Ingenieur Dr. Ioan Niederkorn, Ingenieur St. Neciu und M. Gradin durch. Folgende wichtige Fakten ergeben sich daraus zu der Legierung:

Analyse 1: Aluminium 74,17 %, Kupfer 4,62 %, Zink: 1,81 %, Blei: 0,11 %, Zinn 0,33 %, Nickel 0,0024 %, Wismut 0,0003 %, Silber 0,0002 %, Kobalt 0,0023 %, Kadmium 0,11 %, Zirkonium 0,20 % und Gallium in Spuren.

Analyse 2: Aluminium 92,74 %, Kupfer 6,20 %, Silizium 2,84 %, Zink 0,95 %, Blei 0,41 %, Zinn 0,33 %, Kadmium 0,055 %, Zirkonium 0,20 %, Nickel 0,002 %, Wismut 0,0003 %, Silber 0,0002 %, Kobalt 0,002 % (Titan und Kalzium sind offen).

Probe 2 hat, so ist es vermerkt, eine Fehlerquote von 10 bis 15 Prozent. Auf Probe 1 findet sich außerdem der handschriftliche Vermerk:

» Wegen des Fehlens von Material konnten andere Elemente nicht bemessen (dosiert) werden, obwohl ihr Vorhandensein während der Analysen festgestellt wurde.«

Die von Gheorghita erstmals 1983 in seinem Buch veröffentlichte Analyse, die auch Einzug in sämtliche folgende Veröffentlichungen nahm, stimmt also offensichtlich nicht. Es wurde auch nur eine Probe genommen, die zweimal untersucht wurde. Hinten rechts ist an dem Objekt die Probeentnahme von 1975 klar als Durchbohrung des 3,5 Zentimeter kleinen »Flügelchens« zu erkennen. (Woher die Daten von Gheorghita stammen, wird sich gleich klären.)

Die beiden Analyseberichte legte ich in Deutschland und Österreich zahlreichen Metallexperten vor. Ebenso hochauflösende Fotos des Objektes von Aiud, die ich von Dr. Ciongradi aus Rumänien bekommen hatte. Es galt, einen Kenner für Aluminium zu finden, der diese Analysen erklären beziehungsweise kommentieren konnte. Keiner der von mir befragten Professoren und Doktoren sah sich in der Lage, den Fund eindeutig zu bewerten. Die meisten verwiesen mich jedoch auf die 1903 gegründete Gesellschaft *Hydro* mit Hauptsitz in Oslo. Dort seien die bedeutendsten Aluminiumexperten überhaupt zu finden.

»Mein Mann« in Deutschland war der Ingenieur Professor Dr. Jürgen Hirsch von *Hydro Aluminium Deutschland GmbH*. Er traue den Analysen nur bedingt, meinte er, vermutete aber eher ein Objekt der Flugzeugindustrie. »Es fehlen auch einige wichtige Elemente«, fügte der Aluminiumexperte mir gegenüber im März 2010 hinzu. Und tatsächlich: Eisen, Magnesium und Mangan fehlen in beiden Analysen. Ein Ding der Unmöglichkeit. Konnte es sein – wie die von mir befragten Aluminium-Legierungs-Experten vermuteten –, dass die Untersuchungen nicht sorgfältig genug durchgeführt wurden? Professor Hirsch und andere boten mir gern ihre Hilfe bei einer eventuellen späteren Analyse an. Und: Die A.A.S. von Erich von Däniken wäre einer Finanzierung nicht abgeneigt. (Dafür auch an dieser Stelle noch einmal ein herzliches Dankeschön!)

Auf Einladung aus Rumänien flog ich nach Cluj-Napoca, um das Thema mit Experten vor Ort zu diskutieren. Zwischenzeitlich war aufgrund meiner Veröffentlichung in *Sagenhafte Zeiten* im Internet die Vermutung geäußert worden, das Objekt könnte Teil eines Baggers oder dergleichen sein. Vielleicht der Zahn einer Schaufel – äußere Ähnlichkeiten bestehen zweifellos. Aus einem Beruf, den ich früher einmal ausgeübt hatte, wusste ich jedoch, dass das nicht sein kann. Und sämtliche von mir befragten Hersteller und Lieferanten bestätigten mich in dieser Auffassung. Die *Dr. Bergfeld Schmiedetechnik GmbH* in Solingen, die solche Bauteile produziert, hielt es für »undenkbar«. Der weltweit operierende Ersatzteillieferant *Zeppelin* benötigte einen Monat, um das Objekt mit seinen Datensätzen zu vergleichen. Michael Holzhey, ein Produktmanager in der *Zeppelin*-Zentrale, teilte mir dann im März 2010 mit, dass man das »abgebildete Teil leider nicht identifizieren kann«. Alles andere wäre auch verwunderlich gewesen, denn »Maschinenbauteile (sind) in der Regel aus Stahl gefertigt« – was auch ich schon wusste. Aluminium wäre einfach zu weich.

Bei meinen Gesprächen in Cluj-Napoca erfuhr ich etwas Interessantes: 1995 – nach Michael Hesemanns Besuch – war eine dritte Analyse des Objektes von Aiud angefertigt worden, und zwar in der Schweiz. Doch deren Ergebnisse – das Schreiben steckte lose aufgerollt in dem Keil – sind verloren gegangen. (Die Stelle, an der 1995 eine Probe abgesägt worden war, ließ sich deutlich erkennen.) Man versprach mir, intensiv nach dem Bericht zu suchen. Leider ist er bisher nicht wieder aufgetaucht.

Ebenso wenig wieder aufgetrieben werden konnten die beiden Knochen des Mastodons, die in einer harten Sandkruste »zusammengebacken« mit dem Objekt in einer intakten Erdschicht gefunden wurden. Allerdings entnahm ich den Akten zu diesem Fund im Museum und in an mich gerichteten Schreiben von Florin Gheorghita, dass es der rumänische Autor und Produzent Peter Leb war, der die dritte Analyse des Objekts in Auftrag gegeben hatte. Leb war von 1994 bis 1996 Herausgeber des UFO-Magazins *Romanian UFO Report* (*RUFOR*) und bezeichnete sich selbst als »Prüfer unkonventioneller Phänomene«. Doch wie sich herausstellte, war er 2008 verstorben. Die verschollene dritte Analyse wurde in einem »Laboratorium von Lausanne« durchgeführt, erfuhr ich, und soll den vorherigen Untersuchungen entsprochen haben. 1995 hatte Leb in einem Artikel, der in *RUFOR* erschien, behauptet, die Experten in der Schweiz hätten den Fund für mindestens 300 bis 400 Jahre alt gehalten. In welchem Lausanner Institut diese Untersuchung aber stattgefunden hatte, war auch vor Ort nicht herauszubekommen.

Übrigens teilte mir Gheorghita auch mit, dass er noch immer Probestücke des Objektes besitze und diese »vielleicht irgendwann mal verkaufen« werde.

Alt sieht das Objekt in der Tat aus. Vorn und an der Oberseite sind deutlich großflächige Beschädigungen und Abriebe (Abnutzungserscheinungen?) zu erkennen. Von der völlig glatten Oberfläche scheinen ganze Stücke zu fehlen. Und dennoch sind die Bruchstellen ebenso oxidiert wie der Rest des Objekts. Im Gegensatz zu der Bohrung für die

Probe von 1975, die noch völlig glänzend ist. Das »Extra-terestre obiect« (so stand es auf den Akten mit den Unterlagen zum Fund im Museum) wurde allem Anschein nach oft und intensiv benutzt. Auch ist die bekannte Bohrung, die von oben senkrecht in das Stück führt, »eingebeult« und zeigt einen starken, nach innen gebogenen Grat (Kanten).

Während der Diskussionen über das Stück sagte der Generaldirektor des Museums, Professor Dr. Gheorghe Lazarovici, er könnte sich vorstellen, dass es sich um eine Art »Roboterfuß« handelte. Herkunft? Außerirdisch!

Die Archäologin Dr. Ciongradi stand ebenso vor einem Rätsel wie alle anderen bei dem Gespräch Anwesenden. Leider waren, als sich das Fundstück noch im Museum von Aiud befand, auch die beiden besagten Knochenreste verloren gegangen, die 1973 zusammen mit dem Aluminiumkeil in jenem verkrusteten Erdklumpen gefunden wurden. Darum, so war zu erfahren, hatte man den Fund zuerst auch für ein Steinbeil gehalten und dem Museum übergeben. Erst nach der intensiven Reinigung wurde klar, dass es sich um Metall handelte.

Die Dokumente, die ich vor Ort einsehen konnte, lösten auch das Rätsel um die fehlerhaften Angaben der Legierung durch Gheorghita in seinem Buch von 1983. Professor N. Vlassa vom *Muzeul National de Istorie a Transilvaniei* hatte Gheorghita in den Siebzigerjahren den Fund in seinem Museum gezeigt, woraufhin die beiden genannten Analysen durchgeführt wurden. Der inzwischen verstorbene Professor N. Vlassa soll damals gesagt haben:

»Wenn die Analyse korrekt ist – und wenn sie vom Zentrum in Măgurele kommt, ist sie korrekt –, dann würde dieses Objekt, das offensichtlich sehr alt ist, beweisen, dass die Archäologie, die ich an der Universität unterrichte, auf den Müll gehört … Ich als Professor kann so etwas aber nicht tun. Das Einzige, was ich tun kann, ist, es wegzuschließen, damit es keiner mehr sieht.«

»Um die Stellung des Herrn Prof. Vlassa nicht zu gefährden«, will Gheorghita ihn früher nicht erwähnt haben. Vor allem aber habe er »Mittelwerte« der Analyse zitiert, »damit keiner aus dem Labor beim Zentrum in Măgurele sanktioniert werden konnte«, so Gheorghita am 9. Januar 2009 in einem längeren Schreiben an das Museum.

Ioan Piso, vor etwa anderthalb Jahrzehnten Leiter des Museums, war der Rummel um das Objekt damals unangenehm. Er entfernte den Fund aus der öffentlichen Präsentation, weil »sich das Museum (das im Moment eh geschlossen ist, Anm. L.A.F.) nicht mit grünen Männchen beschäftigt«. Piso vertrat die Auffassung, es handele sich um ein belangloses Objekt aus dem Zweiten Weltkrieg. Schrott also. Müll. Abfall. Was auch erklärt, warum es nach 1995 ein weiteres Mal als »verschollen« galt.

Die Fachleute in Turnu Măgurele datierten den Fund nach seiner Entdeckung durch die Begutachtung des Fundortes vor über 30 Jahren auf ein Alter von 2 000 000 bis 15 000 vor Christus. Herrn Professor Lazarovici, der selbst archäologisch tätig ist, lässt die Angelegenheit keine Ruhe. Er vermutet allerdings, dass eine exakte Ausgrabung und Analyse des Schichtprofils des Fundortes »ungefähr zwei Jahre in Anspruch nehmen« – und sehr teuer sein – würde.

Viel Geld würde auch eine erneute umfassende Analyse durch Professor Hirsch in Deutschland kosten, zu der er grundsätzlich bereit wäre, wie er mich dankenswerterweise wissen ließ. Da das Objekt von Aiud offizieller Kulturbesitz Rumäniens ist, wären dafür jedoch zahlreiche langwierige Anträge nötig, etwa beim rumänischen Kultusministerium. All das dauert sehr lange, sodass wir erneut warten müssen. Professor Lazarovici und ich haben jedoch derzeit an der Universität Bukarest Bemühungen laufen, den Keil zu identifizieren. Bisher allerdings leider noch ergebnislos.

Das Stück wurde tatsächlich in etwa zehn Metern Tiefe in einem Tagebau gefunden. Aber von Bauarbeitern – und nicht im Rahmen einer regulären, dokumentierten archäologischen Grabung. Bei der ganzen Diskussion ist das der springende Punkt. Meine rumänischen Gesprächspartner waren überzeugt, dass der Keil nicht nachträglich an seinen späteren Fundort verbracht wurde. Sollte er demnach wirklich aus jenen fernen Tagen stammen, als unsere Welt noch von Mastodonten bewohnt wurde? Immer wieder wird die These aufgestellt, das Objekt könne zwischen 100 000 und einer Million Jahre alt sein. Von einer Metall verarbeitenden menschlichen Zivilisation aus dieser Zeit ist aber nichts bekannt.

Wann genau die Mastodonten, diese Rüsseltiere der Vorzeit, auf dem Gebiet des heutigen Rumäniens ausstarben, konnte mir kein Paläontologe verbindlich sagen. Die Gattung *Mammut americanum*, so viel ist bekannt, starb etwa 8 000 vor Christus aus. Die europäisch-asiatische Art, *Mammut borsoni*, war allerdings bereits vor 2,5 Millionen Jahren vom Erdboden verschwunden. Diese Tiere lebten in Eurasien im Pleistozän und Pliozän und damit schon vor über 5,3 Millionen Jahren …

Und auch Gheorghita zitierte schon 1983 einen namentlich leider nicht genannten Archäologen, »der an der wiederholten metallografischen Analyse teilnahm«. Dieser bezeichnete den Aluminium-Fund als »unfassbar«, da seiner Meinung nach die einzelnen Bestandteile der Legierung so uralt seien, dass sich die Legierung langsam sogar wieder zersetzen oder auflösen würde.

Ist das umstrittene Objekt also vielleicht sogar mehr als fünf Millionen Jahre alt? Wenn die entdeckten Mastodon-Knochen tatsächlich zusammen mit dem Objekt dort lagerten – was sämtliche Berichte bestätigten –, wäre es denkbar. Aluminium aber kennen wir erst seit dem 19. Jahrhundert. Oder sollten sich etwa beide Funde später »irgendwie« in zehn Metern Tiefe zusammengefunden haben? Doch was ist das dann für ein Objekt, das nirgendwo identifiziert werden kann?

Das Rätsel von Aiud wird also – zumindest vorläufig – eines bleiben.

TEIL II

ÜBERLIEFERUNGEN GEBEN RÄTSEL AUF

12

WER WAREN DIE ANUNNAKI?

Nicht nur in der Garderobe und beim Design kennt man Moden, auch Mythen können mal mehr und mal weniger im Trend liegen. So etwa der von den Anunnaki, laut Duden *Die Religionen* die »unterirdischen Götter der babylonisch-assyrischen Religion«. Das Wort sei akkadisch und gehe auf den sumerischen Begriff für Götter zurück – »Anunna«.

Gibt man »Anunnaki« in eine Suchmaschine ein, erzielt man im Internet und eingerechnet die verschiedenen möglichen Schreibweisen an die 400 000 Treffer. Eine ganze Menge eigentlich für Götter, von denen ein Standardnachschlagewerk der Religionswissenschaften nicht viel zu berichten weiß.

Die Renaissance der Anunnaki begann 1976, als Zecharia Sitchin sein erstes Buch vorlegte. Es trug den Titel *The Twelfth Planet* (dt. *Der zwölfte Planet*) und lag Anfang 2010 bereits in der 45. Auflage vor. »Wann, wo, wie die Astronauten eines anderen Planeten zur Erde kamen und den Homo sapiens schufen«, will Sitchin darin erklären. Und natürlich auch das »Wer«. Denn bei den Astronauten-Göttern handele es sich um die Anunnaki (= Anunnaku) aus der mesopotamischen Mythologie. Es seien Außerirdische, die uns ähnlich sähen und den Menschen mittels genetischer Manipulation erschaffen hätten. Sie kämen, so Sitchins Kernaussage, von einem bisher unbekannten Planeten unseres Sonnensystems. Dieser heiße Nibiru und kreise auf einer stark elliptischen Umlaufbahn in 3600 Jahren einmal um unser Zentralgestirn.

Soweit Sitchin. Mittlerweile haben diese Anunnaki-Götter jedoch ein gewaltiges Eigenleben entwickelt. Vor allem im Internet kursieren die unsinnigsten Vermutungen über sie. Mal heißt es, sie seien Riesen, mal eine Kreuzung aus Mensch und Reptil, und eigentlich, bringen wieder andere vor, seien sie auch nicht vom Nibiru, sondern vom Sirius. Auf teleboom.de heißt es sogar, ihr Heimatplanet sei ein künstlicher »Kampfstern«. Alles Aussagen, die weder mit Sitchins Kernthese noch mit den Astronautengöttern auch nur das Geringste zu tun haben und nichts Sinnvolles zur Debatte beitragen, wie ich in meinem Buch *Die Akte 2012* nachweisen konnte.

In der Mythologie der Völker Mesopotamiens waren die Anunnaki (die auch als Anunna bezeichnet werden) himmlische Götter. Sitchin interpretiert das Wort als »Jene, die vom Himmel auf die Erde kamen«. Etablierte Sumerologen und Altertumsforscher dagegen deuten es als »unterirdische Gottheiten«. Kritiker der Prä-Astronautik wenden auch ein, die Begriffe Anunnaki und Anunna seien bloße »Sammelbezeichnungen« für eine Vielzahl namenloser Götter. Was allerdings die These der Prä-Astronautiker, die in den Anunnaki ja uralte Raumfahrer sehen, eigentlich nicht berührt.

Der Archäologe Klaus Schmidt machte 2006 mit der Idee von sich reden, diese namenlosen Götter, die später die Grundlage der sumerischen Theologie bildeten, könnten bereits vor 12 000 Jahren im ersten Tempel der Menschheit auf dem Hügel Göbekli Tepe (im Südosten der heutigen Türkei) verehrt worden sein, der als ältestes Steinheiligtum überhaupt gilt.

Spannend wird es, wenn wir die mythologischen Hintergründe der Anunnaki betrachten. Sie sollen die Götter der Erde sein – denen die Götter des Himmels gegenüberstehen. Bei den Sumerern und späteren Akkadern hießen diese Igigu oder Igigi. Die Anunnaki wiederum wurden einst von dem Gott Marduk zur Erde geschickt oder hierher verbannt. So lesen wir zum Beispiel im Schöpfungsepos *Enûma elîsch* (VI. Tafel), dass die Götter den Menschen als Arbeiter durch den Gott Ea/Enki aus dem Blut der Götter schufen. Andere altbabylonische Mythen sprechen der Göttin Ninhursag (= Nintu, die Muttergöttin) diese Menschenschöpfung zu. Das alles wurde auf einer Versammlung der Götter und der Anunnaki beschlossen, und so wurde der »Primitive«, der Mensch oder auch »Lullu« oder »Lulla«, als Diener und Knecht erschaffen. Diese Überlieferungen reichen bis ins dritte Jahrtausend vor Christus zurück.

Die Mythen Mesopotamiens besagen ferner, dass es diese himmlischen Wesen waren, die den Menschen die Zivilisation brachten. Die Babylonier glaubten nämlich, dass 241 200 Jahre vor der Sintflut »das Königtum vom Himmel herabgestiegen« (Dr. Schott) sei. Ihre erste Basis war die Stadt Eridu im südlichen Mesopotamien, südlich von Uruk.

Vermutlich die älteste Stadt der Sumerer überhaupt, auch wenn kein etablierter Archäologe eine Zeitangabe wie die aus den babylonischen Überlieferungen in den Mund nehmen würde.

Aber im Grunde besagen die Mythen genau das, was die Anhänger der Ancient Aliens auch behaupten: dass »Götter aus dem All« den Menschen die Zivilisation brachten und all ihr Wissen gleich mit. Der Oberste dieser Götter – quasi der Chef der Anunnaki und der Prä-Astronautik-Forschung zufolge der oberste Kommandeur der Außerirdischen – war zum Teil *An* (= »Himmel«).

Die Namen der Herrschergötter (zum Beispiel der sumerische An oder der babylonische Marduk) sind vielsagend. Marduk etwa war der »König der Könige, Herr der Herren des Weltalls«. Dem »König des Alls« würde »von der großen Versammlung« der Götter/Anunnaki »im All« gehuldigt werden usw. »Die Götter des Alls« sollen ihn segnen, heißt es in einer akkadischen Beschwörungsformel. Eine andere preist ihn als »Alleinherrscher der Anunnaku«, der auch die Igigu-Götter überwacht.

Der Gott Enki wiederum, wichtig bei der künstlichen Erschaffung der Menschen aus göttlichem Blut und Lehm, war der »Herr der Erde«. Ninurta (= Nergal), Enkel des An und Sohn des Ellil (= Enlil), war »allererster der Anunnaku, der die Igigu anleitet, Richter des Alls«, wie es in einem akkadischen Gebet heißt. Ellil, so ein anderes Gebet, war der »Beherrscher der Anunnaku«. Und Nusku war nach einer Weihungshymne der »gewaltig große Herr«, der das All und »die Igigū und Annunaku betreut«. Alles scheint also damals im Himmel und auf Erden geregelt worden zu sein.

Die umfangreiche Mythologie Mesopotamiens zeigt bei einer genauen Betrachtung spannende Dinge. Bereits 1997 habe ich diese Mythen in *Götter der Sterne* ausführlich gedeutet und auch mit jüdischen Überlieferungen verglichen. So besagt etwa die Tafel VI. des *Enûma elîsch*:

»Marduk, der König der Götter, teilte darauf die Götter: Eine Schar oben, die anderen unten. 300 oben als Wächter, Hüter von Anus Befehl, fünf mal sechzig unten als Wächter der Erde: 600 Götter zwischen Erde und Himmel.«

Diese »Wächter der Erde« waren die Anunnaki. Die 300 Wächter im Himmel waren die bereits erwähnten Himmelswesen Igigū. Glauben wir dem uralten Epos des Gilgamesch, kam es zwischen diesen Götter-Gruppen einst zu einem himmlischen Zwist. So einige Deutungen. Es sind »die Anunnaki, die großen Götter« (X. Tafel, Vers 36), die auch an der Sintflut beteiligt waren. Und nach dem Schrecken der Flut waren auch sie über das Ausmaß der Vernichtung bestürzt: »Die Anunnaki-Götter klagen« mit der Göttin Ischtar über das Elend (XI. Tafel, Vers 124).

Und das ist interessant: Einen Streit zwischen Göttern oder Himmlischen, Götter, die auf die Erde kommen, und anderen, die oben bleiben, verschiedene »Funktionen« der Götter über die Anunnaki sowie die Bezeichnung »Wächter« – all das (und eine Flut) ist aus der Bibel und der jüdischen Mythologie wohl bekannt.

Im Buch Genesis (6,1ff.) heißt es, dass »Söhne der Götter« vom Himmel zur Erde kamen und mit Menschenfrauen

Kinder zeugten. »Söhne des Höchsten« seien das laut Psalm 82,6 gewesen. Die Kinder, die aus diesen Beziehungen hervorgingen, waren fremdartig, und es heißt auch, dass es Riesen waren. Der jüdische Prophet Henoch schildert diese Ereignisse sehr detailliert in seinem ersten Buch (äthiopisch). Vor der Sintflut sei das alles geschehen, als Wesen aus dem Reich Gottes zur Erde kamen. Aber wie in der mesopotamischen Mythologie, so heißt es auch bei Henoch, anderen Propheten und zum Teil auch in der Bibel, dass einige Göttersöhne im Himmel verblieben seien.

Es kam zu einem Streit im »Reich Gottes«, sodass in der jüdischen Mythologie »Wächter« genannte Kreaturen vom Himmel auf die Erde kamen. Wissen und Zivilisation brachten sie und sind heute durch das Neue Testament als »gefallene Engel« bekannt. »Wir wollen uns Weiber aus den Menschenkindern wählen und uns Kinder erzeugen« (1. Henoch 6,2), nahmen sich die Himmlischen vor. Ein fester Plan sei das gewesen, der den Höchsten mehr als wütend machte. Aber dass der Höchste seinen Untergebenen im Himmel eh nicht trauen konnte, weiß denn auch die Bibel:

»Selbst seinen Dienern traut er nicht, zeiht seinen Engeln noch des Irrtums.« (Ijob 4,18)

So kamen dann 200 Wächter mit 19 Anführern vom Himmel hernieder (1. Henoch 6,6ff.); der Chef war »Semjasa, ihr Oberster«. Namentlich aufgelistete Wächter lehrten nun die Menschen verschiedene Wissenschaften (ab Henoch 69). Semjasa zum Beispiel Astronomie und »Erdzeichen«.

Es ist in der Bibelforschung längst kein Geheimnis mehr, dass Mythologien von Sumerern & Co. ins Alte Testament eingeflossen sind. Ja, die Bibel kennt auch eine Art »Rat des Herrn«, genau wie die Sumerer und Babylonier. Und in ebendiesem Kreis rebellierten einige gegen Gott und kamen als »gefallene Engel« zur Erde.

Henoch hat dieses Szenario eindringlich geschildert. Er ist quasi der erste Erich von Däniken der Geschichte. Ein Superstar, der innigen Umgang mit den Wesen des Himmels pflegte und gen Himmel fuhr. Zum Beispiel mit den Worten:

»Kaum einer auf Erden kommt Henoch gleich,/darum wurde er auch lebend entrückt.« (Sir. 49,14)

Und was sagen die Überlieferungen zu den Anunnaki noch? Im *Enûma elîsch* heißt es über die Wächter, »die Anunnaki« seien die »einst Gefallenen«. Aufgrund der Tatsache, dass theologische Weltanschauungen der alten Völker Mesopotamiens ins Alte Testament einflossen, liegt ein Vergleich der vom Himmel gekommenen Anunnaki mit den »Göttersöhnen«, »Wächtern«, »gefallenen Engeln« usw. der jüdischen und biblischen Mythologie sehr nahe. »Benej ha'elohim« heißen die Söhne der Götter. Im ersten Buch Moses (6,4) steht auch – und umfassend bei Henoch und im Buch der Jubiläen –, dass die seltsamen Nephilim damals auf der Erde lebten. Und das leitet sich vom hebräischen »nephal« ab, was nichts anderes bedeutet als »(herab)fallen«.

Der *Spiegel* (Nr. 34) brachte es 1996 auf den Punkt:

»Nach Ansicht der Bibeldeuter sind mit den Gottessöhnen Abgesandte aus einer anderen Welt gemeint.«

Und der Theologe und Bibel-Lexikon-Autor Professor Dr. Herbert Haag stellt fest, dass diese Himmelssöhne »immer die Wesen, die zum Hof oder Heer Jahwes gehören, ihm dienen und seine Boten sind«.

Schon seltsam, was uns Überlieferungen des Nahen Ostens berichten, oder? Diverse Götter und die namenlosen Anunnaki-Götter steigen vom Himmel zur Erde hernieder und erschaffen nach einem himmlischen Ratsbeschluss den Menschen.

Manche vermuten übrigens, dass die Pyramiden im Zweistromland den Himmelswesen der Kommunikation mit dem Menschen gedient haben sollen. Vor allem in der heiligen Stadt Nippur (Nibru) des Gottes Enlil im heutigen Zentralirak. Ausgrabungen zeigen, dass der Ort bereits im fünften Jahrtausend vor Christus besiedelt war. Die Stufenpyramide dort bildete das Duranki, das »Band zwischen Himmel und Erde« (Himmel = »An«, wie der Gott; Erde = »Ki«). Für Zecharia Sitchin war Nippur sogar das »Kontrollzentrum« für die einfliegenden Raumfahrzeuge der Astronauten aus dem All …

13

MOSES — VON AUSSERIRDISCHEN ENTFÜHRT?

Berichtet die Bibel tatsächlich von Außerirdischen, von »Astronauten der Vorzeit«? Manche Autoren scheinen davon überzeugt, und das nicht erst seit gestern.

Schon der sowjetische Prä-Astronautik-Pionier Dr. Dr. Matest M. Agrest (1915–2005), der Franzose Robert Charroux (eigentlich Robert Grugeau, 1909–1978), der Italiener Peter Kolosimo (eigentlich Pier Domenico Colosimo, 1922–1984) und der UFO-Fan George Adamski (1891–1965) interpretierten Teile der biblischen Schriften – und keineswegs nur diese – als Zeugnisse vorzeitlicher Raumfahrt. Erich von Däniken machte das Genre schließlich salonfähig. (Und auch meine Wenigkeit hat mit *Götter der Sterne* 1997 etwas zur Diskussion »Außerirdische in der Bibel?« beitragen können, wie ich hoffe.)

Kritiker spotten: »Alles Blödsinn!« und sind nicht einmal bereit, derart kühne Gedanken auch nur in Erwägung zu ziehen. Aber ist die folgende Geschichte nicht wirklich sehr seltsam?

Im Alten Testament heißt es, auf seiner Flucht aus Ägypten sei das Volk der Hebräer an einem Berg in der Wüste angelangt. (Ob es sich dabei nun wirklich um den Berg Sinai handelte, wie allgemein behauptet wird, oder doch eher um den Djebel Musa in der Nähe des Golfes von Akaba, wie ich vermute, sei dahingestellt.) Eine Fußnote der *Jerusalemer Bibel* verortet die Geschichte zeitlich etwa im 13. Jahrhundert vor Christus. Demnach führte Moses sein Volk zu einem Berg, da er und die Hebräer sich dort mit ihrem Gott treffen sollten. Am Ziel angekommen nahm der Herr laut dem Buch Exodus (Kapitel 19) Kontakt auf und wies Moses an, sein Volk auf die Ankunft Gottes vorzubereiten. Da Gott, wie es heißt, auf dem Berg »niederfahren« wolle, sollte der ganze Berg eingezäunt werden. Denn: »Jeder«, so mahnte Gott Moses, »der den Berg berührt, wird mit dem Tode bestrafet.«

Ob Mensch oder Vieh, keiner durfte einen Fuß auf den Berg Gottes setzen. »Erst wenn das Horn ertönt«, heißt es in Exodus 19,13, sei die Gefahr vorbei. Mehr noch, jeder, der es wage, den heiligen Berg zu betreten, würde von Gott »erschossen« (»jrh«) werden. Es heißt zwar mit »Pfeilen«, doch diese Aussage ist nachträglich in den Text eingefügt worden, wie mir der Theologe Walter-Jörg Langbein nach seinem Studium der Originaltexte bestätigte.

»Der ganze Berg bebte gewaltig«, als sich Gott vom Himmel herabsenkte, begleitet von unerträglichem Lärm, von Feuer und Rauch. Am Fuße der Anhöhe bekam es das Volk mit panischer Angst zu tun. Feurig stand »die Herrlichkeit des Herrn« auf dem Gipfel, als Moses den Berg erklomm, um mit ihm zu sprechen (Ex. 24,15–17).

Für viele Anhänger der Prä-Astronautik stellt diese hier

sehr knapp umrissene Geschichte den Bericht über die Landung eines Fluggerätes dar. Skeptiker sehen darin höchstens einen Vulkanausbruch.

»Vierzig Tage und vierzig Nächte« soll Moses auf dem Berg geblieben sein (Ex. 24,18), ohne ein Lebenszeichen von sich zu geben. Was mag mit ihm geschehen sein, fragten sich die Hebräer. Ist er vielleicht schon tot? Aaron jedenfalls, der von Moses für die Zeit seiner Abwesenheit eingesetzte Stellvertreter, hatte starke Zweifel, ob er seinen Bruder je wiedersehen würde. Und an dieser Stelle des Alten Testaments nun wird mit der Fertigung des Goldenen Kalbes begonnen.

Denn während das Volk bislang die »Herrlichkeit des Herrn« verehrt hatte, entstand jetzt – in einer Art Glaubensvakuum – das Bedürfnis nach einer neuen Führungsgestalt. Etwas musste auch an die Stelle der Feuer- und Wolkensäule treten, die den Menschen während des Exodus vorangegangen war. Also versammelten sich die Leute um Aaron und verlangten von ihm:

»Komm, mach uns Götter, die vor uns herziehen. Denn dieser Mose, der Mann, der uns aus Ägypten heraufgebracht hat – wir wissen nicht, was mit ihm geschehen ist.« (Ex. 32,1)

Aaron ging auf die Bitte des Volkes ein. Das Goldene Kalb wurde gegossen.

So weit, so gut.

Was ich mich nun aber schon seit 15 Jahren frage: Was war denn eigentlich in der Zwischenzeit aus der angeblichen Erscheinung Gottes auf dem Berg geworden? Und wo blieb Moses?

Im *Handbuch der Bibelkunde* von Heinrich Mertens steht dazu:

»Wäre die Wolken- und Feuersäule eine wirklich sichtbare Erscheinung gewesen, so hätte es niemals zu dem Abfall Israels in der Verehrung des Goldenen Kalbes kommen können. So aber sind die Säulen nur erzählerische Bilder für die Gegenwart Gottes, die der spätere Erzähler als Motiv einführte.«

Mertens hat recht, wenn er feststellt, dass die Feuer- und Wolkensäule – bei dem Theologen Professor Dr. Herbert Haag schlicht »Jahwes Wagen« genannt – die Gegenwart Gottes verkündete. Wären diese Erscheinungen aber nicht real zu sehen gewesen wären, wie es die Bibel an verschiedenen Stellen behauptet, hätte es dann nicht schon längst zu einem solchen Zwischen- beziehungsweise »Abfall« kommen müssen? Denn für so naiv, dass sie einem *unsichtbaren* Bild gefolgt wären, muss man die Israeliten nun auch nicht unbedingt halten. (Oder macht der Glaube tatsächlich dermaßen blind für die Wirklichkeit?)

Nein, ich gehe schon davon aus, dass man diese »Säule« hat sinnlich wahrnehmen können. Und erst als Moses dann ganze 40 Tage lang verschwunden war, verschwand auch die »Erscheinung« – und das Volk hatte von nun an kein sichtbares »Gottesbild« mehr. Hat sie sich etwa zusammen mit Moses entfernt? Sind die beiden womöglich gemeinsam davongeflogen?

Nehmen wir die alten Texte beim Wort, war genau das der Fall. In der jüdischen Schrift *Ezechiel der Tragiker* (vermutliche Entstehungszeit: zweites Jahrhundert vor Christus), lesen wir einen Bericht, der zu bestätigen scheint, dass Moses von einem fremden Wesen in den Himmel entführt wurde. In diesem Buch wird erzählt, wie der legendäre »Thronwagen Gottes« auf dem Berg stand und Moses sich aufmachte, den Gipfel zu erklimmen. Und weiter:

»Auf einer Bergspitze sah ich [Moses, L.A.F.] einen großen Thron, der bis zum Himmel reichte. Darauf saß ein Mann, dem edelsten Geschlecht entsprossen. Ein Diadem auf seinem Haupt. [...] Ich stellte mich vor seinen Thron. Da reichte er mir das Zepter dar und ließ mich seinen großen Thron besteigen. Auch gab er mir sein königliches Diadem; er selber stieg herab.« (Verse 68–76)

Der Stammvater sah einen edlen »Mann« auf einem Thron, der von einem Diadem – einem Leuchten – umgeben war. Mutig bestieg Moses den »Thronwagen« und fuhr damit in den Himmel. Es heißt:

»Darauf erblickte ich der Erde ganze Rundung, zugleich der Erde Tiefen und des Himmels Höhen.« (Verse 77–78)

Für die Hebräer am Fuße des Berges war die Rauch- und Feuersäule also wirklich verschwunden. Moses indes betrachtete »der Erde ganze Rundung«. Und sollte er nicht emporgehoben worden sein, woher wusste er dann, dass die Erde rund ist – vor Tausenden von Jahren?

Den Überlieferungen zufolge stieg Moses auf den Berg, flog zusammen mit der Himmelserscheinung empor, erblickte das Erdenrund und sah, dass das von ihm dort unten zurückgelassene Volk von seinem Bruder Aaron einen neuen Gott forderte. Klingt in sich doch eigentlich ziemlich stimmig, oder etwa nicht?

Moses bekam von den Geschehnissen am Fuße des Berges nicht so richtig was mit – wahrscheinlich, weil er sich in Gottes Obhut befand. Dieser aber bemerkte, dass das Volk sich von ihm abwandte und in wilder Feierlaune um das Goldene Kalb herumtanzte. Im 32. Kapitel des Buches Exodus steht, was dann geschah:

Gott war so sauer auf das Volk, dass er es »vertilgen« wollte. Eifrig redete Moses auf seinen Herrn ein und versuchte ihn von seinen Mordplänen abzubringen. »Lass ab von deinem glühenden Zorn und lasse dich das Unheil graulen, das du über dein Volk verhängen willst« (Ex. 32,12), flehte er ihn an.

Zurück bei seinem Volk nahm Moses das Goldene Kalb, »verbrannte es, zerstieß es zu Staub, streute ihn auf das Wasser und ließ es die Israeliten trinken« (Ex. 32,20). »Eifer der Leviten« nennt die Bibel die nun folgende Strafe, die Moses für den Götzendienst seines Volkes verhängte. Die treuen Anhänger vom Stamme Levi ermordeten im Namen Gottes die Ketzer. Ein Gemetzel, das 3 000 Tote forderte (Ex. 32,28). Und das nur, weil das Volk ein Kalb als Gott anfertigte, in Anlehnung an die ägyptische Tradition, in der Stiere als heilige und göttliche Tiere verehrt wurden.

Die Himmelfahrt des Moses zeitigte also grausame Folgen. Aber auch positive – denn wir haben ihr die Zehn Gebote zu verdanken.

Himmelfahrtkommandos unter göttlicher Führung sind Legion. Und ja, auch Moses selbst wurde (siehe das *Testament des Moses*) am Ende seines Lebens endgültig in den Himmel aufgenommen. Sind das wirklich alles nur Märchen, wie diejenigen sagen, die von der Idee der Prä-Astronautik nichts halten? Ich glaube nicht. Ich glaube auch das nicht, was der Psychologe Professor Benny Shanon von der Hebräischen Universität Jerusalem im März 2008 behauptete: nämlich dass Moses unter Drogen stand, als er seine Erscheinungen hatte. Oder sollten etwa alle Hebräer am Fuß des Berges high gewesen sein, als ihnen mit viel Getöse Gott erschien?

14

GAB ES RIESEN IN DER WELT?

Als ich noch ein sehr, sehr kleiner Junge war, habe ich mich oft gefragt, ob die Riesen, von denen ich aus Märchen und Sagen wusste, wohl arg viel größer gewesen sein mochten als Basketballer. Konnten sie gar mit dem Kopf die Wolken am Himmel vertreiben? Heute stelle ich mir andere Fragen; Riesen aber interessieren mich immer noch.

Auch den Propheten Henoch scheinen sie fasziniert zu haben. Denn von ihm ist sogar eine Erklärung ihrer Zeugung überliefert:

»Warum verließet ihr den hohen, heiligen und ewigen Himmel, verunreinigt euch mit den Menschentöchtern, nahmt euch Weiber, tatet wie die Erdenkinder und zeugtet Riesensöhne?« (1. Henoch 15,3)

Demnach kamen also Engel, die »Wächter des Himmels«, auf die Erde, paarten sich mit sterblichen Frauen – und aus dieser Vereinigung gingen die Riesen hervor.

Leider kamen dann die meisten von ihnen zusammen mit den Menschen in der Sintflut um.

Nur ein schönes Märchen aus der jüdischen Sagenwelt?

Na ja ... Die Tatsache, dass auch in Amerika Riesen-Mythen existieren, spricht eine andere Sprache. In Bolivien zum Beispiel erzählt man von frevelhaften Riesen, einem zornigen Gott, einer todbringenden Flut und einem Neuanfang in Tiahuanaco. In Inka-Legenden wurden die Riesen von einem Gott namens Viracocha von der Erde vertrieben. Und die Azteken glaubten an Riesen, die, von Göttern erschaffen, in einer untergegangenen Welt lebten.

Aber auch die Ureinwohner Nordamerikas hatten Kunde von rätselhaft hochgewachsenen Gestalten aus grauer Vorzeit. Die Arikara-Indianer etwa – sie leben heute in einem Reservat in North Dakota – munkeln von Nishánu, der ein Geschlecht von Riesen schuf, die jedoch nach einiger Zeit aufmüpfig wurden und begannen, ihren Schöpfer zu verspotten. Also wählte Nishánu einige »Lieblingskinder« aus, die er verschonte, und vernichtete die Riesen in einer großen, unheimlichen Flut.

Mythologische Riesenwesen lassen sich in fast allen Kulturen finden. Sogar im Odenwald.

In Worms soll es Kaiser Maximilian persönlich gewesen sein, der den letzten verbliebenen Vertreter der überlangen Kerls bei einem Turnier ans Leben ging.

König Gilgamesch, König der sumerischen Stadt Uruk – Sprünge über Länder- und Epochengrenzen seien bei diesem Thema bitte gestattet – war der I. Tafel (Verse 7 und 8) des gleichnamigen Epos zufolge sogar selbst ein Riese: Zu einem Drittel Mensch und zu zwei Dritteln Gott, soll er an die fünfeinhalb Meter groß gewesen sein.

Doch der berühmteste aller Hünen ist vermutlich Goliath. Das erste Buch Samuel weiß über ihn:

»Da trat aus dem Lager der Philister ein Vorkämpfer namens Goliath aus Gat hervor. Er war sechs Ellen und eine Spanne groß. Auf seinem Kopf hatte er einen Helm aus Bronze, und er trug einen Schuppenpanzer aus Bronze, der fünftausend Schekel wog. Er hatte bronzene Schienen an den Beinen, und zwischen seinen Schultern hing ein Sichelschwert aus Bronze. Der Schaft seines Speeres war (so dick) wie ein Weberbaum, und die eiserne Speerspitze wog sechshundert Schekel. (1. Sam. 14,4 ff.)

Eine beeindruckende Gestalt. Wie groß der Gigant allerdings wirklich gewesen sein könnte – falls es ihn denn je gab –, lässt sich heute aufgrund variierender Angaben zu biblischen Längenmaßen nicht mehr zweifelsfrei bestimmen. Aber drei Meter bis drei fuffzich könnten es schon gewesen sein. Womit er gewiss Manns genug war, einen Schuppenpanzer von fast 60 Kilogramm am Leib zu tragen. Und dann kam ja auch noch die eiserne Speerspitze hinzu, die mit sieben Kilo zu Buche schlug … Alles nur Märchen, Sage, Mythos? Oder gab es einst wirklich Menschen, die beinahe doppelt so groß waren wie die Durchschnittsbevölkerung?

Wie verhält es sich etwa mit König »Og von Baschan, der noch von den Riesen übrig geblieben war und in Aschtarot und Edrei wohnte« (Jos. 12,4)? Moses soll seinerzeit mit ihm zu tun gehabt und ihn besiegt haben. Und dabei wurde Unglaubliches ruchbar: Ogs Sarg (möglicherweise auch sein Bett – aber was die Größe betrifft, dürfte das in etwa auf dasselbe herauskommen) war angeblich »neun gewöhnliche Ellen lang und vier breit« (Deut. 3,11). Mein lieber Scholli!

Nebenbei bemerkt: Die biblischen Riesen zeichneten sich nicht nur durch ihren Wuchs aus, sondern hatten auch andere ungewöhnliche Körpermerkmale: Goliaths Bruder Lachmi aus dem Geschlecht der Raphaiter zum Beispiel, der von einem Neffen Davids erschlagen wurde, soll sechs Finger und ebenso viele Zehen gehabt haben, wenn man dem zweiten Buch Samuel (21,20) oder auch dem ersten Buch der Chronik (20,5ff.) Glauben schenkt.

Letztlich aber half alles nichts: Ausnahmslos jeder Riese fiel dem kleinen David und seinen Mannen zum Opfer. Oder wurde irgendwie sonst um die Ecke gebracht.

Kamen demnach nicht alle Riesen in der Sintflut ums Leben, wie die griechische *Apokalypse des Baruch* aus dem zweiten Jahrhundert nahelegt?

»Es brachte Gott die Sintflut auf die Erde und tilgte alles Fleisch und auch die 4 090 000 Riesen. Das Wasser stand um fünfzehn Ellen höher, als je die höchsten Berge waren.« (4,10)

Einer jüdischen Legende zufolge blieb jedenfalls Og dieses Schicksal erspart – vielleicht war er ja der 4 090 001. Riese? Demnach hätte Noah ihn auf seiner Arche mitgenommen, seiner Größe wegen allerdings auf dem Dach des Schiffes. Später dann verliebte sich Og in Abrahams Frau Sarah. Und bekam prompt Ärger mit Israel …

Herrschender Meinung zufolge sind Riesen Fantasiegestalten aus längst vergangenen Zeiten. Doch im *Guinness Buch der Rekorde* wird in der Kategorie »Der menschliche Körper« ein Amerikaner namens Robert Wadlow erwähnt, der 1940 starb – und 2,72 Meter groß war. Ein möglicher realer Hintergrund des Riesen-Mythos wird – und wohl nicht nur deshalb – zunehmend auch von der etablierten Wissenschaft eingeräumt. Da ist von bestimmten Krankheiten die Rede oder auch von Gendefekten, die ursächlich sein könnten. Dr. Vladimir Berginer zum Beispiel, Neurologe an der Universität von Negev, Israel, ist der Meinung, Davids Widersacher Goliath könne an »Akromegalie« gelitten haben, einer »ausgeprägten Vergrößerung der Körperendglieder«.

Oft waren es aber auch Knochenfunde, die die Menschen im Altertum und in der frühen Neuzeit zu Geschichten über Riesen inspirierten, die Gebeine eines Mammuts zum Beispiel.

So wurde im 17. Jahrhundert etwa im Oppenheimer Wirtshaus »Zum Riesen« (!) stolz ein 1,27 Meter langer Knochen präsentiert. Und bei Reiden in der Nähe des Vierwaldstätter Sees waren schon 1577 die Knochen eines vermeintlichen Riesen gefunden worden, der Berechnungen zufolge mehr als fünf Meter groß gewesen sein soll. Im 19. Jahrhundert ergaben Analysen dann, dass es sich um Teile der sterblichen Überreste eines Mammuts handelte.

Das Gleiche gilt für den niederösterreichischen »Kremser Riesen«, von dem ein Knochen und ein Zahn 1645 bei Bauarbeiten entdeckt wurden.

1935 stieß Professor Dr. Gustav H. E. von Königswald (1902–1982) in einer der traditionellen Apotheken Hongkongs unter anderem auch auf Zähne, die aussahen, als stammten sie von einem Menschen. Sie waren aber fünfmal so groß und hatten sechsmal dickere Wurzeln. Auf Java förderte der Geologe dann in den folgenden Jahren noch allerlei Knochen dieser »Riesen« zutage, so auch einen Unterkiefer, und kam 1949 zu dem Ergebnis: »Es besteht kein Grund, diese Formen vom Stammbaum des Menschen auszuschließen.«

Der »Riese von Java«, ein Koloss mit einer Körpergröße von bis zu 3,65 Metern, dessen Gewicht sich auf 350 bis 550 Kilogramm belief, trägt mittlerweile die wissenschaftliche Bezeichnung Gigantopithecus – und die bezeichnet eine ausgestorbene Menschenaffenart.

An die frühere reale Existenz von Riesen glauben dagegen die Kreationisten. Und meinen sie auch belegen zu können. Im Mt. Blanco Fossil Museum (Crosbyton, Texas) etwa sind nicht nur die vermeintlichen Fußspuren eines Riesen zu bewundern, sondern auch ein gigantischer Oberschenkelknochen. Was es mit diesen Exponaten allerdings wirklich auf sich hat ...

Apropos Fußspuren von Riesen. Nicht als Kreationist versteht sich Dr. Dr. h. c. Hans-Joachim Zillmer, wie er mir gegenüber beteuerte. Er vor allem war es, der die in Texas (in der Gegend von Glen Rose und am Paluxy River) entdeckten Abdrücke von Quadratlatschen, die man als Füße

127

von Riesen interpretieren könnte, im deutschsprachigen Raum bekannt machte. Und als Beleg für die These einer gleichzeitigen Existenz von Menschen und Dinosauriern hernahm. Diese Spuren finden sich in Erdschichten, die aller Wahrscheinlichkeit nach Millionen von Jahren alt sind – also aus einer Zeit stammen, in der es nach herrschender Meinung noch keine Menschen gab. Dr. Zillmer hält dagegen: Die Abdrücke seien authentisch – die Erdschichten, in denen sie entdeckt wurden, aber längst nicht so alt wie allgemein vermutet.

Gewiss ein Fake war die Meldung, die im Sommer 2008 im Internet kursierte: *Riesen-Fußspuren auf Borneo gefunden.* Demnach hatten am 9. Juni des Jahres Dorfbewohner im Bezirk Daro Spuren gigantischer menschlicher Füße gefunden. Ein gewisser Herr namens Tan Scoon Kuang, so die Berichte, habe die Spuren auf 1,20 Meter Länge und 42 Zentimeter Breite vermessen, berichtete die *Borneo Post* damals. Doch schon kurz darauf vermeldete der Anthropologe Dr. Charles Leh, dass es sich um eine mutwillige Fälschung handelte.

Das Internet wimmelt von solchen Gags und falschen Gerüchten. Selbst Fake-Bilder, die Computerkünstler ohne böse Absichten anfertigen und auf die Künstlerwebseite worth1000.com stellen, um ihr Können unter Beweis zu stellen, kursieren im World Wide Web, aber auch in manchen Büchern als »echt« (siehe Bildteil).

Doch gehen wir noch einmal in alttestamentarische Zeiten zurück: Die Titanen der Bibel lebten in Baschan, dem Reich von Og, dem »Land der Riesen«. Auch Goliath gehörte dem

Riesen-Geschlecht der Refaim an. Auf den Golanhöhen ist bis heute ein Monument zu bewundern, das 5200 Jahre alt ist und Gilgal-Refaim heißt. Die Anlage besteht aus fünf Steinkreisen, wie sie vor allem aus Europa bekannt sind. Stellt sie vielleicht eine Spur des verschollenen Riesen-Geschlechts dar?

Dr. Jonathan Tubb, Archäologe des Britischen Museums in London, forschte und arbeitete viele Jahre lang im Nahen Osten. In Tel es-Sa'idiyeh entdeckte er Skelettreste, die scheinbar von jenen biblischen Riesen stammen. Derartige Funde aus Syrien, Palästina und anderen Regionen des Nahen Ostens (aber auch in Amerika) heizen die Gerüchteküche seit Jahren an. Auch der Deutsche Erhard Peil dokumentierte 2007 bei einer Reise durch Syrien in Kalkstein rätselhafte Fußspuren von 80 Zentimetern Länge, und zwar in einem Hethiter-Tempel auf dem Hügel Tell Ain Dara, 70 Kilometer von Aleppo entfernt. »Kultabdrücke«, wie ich vermute, oder echt?

Aufschluss über die mögliche historische Authentizität solcher Spuren könnte man vielleicht auch anhand der Funde überdimensionierter Gebrauchsgegenstände gewinnen, auf die der grenzwissenschaftlich orientierte Autor Peter Kolosimo in einigen seiner Bücher hinwies. Demnach soll ein französischer Hauptmann namens Lafenechère im marokkanischen Agadir 500 Äxte entdeckt haben, von denen jede acht Kilogramm wog. Die Männer, die sich ihrer einst bedient haben, müssen bis zu vier Meter groß gewesen sein.

1833 fanden Soldaten bei Lampock Rancho in Kalifornien ein an einen Menschen gemahnendes Skelett von 3,65 Metern Größe. Mit im Grab lagen gewaltige Steinbeile und Steinblöcke, die mit unidentifizierbaren Schriftsymbolen versehen waren. Riesenspielzeug?

(Ein ähnliches Grab soll übrigens auch auf der Insel Santa Maria vor Los Angeles entdeckt worden sein.)

Doch nicht nur in der Vergangenheit fanden sich scheinbare Riesen-Werkzeuge. So vermeldete die angesehene Universität von Oxford im September 2009 den Fund von gigantischen Stein-Beilen in einem See in Botsuana. Sie lagen in dem Trockensee Makgadikgadi in der Kalahariwüste zusammen mit tausenden anderen steinzeitlichen Objekten. Vier der Steinzeitwerkzeuge schienen von Giganten zu stammen. Sie waren bis zu 30 Zentimeter groß und damit für einen Urmenschen kaum zu handhaben. Das exakte Alter der Funde ist noch unbekannt, wie es die Forscher der »School of Geography and the Environment« an der University of Oxford um Professor David Thomas meldeten.

Im Museo Weilbauer im ecuadorianischen Quito sind Beile, Äxte und Messerklingen zu besichtigen, die 2000 Jahre alt sind und so groß, dass sich Menschen von »normalem« Wuchs ihrer kaum bedient haben können. Wohl deshalb auch werden diese Exponate offiziell als »Kultobjekte« ausgewiesen. Die Kollegen Reinhard Habeck und Klaus Dona stießen in Südamerika aber noch auf weitere erstaunliche Spuren möglicher Riesenwesen aus der Vergangenheit.

Über einen derart großen Menschen, »dass ihm unsere Köpfe kaum bis zum Gürtel reichten«, berichteten auch Seefahrer, die im Juni 1520 vor Sán Julián ankerten. Und es muss noch mehr von dieser Sorte gegeben haben. Denn

Ferdinand Magellan (1480–1521) nahm zwei von ihnen gefangen, um sie nach Europa zu bringen. Allerdings starben die beiden auf der Überfahrt. In den Jahrzehnten darauf berichteten auch andere Europäer von Menschen, die drei, ja bis zu 3,60 Meter groß waren. Jakob Le Maire und Wilhelm Schouten sollen 1615 auch Gräber von ihnen gefunden haben.

Um 1712 war in der chilenischen Stadt Valdivia von einem Titanenstamm mitten in Patagonien die Rede, dessen Angehörige an die drei Meter maßen. Und noch im Jahr 1764 sahen Kommodore Byron und seine Soldaten daselbst Menschen von immerhin »2,70 Meter Größe, wenn nicht mehr«. Und mit Blick auf die Bibel und den Bruder des Riesen Goliath mit sechs Fingern und sechs Zehen rückt der 1891 von Arbeitern in Crittenden, Arizona, ausgegrabene Riese von drei Metern Größe, der ebenfalls sechs Zehen besaß, in ein anderes Licht.

2002 wurde im Internet eine Entdeckung publik, die ein gewisser Pater Carlos Miguel Vaca in der ecuadorianischen Provinz Loja gemacht haben soll. Unter www.sobrenatural. org war zu lesen, Vaca sei dort in einer Höhle auf Teile des Skelettes eines bis zu 7,60 Meter großen »Riesen« gestoßen. Noch im selben Jahr fuhr Klaus Dona nach Ecuador, um den Padre zu interviewen. Doch bedauerlicherweise war Vaca vier Wochen zuvor im Alter von 94 Jahren verstorben. Seine Familie berichtete Dona jedoch, dass alles, was über den rätselhaften Fund bekannt geworden sei, »den Tatsachen entspricht«. Vacas Hinterbliebene zeigten ihm nicht nur die Skelettteile des Giganten, die sich im Nachlass des Padres befanden, sondern auch ein von elf ecuadorianischen Wissenschaftlern unterzeichnetes Schriftstück, in dem bestätigt wurde, dass es sich um Knochen eines Riesen handeln müsse. Ebenso fanden sich Dokumente, aus denen die exakten Fundstellen hervorgingen.

Einen dieser »Riesenknochen« untersuchte ein Professor für Anatomie der Universität Wien und identifizierte ihn als *os occipitale* (= Hinterhauptbein) eines Menschen. Sollte dieser Knochen allerdings von einem Menschen stammen, hätte dieser sage und schreibe 7,50 Meter groß sein müssen.

Von solchen »Gewaltigen« zeugte aber nicht nur Vacas Fundstück. Auch Juan de Olmos, Leutnant Governor von Puerto Viejo in Ecuador, sprach 1543 von Entdeckungen derart großer Skelette. Pedro Cieza de Leon desgleichen – 1553.

Viele Fragen müssen also vorerst noch als ungelöst betrachtet werden. Und so werde ich mich denn wohl noch weiter mit Riesen beschäftigen. Und mich immer wieder von ihnen faszinieren lassen.

15

GÖTTER, KRIEGE UND ATOMWAFFEN

»Götter sind auch nur Menschen«, sage ich immer gern, weil es in den Mythen der Welt vor Intrigen, Mord, Zwietracht, Verrat und Krieg ja nur so wimmelt.

Für jemanden, der den reichen Schatz der Sagen rein psychologisch deutet, ist die Sache klar: Demnach hätten die Menschen schon immer dazu geneigt, die Irrungen und Wirrungen ihrer irdischen Gesellschaft auf und in den Himmel zu projizieren. Und da sei es ja kein Wunder, wenn auch die Götter, die sie sich schufen, gern zu den Waffen griffen.

Anders die Anhänger der Prä-Astronautik, wie ich zum Beispiel. Sie nehmen die Mythen beim Wort. Und dann ist man auch schnell bei der Frage: Wenn es diese Kriege der Götter denn wirklich gab – welche Waffen mögen dabei wohl zum Einsatz gekommen sein?

Die Antwort führt über kurz oder lang unweigerlich nach Indien. Denn die üppige Mythenwelt des indischen Subkontinents weiß von besonders blutrünstigen Schlachten der Götter und Dämonen. Und manche dieser Auseinandersetzungen wurden, folgt man den Anhängern der Prä-

Astronautik, mit hochmodernen Kampfgeräten, Feuerge-schossen ... und Atomwaffen ausgefochten.

Wie bitte? Atomwaffen?

O ja. »An der Tatsache, dass im Mahabharata (dem bekanntesten indischen Epos, L.A.F.) die Explosion einer Atombombe detailliert beschrieben wird, ist nach menschlichen Maßstäben nicht mehr zu rütteln«, las ich in dem Prä-Astronautik-Buch *Geheimsache außerirdisches Leben* von meinem Autorenkollegen Oliver Deberling 2007.

Und in der Tat: Seit Jahrzehnten schon kursiert in der grenzwissenschaftlichen Literatur eine merkwürdige Stelle aus dem altindischen Schrifttum, die deshalb reichlich Anlass zu Verwunderung gibt, weil sie doch wahrhaftig die Folgen eines himmlischen atomaren Großangriffs zu schildern scheint. So zitierte Robert Charroux bereits 1966 den folgenden Text, der angeblich aus dem indischen Schrifttum stammen soll und den auch ich 1996 in meinem ersten Buch übernahm:

»Das Feuer dieser Waffe zerstörte die Städte, indem es ein Licht verbreitete, das heller war als hunderttausend Sonnen. Dann erhob sich ein Wind, und das Feuer der furchtbaren Waffe verbrannte die Elefanten, die Soldaten, die Kampfwagen und die Pferde, ohne dass man es sehen konnte, denn es war unsichtbar. Dieses Feuer bewirkte es auch, dass den Menschen die Haare und die Nägel an den Händen und Füßen ausfielen. Es bleichte das Gefieder der Vögel, färbte ihre verkrampften Krallen rot. Um diesem Feuer zu entfliehen, warfen sich die Soldaten in die Flüsse, um sich selbst darin zu waschen und alles, was sie berühren mussten.«

In *Geheimnisse versunkener Welten* gab Charles Berlitz (1914–2003) die infrage stehende Überlieferung 1973 wie folgt wieder:

»[...] einem einzigen Geschoss, das die Kraft des Universums in sich trug. Eine weiß glühende Säule aus Rauch und Flammen, heller als zehntausend Sonnen, erhob sich in all ihrem Glanz [...]. Es war eine unbekannte Waffe, ein eiserner Donnerkeil, ein gigantischer Todesbringer, der das ganze Volk der Vrischnis und der Andhakas zu Asche verbrannte. [...] Die Körper waren so verbrannt, dass sie unkenntlich waren. Ihre Haare und Nägel fielen aus. Tongefäße zerbrachen ohne ersichtlichen Grund, und die Vögel waren weiß geworden. Nach ein paar Stunden waren alle Nahrungsmittel vergiftet. Um diesem Feuer zu entgehen, warfen sich die Soldaten in die Flüsse und versuchten, sich und ihre Ausrüstung abzuwaschen.«

Berlitz gab an, diese Überlieferungen sowohl im Mahabharata als auch im Ramanyana (dem zweiten großen indischen Volksepos) gefunden zu haben. Beides sind uralte Texte von enormem Umfang. Der Sanskrittext des Mahabharatas umfasst in 18 Büchern etwa 106 000 Verse. (Meine englische Gesamtausgabe, die aus dem 19. Jahrhundert stammt, ist fast 5 000 Seiten dick.)

Mit dem Thema »Atomkriege im alten Indien« hat sich Robert Charroux in seinem Buch *Phantastische Vergangenheit* 1966 eingehend befasst. Über Erich von Dänikens Weltbestseller *Erinnerungen an die Zukunft* (1968) fand es dann Eingang in die fantastische Literatur der »Ancient Astronauts«. Und Zecharia Sitchin schließlich hat den *Kriegen der Menschen und der Götter* gleich ein ganzes Buch gewidmet, in dem er seine Überzeugung darlegt, dass es bereits vor Jahrtausenden Atomkriege und atomare Verwüstungen gab.

Aber zurück zu Charroux. Er gibt zwar keine Quellen für sein oben wiedergegebenes Zitat und andere, die er verwendet, an, sagt also nicht, an welchen Stellen der indischen Epen er sie gefunden hat, mutmaßt jedoch, dass sie »sich auf einen Atomkrieg beziehen, der sich 10 000 oder 20 000 Jahre früher abgespielt hat«. Einen Krieg, in dem Außerirdische gegen Menschen kämpften.

Die früheste Erwähnung der indischen »Atombomben-Überlieferung«, die ich gefunden habe, entstammt dem Buch *Flying Saucers have landed* (dt. 1957 unter dem Titel *Fliegende Untertassen sind gelandet)* von Desmond Leslie und George Adamski. Während Adamski darin vornehmlich über UFO-Piloten von der Venus berichtete, mit denen er angeblich in Kontakt stand, nahm Leslie zahlreiche Themen der heutigen Prä-Astronautik vorweg. Mit einer Vielzahl von Zitaten wollte er beweisen, dass unsere Vorfahren bereits vor Tausenden von Jahren über die Kräfte des Kosmos Bescheid wussten.

Im Gegensatz zu vielen späteren Autoren kommt Leslie und Adamski das Verdienst zu, ihre Zitate aus den alten indischen Epen mit Quellenangaben versehen zu haben. Dabei beziehen sie sich auf die 1889 in Kalkutta erschienene Übersetzung des Mahabharatas von Protap Chandra Roy, auf die später auch Erich von Däniken zurückgriff und die sich im Quellenverzeichnis von Berlitz' *Geheimnisse versunkener Welten* ebenfalls findet.

Nur nebenbei bemerkt: *Flying Saucers have landed* von Leslie und Adamski muss auch Robert Charroux vorgelegen haben, denn in *Phantastische Vergangenheit* erwähnt er das Werk – wenn auch in einem ganz anderen Zusammenhang. Man kann also mit einigem Recht davon ausgehen, dass er seine Information aus diesem Buch bezogen hat.

Die beiden Zitate von Berlitz und Charroux tauchen in sehr vielen Büchern auf. Wenn jedoch überhaupt eine Quelle der »Atombomben-Überlieferung« angegeben wird, dann eine andere. Die englische Übersetzung aus dem Sanskrit-Original zieht praktisch kein Autor zurate.

Ein Vergleich mit den englischen Übersetzungen aus dem 19. Jahrhundert belegt, dass Leslie 1953 tatsächlich richtig aus den alten Texten zitiert hat. Doch riss er die Verse dabei aus dem Zusammenhang.

Bei einem genaueren Studium der ursprünglichen Übersetzungen von Roy und der (zwischen 1883 und 1896 angefertigten) von Kisari Mohan Ganguli (die sich praktisch entsprechen) zeigt sich, dass die Aussagen der Zitate, auf die sich Berlitz und Charroux beziehen, tatsächlich existieren. Aber sie finden sich in völlig anderen Zusammenhängen – und in anderen Büchern des Mahabharata.

Etwa aus »Drona Parva« (Buch XII) und »Mausala Parva« (Buch XVI).

Lutz Gentes, der 1996 mit *Die Wirklichkeit der Götter* eine Mammutarbeit vorlegte, in der er versuchte, wissenschaftlich korrekt und daher selbstverständlich unter Angabe seiner Quellen altindische Texte modern zu analysieren, weiß ebenfalls nichts von Atombomben aus prähistorischer Zeit. Bereits ein Jahr zuvor hatte er sich in einem Artikel für die Ancient Astronaut Society unmissverständlich wie folgt geäußert:

»Die von einigen Paläo-SETI-Autoren [...] aufgestellte Behauptung, im alten Indien seien Kernwaffen eingesetzt worden, hält [...] genauer Nachprüfung nicht stand.«

Im Zusammenhang mit der Erforschung möglicher »Astronautengötter« bieten die altindischen Volksepen eine Vielzahl interessanter Verse.

Aber das legendäre Atombomben-Zitat existiert nicht.

Und dann wäre da natürlich auch noch Dr. Julius Robert Oppenheimer (1904–1967), der »Vater der Atombombe«. Über die Explosion der ersten dieser Horrorwaffen sagte er 1945 in New Mexico:

»Wenn das Licht von tausend Sonnen am Himmel plötzlich bräche hervor, zu gleicher Zeit – das wäre gleich dem Glanze dieses Herrlichen.«

Zu einem »Erschütterer der Welten« sei er nun geworden, sagte er unter Bezugnahme auf uralte indische Schriften.

Einige Grenzwissenschaftler behaupten, dass Oppenheimer damit andeuten wollte, er sei sich durchaus der Tatsache bewusst, dass die Atombombe, die am 16. Juli 1945 detonierte, *nur die erste der Neuzeit* war. Und dass er von atomaren Vernichtungsschlägen Kenntnis hatte, die die Erde vor Tausenden von Jahren schon einmal erschütterten.

Oppenheimers Zitat stammt aus der Bhagavad-Gita, wie meine Recherchen ergaben.

Doch im Zusammenhang der Schrift gesehen deutet nichts darauf hin, dass hier von »Götterkriegen« oder Waffen gesprochen wird. Und mit Atombomben hat der Text schon gar nichts zu tun.

16

VATER ABRAHAMS HIMMELFAHRT

Die drei großen monotheistischen Religionen berufen sich auf sie – als Propheten (unter dem Namen Ibrahim), als Stammvater Israels und Vorfahre Jesu: auf die legendäre Gestalt des Abraham. In der Genesis (1. Buch Mose) wird seine Geschichte erzählt.

Zugetragen haben soll sie sich in den Anfängen des zweiten vorchristlichen Jahrhunderts. (Wobei als fraglich gelten muss, ob es die historische Figur des Abraham je gab.)

Das Alte Testament ist jedoch nicht die einzige Schrift, die sich dem Patriarchen ausführlich widmet.

Vermutlich im ersten nachchristlichen Jahrhundert entstand die *Apokalypse des Abraham*, deren ursprüngliche Quellen nicht bekannt sind. Es ist jedoch davon auszugehen, dass sie überwiegend auf mündlichen Überlieferungen beruht. Abraham selbst wird sie sicherlich nicht selbst geschrieben haben. Eine Übersetzung des Textes aus dem Kirchenslawischen ins Deutsche legte 1928 der Bibelwissenschaftler Paul Rießler (1865–1935) vor. Seiner Arbeit entstammen alle Zitate dieses Kapitels.

Der *Apokalypse* zufolge gestaltete Abrahams Vater Terach (Tharah) von Berufs wegen aus den verschiedensten Materialien Götzenfiguren. Das sollte ihm allerdings gar nicht gut bekommen. Kapitel 8 beschreibt, dass eines Tages plötzlich ein »Feuerwolkenbruch« aufkam. Und »da fiel die Stimme eines Starken vom Himmel«. Dieser »Starke« gab sich als »Gott der Götter« zu erkennen und forderte Abraham auf, seinen Vater zu verlassen. Abraham gehorchte, und unmittelbar darauf

»[…] kam eines großen Donners Schall, und Feuer fiel vom Himmel, und dies verbrannte ihn, sein Haus und alles darin bis auf den Grund an vierzig Ellen«. (8,7)

Anschließend verlangte Gott von Abraham, vierzig Tage lang zu fasten und sich einer Prüfung zu unterziehen. Danach werde er »Großes« erleben und sehen, was er »bisher nie geschaut« habe (9,6).

Und jetzt wird es richtig spannend, denn der 2 000 Jahre alte Text lässt uns nicht im Unklaren, was dies für »Wunder« sein sollen. Im Gegenteil.

Nun wurde der Auserwählte neugierig, wer da überhaupt mit ihm spricht. Es war kein Mensch, denn, so Abraham:

»Als ich die Stimme hörte, die solche Worte zu mir sprach, sah ich bald hierhin und bald dorthin. Nicht eines Menschen Atem war's, und so erschrak mein Geist, und meine Seele floh aus mir. Ich wurde wie ein Stein und fiel zu Boden, weil ich nicht mehr zum Stehen die Kraft besaß.« (10,1–2)

Ein Engelswesen namens Javel half ihm wieder auf die Beine. Ein Wesen, das »eines Mannes Ähnlichkeit« besaß (10,5), also kein Mensch aus Fleisch und Blut war. In der *Apokalypse* beschreibt Abraham die himmlische Gestalt mit den Worten:

»Sein Leib glich einem Saphir, sein Antlitz einem Chrysolith und seines Hauptes Haar dem Schnee und seines Hauptes Diadem dem Regenbogen und sein Gewand dem Purpur; ein goldener Zepter war in seiner Rechten.« (11,2)

Javel stand dem Sterblichen in den folgenden 40 Tagen bei. Und nachdem dieser seine Prüfung erfolgreich abgelegt hatte, trat er »Abrahams Luftreise« an, wie Rießler das 15. Kapitel der *Apokalypse* treffend überschrieb.
    Bei Sonnenuntergang ging es los:

»[…] da gab es Rauch, wie Rauch aus einem Ofen. Die Engel […] stiegen von des rauchenden Ofens Spitze auf. Mich nahm der Engel an der rechten Hand und setzte mich der Taube auf den rechten Flügel; er selber setzte sich der Turteltaube auf den linken.« (15,1–3)

Sehr, sehr hoch hinauf scheint es mit dieser rauchenden Turteltaube gegangen zu sein. So hoch, dass dort nicht einmal mehr Feuer brennen kann. Das verwundert nicht, wissen wir doch alle, dass das All luftleer ist und keinen Sauerstoff für eine Verbrennung liefern kann. Im Text heißt es:

»So trug er mich bis an der Feuerflammen Grenzen. Dann stiegen wir hinauf so, wie mit vielen Winden, zum Himmel, der da ob dem Firmament befestigt war.« (15,4–5)

Bis weit übers Firmament – den sichtbaren Himmel – hinaus also stieg Abraham auf. Dort nahm er ein rätselhaftes Licht wahr und »eine große Schar von mächtigen Gestalten«, die »Worte rufen, wie ich sie nicht kannte«. (15,6)

Abraham fragte seinen himmlischen Begleiter, warum er denn in den Himmel gebracht würde. Er habe doch solche Angst.

Dann wandte sich eine Stimme an ihn, die donnerte und toste wie »in der Brandung«.

»Ich aber wünschte auf die Erde niederwärts zu fallen; der hohe Ort, worauf wir standen, bald stand er aufrecht da; bald aber drehte er sich abwärts. [...] Es war ja keine Erde mehr vorhanden, um darauf zu fallen.« (17,3–4)

Was mag das wohl für ein rotierender »hoher Ort« im Himmel gewesen sein, der Abraham so verwirrte? Der Beschreibung nach erinnert er an außerirdische Raumstationen, wie wir sie etwa aus *2001 – Odyssee im Weltraum* kennen.

Bald schon näherte sich der »Oberste« in einem mächtigen, tosenden und feurigen »Thronwagen«. (Das »unbeschreibliche Feuer« dieses Flugwagens betont die alte Schrift immer wieder.) Der Pilot dieses seltsamen Gefährts fordert den Auserwählten auf:

»Er sprach: Beschaue jetzt die Fläche unterm Firmament, worauf du stehst! Sieh, wie auf keiner einzigen Fläche, noch irgendwo ein anderer ist, als Er, den du gesucht oder der dich lieb gewonnen! Wie er noch spricht, tun sich die Flächen auf und unter mir der Himmel. Und auf dem Firmament, worauf ich stand, sah ich ein Feuer ausgebreitet und Licht und Tau und eine Menge Engel und eine Pracht von unsichtbarer Herrlichkeit war über jenen Lebewesen, die ich sah; doch irgend jemand andern sah ich nicht daselbst.« (19,3–5)

Hier zeigt sich eine interessante Parallele zum Slawischen Henochbuch, in dem der Prophet an einen »leuchtenden Ort« hoch im Himmel flog. Auch er begegnete dort dem »Höchsten« und wurde von ihm in allerlei Geheimnisse eingeweiht.

Ähnlich im Äthiopischen Henochbuch – nachdem er in den Himmel gebracht wurde, betrat er dort ein fremdes »Haus« und sah den »Höchsten« auf seinem »Thronwagen« herbeirasen. Das Haus sah aus wie aus »Kristall« gebaut und die Decke »glich der Bahn der Sterne und der Blitze«…

»Beschau von oben doch die Sterne, die unter dir sich finden« (20,3), wird Abraham »auf dem siebten Firmament« aufgefordert. Und weiter heißt es in der *Apokalypse* mit der treffenden Kapitelüberschrift »Der Blick auf die Erde«:

»Schau unter deine Füße auf das Firmament! Erkenn auf dieser Fläche jetzt die dargestellte Schöpfung, die Kreaturen, die in ihr, und die für sie bereitgestellte Welt! Ich schau hinab und seh sechs Himmel, und alles, was darin, daselbst die Erde und ihre Früchte und alles, was sich darauf bewegt. [...] Ich sah daselbst das Meer und seine Inseln. [...] Dort sah ich Ströme, ihre Quellen, ihre Kreise [vermutlich der Flussverlauf, L. A. F.].« (21,1–5)

Kritiker im Internet und einigen Magazinen sagen: alles Fantasie und falsch zitiert. Doch die Texte sind seit 1928 auf Deutsch nachzulesen – sie sind da, die Zitate stimmen. Was über ein bisschen »googlen« allerdings weniger zu erfahren ist.

Reiste da also wirklich jemand vor Jahrtausenden ins All an einen sich drehenden Ort über der Erde? Einen Ort, den man als radförmige Raumstation deuten könnte? Und wie könnte jemand den Blick auf die Erde in der Abraham-Apokalypse beschreiben, ohne diese Dinge tatsächlich gesehen zu haben? Oder muss das alles nicht doch eher spirituell gedeutet werden? Eine eindeutige Antwort wird sich kaum finden lassen ...

17

WENN DER HERR DIE ZEIT DEHNT

»Missing Time« und »Zeitversetzung« sind auf dem Gebiet der Erforschung des Paranormalen heute feststehende Begriffe, die zumeist im Zusammenhang mit der angeblichen Entführung ahnungsloser Menschen durch Außerirdische verwendet werden.

Dabei stammen Berichte über das Phänomen der »fehlenden Zeit« keineswegs nur aus unseren Tagen. Auch schon in mythologischen Überlieferungen, in Sagen und verschiedenen heiligen Schriften begegnet man dem Motiv Zeitmanipulation durch fremde Wesen, seien es Engel, Feen, Elfen oder Götter. (Umfassend habe ich mich dieses Themas 1999 in meinem Buch *Begleiter aus dem Universum* angenommen.)

Ein Beispiel für eine solche Zeitanomalie findet sich bei dem Propheten Baruch, dem zwei Offenbarungen beziehungsweise Apokalypsen zugeschrieben werden, die jedoch nicht Eingang in die Bibel fanden. In griechischer, armenischer, äthiopischer und einer slawischen Sprache existieren jedoch Teile einer Schrift von ihm, die als »Reste der Baruchworte« oder auch »Nachtrag zum Propheten Jeremias«

bekannt sind und von Jeremia zur Zeit der Zerstörung Jerusalems handeln. Der Übersetzer, Paul Rießler (1865–1935), weist jedoch ausdrücklich darauf hin, dass die Entstehungszeit des Textes ungewiss ist.

Zum Hintergrund der Geschichte, um die es mir hier geht: Unmittelbar vor der Zerstörung der Stadt trafen sich die befreundeten Propheten Baruch und Jeremia auf der Stadtmauer Jerusalems. Vielleicht erwarteten sie dort ein himmlisches Wesen, denn tatsächlich: mit »Trompetenschall« kamen »aus dem Himmel fromme Engel mit Fackeln in den Händen, und stellten sich auf die Stadtmauern.« (3,2)

Baruch und Jeremia, die traurig waren ob der düsteren Zukunft Jerusalems, baten die Engel, eine persönliche Unterredung mit Gott führen zu dürfen. Jeremia lag dabei noch etwas Spezielles am Herzen: Er hatte den Wunsch, dass es einem Äthiopier namens Abimelech erspart werden möge, das Ende der Stadt mit ansehen zu müssen. Der Herr zeigte Verständnis für die Bitte seines Propheten und sagte:

»Schick ihn [Abimelech, L. A. F.] zum Weinberg des Agrippa durch den Bergweg! Und ich verberge ihn, bis ich das Volk zur Stadt zurückgeführt.« (3,10)

Nachdem er dieses Versprechen gegeben hatte, »ging der Herr von Jeremias in den Himmel« (3,13) zurück.

Der im Zusammenhang mit dem Phänomen der fehlenden Zeit zentrale Teil der Geschichte beginnt mit den Worten »Am anderen Morgen schickte Jeremias Abimelech fort«. »Durch den Bergweg« sollte Abimelech gehen und für die armen und kranken Bewohner Jerusalems einen Korb voll Feigen holen (3,15–16). Ahnungslos – denn er wusste ja nicht, dass er in den Bergen von Gott erwartet wurde – »ging er weg, wie er ihn hieß«.

Der Herr hatte Wort gehalten und Abimelech gerade noch so rechtzeitig weggeschickt, dass er nicht Zeuge der Zerstörung der Stadt wurde. Jeremia ging mit ins babylonische Exil, Baruch blieb weinend und trauernd in Jerusalem zurück.

Und Abimelech?

Nachdem er die Feigen gepflückt hatte, setzte er sich erschöpft unter einen Schatten spendenden Baum, um »ein wenig auszuruhen«.

Und schlief mal eben mehr als ein halbes Jahrhundert lang.

»Er legte auf den Korb dabei sein Haupt, und schlummerte so sechsundsechzig Jahre und wachte nicht ein einzig Mal aus seinem Schlafe auf.« (5,2)

Irgendwann wurde Abimelech doch wach – fühlte sich allerdings immer noch so müde und erschöpft, dass er gern ein wenig weitergeschlummert hätte. Und warum auch nicht? Seine Feigen waren »noch saftig«, wie ein kurzer prüfender Blick in den Korb ergab. Dann jedoch bekam er es mit der Angst zu tun. Was, wenn ihn Jeremia tadeln würde, weil er sich verspätete?

Also ging er nach Jerusalem zurück – nicht ahnend, dass er 66 Jahre fortgewesen war. Denn an ihm und seinem Körper hatte die Zeit keinerlei Spuren hinterlassen.

Wie groß muss daher sein Schock gewesen sein, als er in Jerusalem ankam:

»Doch kennt er weder diese Stadt, noch ihre Häuser, noch seine eigene Familie. […] Dies ist gar nicht die rechte Stadt.« (5,7–8)

Und was jetzt? Wo war sein Jerusalem geblieben? Man könnte es Abimelech nicht verdenken, wenn er an seinem Verstand gezweifelt hätte.

»Ich bin verwirrt, weil ich den Bergweg ging. Ich bin gerade aus dem Schlaf erwacht. Der Kopf ist mir noch schwer; ich habe noch nicht genug geschlafen; ich bin verwirrt. Verwunderlich! Wie kann ich nur vor Jeremias sagen, ich sei verwirrt!« (5,9–11)

Er »schaute nach den Merkmalen der Stadt« und stellte fest, dass dieser Ort tatsächlich Jerusalem war (5,12). Ich muss mich wohl verirrt haben, dachte er und machte sich auf die Suche nach seinen Angehörigen.

Aber es war zum Verzweifeln. Weit und breit sah er kein einziges bekanntes Gesicht. Also begab sich Abimelech vor die Mauern der Stadt, um darauf zu warten, dass »der Herr mir diesen Schrecken nimmt« (5,13–16).

Als sich ihm ein alter Mann näherte, nahm er die

Gelegenheit wahr und stellte ihm all die Fragen, die ihm auf der Seele brannten: wie die Stadt heiße, wo ihre Bewohner abgeblieben seien, wie es Baruch und Jeremias gehe.

Ob er denn nicht wisse, dass Jeremias mit seinem Volk schon vor langer Zeit nach Babylon deportiert wurde?, hielt ihm der Alte entgegen.

Abimelech war verblüfft. Und nicht nur das: Er war empört und musste an sich halten, um den Mann nicht zu »beschimpfen« oder zu »verlachen«. Er war doch nur mal eben kurz weg gewesen.

Er erklärte dem alten Mann, dass Jeremias ihn zum Feigenholen geschickt habe und er in der Mittagshitze einen Moment lang eingeschlafen sei. Seine Feigen hätten aber an Frische und Saft nichts verloren. Wie wäre da Zeit gewesen, das Volk nach Babel zu bringen? Als Beweis für seine Behauptung zeigte Abimelech dem Alten seinen Korb mit den Feigen, die tatsächlich noch aussahen, als wären sie eben erst gepflückt worden. Der Mann war mehr als erstaunt, denn:

»Sieh! Heute sind es sechsundsechzig Jahre, seitdem das Volk nach Babylon verschleppt worden ist. Damit du siehst, mein Sohn, dass dieses wahr, schau auf das Ackerland und sieh! Die Samen keimen erst. Die Zeit für Feigen ist noch nicht gekommen. Bedenk es wohl!« (5,30–31)

Abimelech konnte sich immer noch nicht erklären, was mit ihm geschehen war. Vor 66 Jahren hatte er sich mit pflückfrischen Feigen im Schatten eines Baumes hingelegt und war eingeschlafen. Und als er erwachte, waren seine Früchte immer noch frisch. Doch als er sich jetzt umschaute, musste er feststellen, dass tatsächlich keine Feigen an den Bäumen hingen. Und so erkannte Abimelech, dass er durch die Zeit gereist war!

Abimelech betete zu Gott, und schließlich kam ein Engel und brachte ihn zu Baruch, der Jerusalem, wie erwähnt, nicht verlassen hatte. Unter Tränen fielen sich die beiden Männer in die Arme und konnten nicht fassen, was da geschehen war (6,1–9).

Aber auch der Hunderte von Kilometern weit entfernte Jeremia sollte ihrer Freude teilhaftig werden. Allerdings hatte Baruch nicht die geringste Ahnung, auf welchem Weg er seinem exilierten Freund die Nachricht zukommen lassen könnte, dass sie ihn schnellstmöglich erreichte.

Doch da kam wieder einmal »vom Herrn ein Engel« und versicherte ihm, dass er sich darüber keine Gedanken zu machen brauchte. Ein »Adler« werde kommen und die Nachricht in Babylon überbringen.

Und so geschah es denn auch.

Die Geschichte von Abimelech, den Gott in seiner Barmherzigkeit der Welt ganze 66 Jahre lang entrückte, um ihn dann jung wie zuvor ins Leben zurückzuholen, gehört für mich ganz sicher zu den schönsten Überlieferungen, in denen es um fehlende Zeit geht oder auch um eine Reise in die vierte Dimension.

Und wenn man so will, enthält auch die Bibel einen Hinweis auf die andere Zeitdimension Gottes:

»Denn tausend Jahre sind für dich /wie der Tag, der gestrige, der verging, /wie eine Wache in der Nacht.« (Ps 90,4)

18

ALTINDISCHE FLUGWAGEN

Dass sich die Vertreter der These von den Ancient Aliens auf biblische und verwandte Texte stützen, wird in diesem Buch anhand verschiedener Beispiele diskutiert. Doch auch uralte Texte aus Indien sind heutzutage aus der modernen Prä-Astronautik kaum mehr wegzudenken.

Viele Autoren beziehen sich dabei unter anderem auf eine 140 Seiten umfassende Arbeit Professor Dileep Kumar Kanjilals von der Universität Kalkutta. Sie trägt den Titel *Vimana in Ancient India* und ist 1985 in einer kleinen Auflage in Indien erschienen. Der Herausgeber, ein Kenner altindischer Sanskrit-Schriften, übersetzte einige davon ins Englische. Und wenn man seine Arbeit liest, bleibt kaum Raum für Zweifel: Die Götter im alten Indien flogen mit Raumschiffen durch die Lüfte. Es waren Außerirdische und ihr himmlisches Fortbewegungsmittel wurde als Vimana bezeichnet.

Sofern sie überhaupt von Kanjilal Kenntnis nehmen, sprechen Kritiker ihm jegliche Qualifikation ab. Und manche gehen dabei sogar so weit, ihn für einen Lohnsklaven von Dänikens zu halten. So etwa Frank Dörnenburg, der in seinem Internetforum schrieb:

»Dieser Inder, der gute Kanjilal, hat für Erich von Däniken eine Wunschübersetzung angefertigt. Das hat Däniken wohl mal einem anderen Prä-Astronautik-Autor gestanden. Er hat ihm einfach mit einem mehrfachen Jahresgehalt vor der Nase rumgewedelt, darauf ist er eingeknickt.«

Doch wenden wir uns von unschönen Unterstellungen dieser Art ab und lieber der Frage zu: Was ist denn nun eigentlich ein Vimana tatsächlich?

In einem Sanskrit-Lexikon werden folgende Definitionen angeboten:

»Fahrzeug der Götter, welches sich von selbst bewegen kann; ein Luftwagen; Tempel, Thron; Maß, Proportion; eine Person, die allen Stolz und Egoismus aufgegeben hat und zum Himmel aufsteigt.«

Ein Götterfahrzeug also. Das Professor Kanjilal in seiner »modernen Interpretation« mit dem Wort »Raumschiff« wiedergab. Nun mag man über diese Bedeutungsnuance streiten; von göttlichen Flugwagen ist in der altindischen Mythologie oft und eingehend die Rede.

Im Jahre 1824 etwa veröffentlichte Professor Franz Bopp eine Arbeit über eine Reise des in Indien legendären Helden Ardschuna, die ihn in den Himmel führte. Der Text stammt aus dem berühmten, jahrtausendealten Nationalepos Mahabharata. Darin wünscht sich Ardschuna, dass ein »Wagen« (Vimana) vorbeikommen möge:

»Und mit Matali [der göttliche »Pilot«, Anm. L.A.F.] kam plötzlich im Lichtglanze der Wagen an, Finsternis aus der Luft scheuchend, und erleuchtend die Wolken all, Die Weltgegenden anfüllend mit Getöse, dem Donner gleich. Der falben Rosse zehn tausend zogen mit Windeseile ihn. Himmlisch Zaubergebild war es, ein augenraubendes fürwahr. [...] Auf den Wagen sodann stieg er [Ardschuna, Anm. L.A.F.], glänzend so wie des Tages Herr. Mit dem Zaubergebild führ er, dem Sonn'-ähnlichen Wagen nun, Dem himmlischen, empor freudig, der weise Spross aus Kuru's Stamm.« (zit.n. Bopp, S. 1–3)

Mit diesem fliegenden Wagen nun stieg der Krieger und Held Ardschuna in dem Himmel auf. Dort sollte er den Gott Indra treffen. Weiter heißt es im Text:

»Als er nun dem Bezirk nahte, der unsichtbar den Sterblichen, Erdewandelnden, sah Wagen, wunderschön' er zu Tausenden. Dort scheint Sonne nicht, Mond nicht, dorten glänzet das Feuer nicht, Sondern in eigenem Glanz leuchtet allda, durch edler Thaten Kraft, Was in Sternengestalt unten auf der Erde gesehen wird, Ob großer Ferne gleich Lampen, obwohl es große Körper sind.«

Demnach fuhr der Held der Geschichte also mit einem göttlichen Flugwagen in den Himmel. Dort geriet er in eine für normal Sterbliche (»Erdenwandler«) unsichtbare Sphäre. Wie bei Abraham heißt es auch in diesem Werk, dass es dort kein Feuer gibt. Dunkel scheint es zu sein. Fantastisch aber – und wie wir heute wissen, richtig – klingt es, wenn wir erfahren, dass Sterne, die von der Erde aus wie »Lampen« erscheinen, in Wahrheit »große Körper« sind, die von sich aus leuchten …

Professor Bopp hat diese Texte aus dem Sanskrit übersetzt. Kritiker werfen auch ihm vor, er habe sich da wohl etwas aus den Fingern gesogen. Doch meine fast 5000 Seiten umfassende englische Übersetzung des Mahabharata (Ende des 19. Jahrhunderts von Kisari Mohan Ganguli angefertigt) zeigt, dass es sich keineswegs um eine Fantasmagorie Professor Bopps handelt. Der fragliche Text findet sich im dritten Buch, dem Vana Parva, Teil 42 (Indralokagamana Parva). Und was noch wichtiger ist: Er ist korrekt wiedergegeben – von einigen zu erwartenden Nuancen in der Übertragung abgesehen. Die fliegenden Vimama-Himmelswagen (»celestial car«), das Getöse, die Reise in einen Teil des Himmels, den man von der Erde aus nicht sehen kann, die Tausende von Himmelswagen dort und die Aussage über die Beschaffenheit der Sterne, all das ist auch in der englischen Übersetzung vorhanden.

Lutz Gentes hat bisher vier spannende Analysen altindischer Berichte über Flugwagen und kämpferische Auseinandersetzungen am Himmel vorgelegt. Eine fünfte ausführliche Untersuchung soll folgen, wie ich von ihm erfuhr. Gentes ist überzeugt davon, dass es ganze Schlachten und Städte im Himmel (Raumstationen?) gab. Die Schriften der alten Inder sind voll davon. Und wiederholt zog es irgendeinen der Helden in diese Himmelstädte. »Himmlische und großartige Hallen« im Himmel, die »mit dem Glanz von Feuer« erbaut waren, oder die goldene »Stadt in der

Luft« mit Namen Hiranyapura (= »Stadt aus Gold«) – all das ist von den alten Indern überliefert.

15 Jahre nach dem Erscheinen von *Die Wirklichkeit der Götter,* in dem Gentes detailliert Flugwagen, Raumstationen und Luftschlachten aus den indischen Texten analysiert, entdeckten auch seine Kritiker dieses Buch. Und entfachten eine Debatte im Internet, eine Diskussion, die zwei Monate lang erbittert geführt wurde. Man dürfe den Laien Gentes nicht ernst nehmen, so noch die sanftmütigeren Stimmen, die dabei erhoben wurden, er habe keinerlei Kompetenz außer einer lebhaften Fantasie. Doch sehr früh schon gab der Wortführer der Skeptiker im Forum »Rätsel der Vergangenheit« zu:

»Aber ich muss zugeben, dass ich das Gentes-Buch nicht gelesen habe und auch nicht vorhab, dies zu tun.«

Was ihn nicht davon abhielt, alle modernen Deutungen der alten Texte mit Bemerkungen wie »unter aller Sau«, »völlig bekloppte Verfälschungen«, »unhaltbarer Blödsinn« und »abstrus« abzutun. Ein anderer Kritiker tönte: »Wenn ich mit Lutz Gentes fertig bin, ist er so erledigt, wie man nur sein kann.«

Es dauerte nicht lange, und die Befürworter der Prä-Astronautik und die Riege der Skeptiker drifteten in ihren »Diskussionsbeiträgen« in die Fäkalsprache ab. Natürlich wurde auch mit dem Staatsanwalt gedroht und nach juristischen Konsequenzen gesucht. Beide Seiten warfen der je anderen Seite Lug, Täuschung und Betrug vor. Forderungen wurden laut, einen Pro-Vertreter wegen »unzumutbaren Schwachsinns« des Forums zu verweisen, was mit einem bündigen »Penner!« beantwortet wurde.

Ja, was denn nun? Gibt es im Mahabharata etwa keine »fliegenden Wagen« und Schlachten am Himmel? Klares Nein! Nichts wurde entschieden und man trennte sich in Zorn und Feindschaft. »Blutige Nasen« hätten sie sich geholt, so der Betreiber des Forums auf meine Nachfrage.

Doch auch das zweitbedeutendste Epos Indiens, das Ramayana (aus dem vierten Jahrhundert vor Christus) spricht an einigen Stellen von den Flugwagen der Götter, ebenjenen Vimanas. So schildert das Buch etwa die Entführung der schönen Sita, die erbitterte Kämpfe nach sich zog. In Kapitel 49 (drittes Buch, Aranya Kanda) heißt es, dass der Dämon Ravana mit einem Fluggerät die sanftmütige Sita in den Himmel verschleppte. Als er sie packte, »erschien augenblicklich Ravanas großer Wagen« und er bestieg den von »schreienden Maultieren« gezogenen Wagen. »Hoch mit ihr in die Luft« ging die Reise, während Sita wie wild gegen ihren Entführer ankämpfte.

Rama wollte Sita unbedingt zurück und erfuhr von Kabandha, wie er das schaffen könne.

»Und dieser schöne Dämon [Kabandha, Anm. L. A. F.] […] stieg in die Luft, sitzend auf einem glänzenden Wagen, den Schwäne zogen, und mit seinem Glanz erleuchtete er die zehn Regionen. Am Himmel stehend sprach er zu Rama: […]«

(Drittes Buch, Aranya Kanda, Kapitel 72)

Das müssen ja sonderbare »Schwäne« gewesen sein ...

Auch in anderen Teilen des Buches wird beschrieben, dass Götter und Dämonen durch die Lüfte fliegen konnten. »Schnell wie Garuda flog er (Hanuman, Anm. L. A. F.) hinweg über das Meer und bahnte sich seinen Weg durch die wolkengefüllte Luft«, heißt es zum Beispiel im ersten Kapitel des fünften Buches (Sundara Kana). »Durchs Firmament« soll er geflogen sein und dabei die Wolken wie der Wind zerstreut haben.

So ein Flugwagen war

»ein unvergleichliches Meisterwerk, denn er vermochte durch den Himmel zu fliegen wie ein Leuchtfeuer im Kreis der Sonne, und strahlte unbeschreiblich«.

(Fünftes Buch, Sundara Kana, Kapitel 8)

»Die fliegenden Wagen der Götter« (Kapitel 8) waren zahlreich im Alten Indien. Ravana etwa konnte den seinen mit der Kraft seiner Gedanken steuern und sich überall »schnell wie der Wind« hinbegeben.

»Den Himmel vermochte er zu durchqueren, und er enthielt viele Kammern und unzählige seelenentzückende Kunstwerke. Fleckenlos wie der Herbstmond glich der Wagen einem Berg mit prächtigen Gipfeln.«

(Fünftes Buch, Sundara Kana, Kapitel 8)

Bei Tag und Nacht konnte das Luftfahrzeug fliegen. Und es hatte auch einen Namen: »fliegender Wagen Pushpaka« (»Pushpakavimana«). »Das Luftfahrzeug Pushpaka«, wie es das Sanskrit-Wörterbuch von Dr. Martin Mittwede sagt. Und ein Pushpaka ist auch ein »fliegender Palast«. Rama, der Held des Ramayana, »flog nach gewonnenem Kampf damit zurück in sein Königreich«.

Und Pushpaka waren wirklich Flugwagen, wenn uns die Texte des Ramayana nicht ein X für ein U vormachen:

»[Und sie] begaben sich zum Pushpakawagen und bestiegen ihn. Und die Dämoninnen nahmen diesen fliegenden Wagen und flogen auf Ravans Befehl zu Sita in den Ashokahain.«

(Sechstes Buch, Yuddha Kanda, Kapitel 47)

An anderer Stelle fliegt ein solcher Vimana auch durchs All. So könnte man es jedenfalls interpretieren. Im Text heißt es:

»Unermüdlich durchtauchte Hanuman diesen Raum, den Sonne und Sterne schmückten, und überflog den König der Planeten. [...] Durch den Himmelsraum wurde er getragen, dieser Sohn des Windes, und er zerteilte beständig die Wolkengruppen und segelte fort und fort, wobei er lautes, donnergleiches Gebrüll ausstieß [...]«

(Fünftes Buch, Sundara Kana, Kapitel 57)

KAPITEL 1: Abbildung, die angeblich aus einem künstlichen Höhlensystem in Rumänien stammt, das 65 Millionen Jahre alt sein soll.

KAPITEL 2: Der »Freiberger Kohleschädel« – eine Laune der Natur, an der von Menschenhand manipuliert wurde? Oder aber Zeugnis einer Menschheit vor der Menschheit?

KAPITEL 3: Der Autor vor dem leeren Grab Jesu in der Grabeskirche von Jerusalem. Liegt das wahre Grab Jesu woanders und wurde erst 1980 gefunden?

KAPITEL 4a: Die rätselhafte Inschrift auf einer Tafel aus Nussbaumholz, die über dem Kreuz Jesu angebracht worden sein soll. Offenbar ist sie rund 2000 Jahre alt und authentisch. Aufbewahrt wird sie in einem Seitenschiff der Kirche Santa Croce in Gerusalemme zu Rom.

KAPITEL 4b: Die Kreuz auffindungsgrotte in Jerusalem. Hier soll Helena 325 das »wahre Kreuz Jesu« nebst der Tafel gefunden haben.

KAPITEL 5a,b: In Costa Rica liegen scheinbar »sinnlos« im Urwald verstreut gewaltige, tonnenschwere Steinkugeln herum. Sie lassen sich keiner Kultur sicher zuordnen und es bleibt rätselhaft, ob sie irgendeinem Zweck dien(t)en.

KAPITEL 5c,d: Nun tauchen die Steinkugeln auch in Europa auf, und zwar in Bosnien und Herzegowina. Links eine Kugel, die bei Ozimice in der Nähe der Stadt Maglaj gefunden wurde, rechts eine Kugel aus Zavidovici. Ihre genaue Herkunft liegt im Dunkeln.

KAPITEL 6: Eine kleine Auswahl aus den Zigtausenden »Steinen von Ica« mit rätselhaften Motiven. Alles Fälschungen, wie es zum Beispiel die »BBC« und »Kabel1« sagen? Oder doch nicht? Wenn ja: Welche sind echt und wie alt sind sie wirklich?

KAPITEL 7: Der Autor in der Pyramide des Cheops in Gizeh. War das Monument bei seiner Öffnung im Jahr 823 tatsächlich vollkommen leer?

KAPITEL 9a: Der Mythos von der »Weißen Pyramide« in China gründet auf diesem Foto, das seit über sechzig Jahren kursiert. Fotografiert von dem Piloten James Gaussman kurz nach dem Zweiten Weltkrieg zeigt es eine Pyramide, die 300 Meter hoch sein soll.

KAPITEL 9b: Eine modernere Aufnahme des Mao-Ling-Mausoleums in China. »Google Earth« brachte die Lösung: Dieses Mausoleum ist dasselbe Monument, das auf dem »Gaussman-Foto« abgebildet ist – die »Weiße Pyramide«.

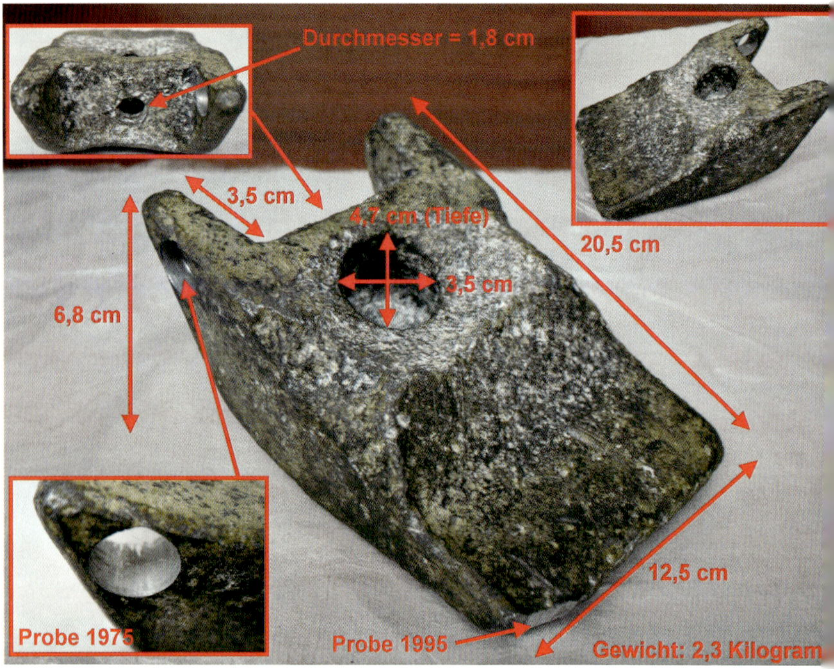

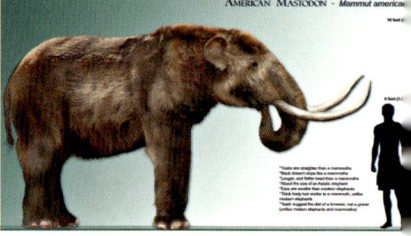

Durchmesser = 1,8 cm
3,5 cm
4,7 cm (Tiefe)
3,5 cm
6,8 cm
20,5 cm
12,5 cm
Probe 1975
Probe 1995
Gewicht: 2,3 Kilogram

KAPITEL 11a: Das noch immer rätselhafte Aluminium-Objekt von Aiud, Rumänien, mit Maßangaben. Stammt es aus der Urzeit?

KAPITEL 11b: Lange wurde in Rumänien geleugnet, dass das Objekt von Aiud noch existiere. Durch zahlreiche Recherchen spürte der Autor den seltsamen Fund 2010 wieder auf.

KAPITEL 11c: Ein (amerikanischer) Mastodon (*Mammut borsoni*). Zusammen mit dem Objekt von Aiud wurden zwei Knochen diese Urzeittieres gefunden. Es starb vor 2,5 Million Jahren in Europa aus.

AMERICAN MASTODON - Mammut

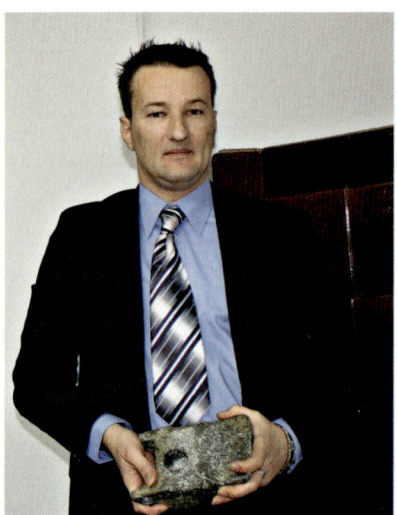

KAPITEL 12: Uralte Schriften aus Mesopotamien berichten von vermeintlichen Göttern, die vom Himmel stiegen: den Anunnaki. Es lassen sich auch Parallelen zur jüdischen Mythologie nachweisen. Abbildungen dieser Wesen finden sich zum Beispiel auf Steinplatten, die im British Museum in London zu besichtigen sind.

KAPITEL 13: Eine Darstellung der Hebräer, die das Goldene Kalb verehren. Fiel ein Teil der Israeliten während des Exodus etwa von ihrem Gott ab, weil Moses in den Himmel »entrückt« wurde, wie in einer alten Schrift berichtet wird?

KAPITEL 14a: Der Autor vor einem rekonstruierten Riesenskelett aus Südamerika. Neuere Knochenfunde aus dieser Region könnten tatsächlich von solch einem Giganten stammen.

KAPITEL 14b: In zahlreichen Legenden wird von Riesen berichtet, die einst gelebt haben sollen. Tatsächlich liefern einige Fundstücke Indizien, die für die frühere Existenz solcher Wesen sprechen. Fotos wie dieses allerdings (das aus einem Internetwettbewerb stammt), kursieren zahlreich und sind allesamt Fakes.

KAPITEL 15: Seit Jahrzehnten kursiert ein spektakuläres Zitat aus alten indischen Schriften, das belegen soll, dass schon vor Jahrtausenden Atomwaffen zum Einsatz kamen.

KAPITEL 16: Das rätselhafte Buch »Apokalypse des Abraham« beschreibt, wie Abraham in den Himmel zu einem sich drehenden Ort fliegt. War dieser »Ort Gottes« vielleicht eine Raumstation?

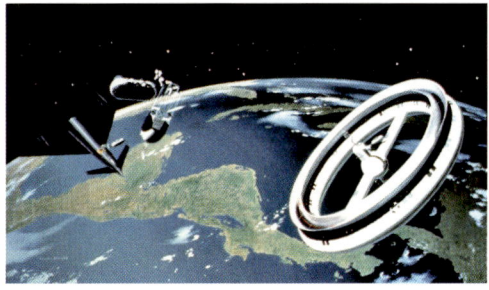

KAPITEL 17: Eine Reise in die vierte Dimension, von der der Prophet Baruch berichtete: Der Äthiopier Abimelech erwacht aus dem »Schla durch Gottes Macht« – 66 Jahre, nachdem er eingeschlafen war.

KAPITEL 18a: Uralte indische Texte, hier das Ramayana im British Museum in London, schildern imm wieder Berichte von »fliegenden Wagen« und anderen »technischen Dingen«.

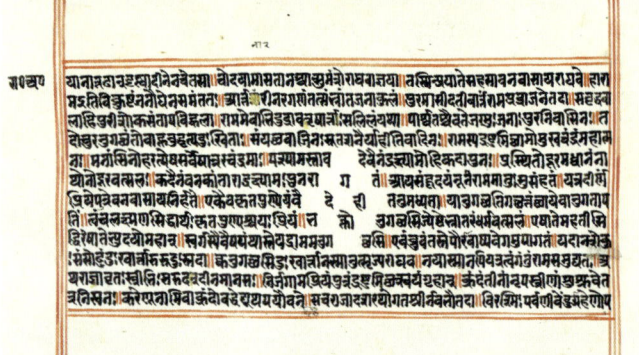

KAPITEL 18b: Teil des Tempel-komplexes von Brhadisvara, Thanja vur, Indien. Teile solcher Tempel heißen auch heute noch Vimana.

KAPITEL 19a: Pharao und Kriegsherr Thutmosis III. (Luxor). Wurden zu dessen Lebzeiten (etwa 1485–1425 vor Christus) tatsächlich UFOs in Ägypten gesichtet?

KAPITEL 19b: Der sog. »Tulli Papyrus« beschreibt, wie vor 3500 Jahren UFOs über Ägypten flogen. Neue Forschungen legen nahe, dass der Text ein Schwindel ist.

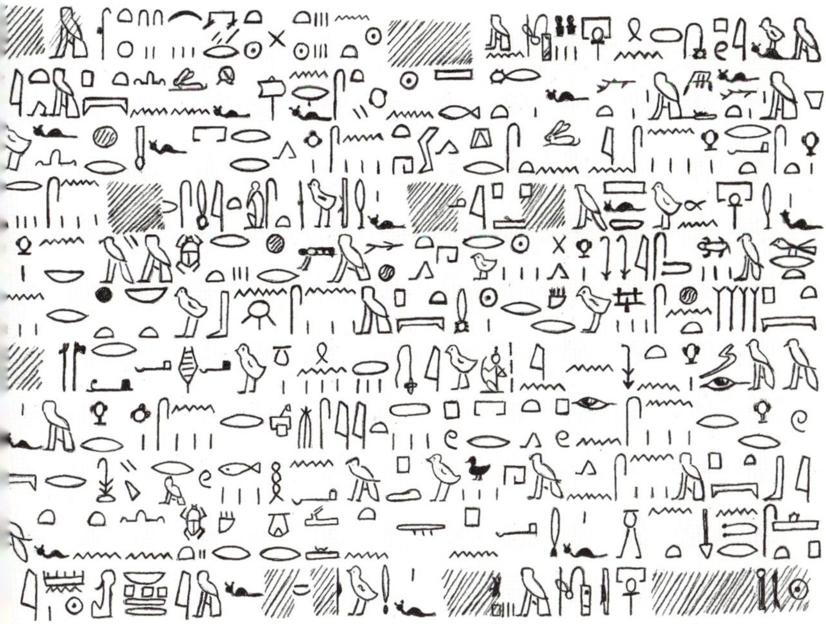

KAPITEL 22: Diese Illustration, die nach Augenzeugenberichten angefertigt wurde, zeigt den mysteriösen »Ziegensauger« (Chupacabras), der nicht nur in Mittelamerika zahlreichen Ziegen, Hühnern und anderen Tieren den Garaus gemacht haben soll.

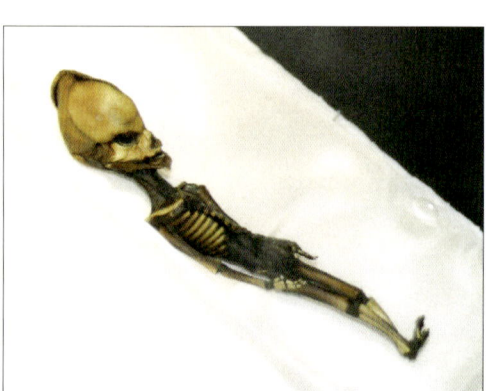

KAPITEL 23a: Der winzige »Alien«, der 2002 in Chile gefunden wurde. Die Untersuchungen sind noch nicht abgeschlossen.

KAPITEL 23b: Der »Hühnermensch« von Waldenburg aus dem Jahr 1735. Bis heute wird er als »Mensch-Alien Wesen« gehandelt, obwohl schon 1997 DNA-Analysen belegten, dass es sich dabei um die Leiche eines Menschenbabys mit einem Gendefekt handelt.

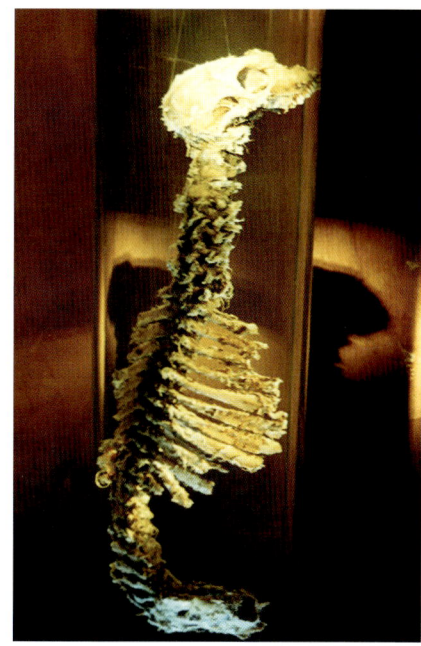

KAPITEL 23c: Die seltsame Kreatur »Ralph«, gezeigt in der Ausstellung »Unsolved Mysteries«. Über ein Dutzend Untersuchungen konnten bisher nicht klären, von welchem Wesen dieser Kadaver stammt. Möglicherweise nur von einem Schaf?

KAPITEL 23d: Das sonderbare Wesen, das 1996 im Ural gefunden wurde (Abbildung aus der Filmaufnahme der lokalen Polizei). Angeblich hat der russische Geheimdienst den Leichnam beschlagnahmt …

KAPITEL 24: Der vermeintliche »Alien« von Metepec, Mexiko, der im Sommer 2009 für hitzige Diskussionen sorgte.

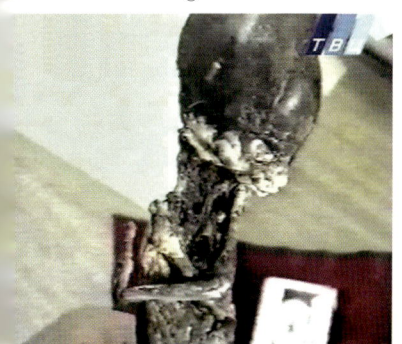

KAPITEL 29a: Einer der zahllosen Steinköpfe der Olmeken im Dschungel Mittelamerikas. Einige Forscher vermuten, dass sie Afrikaner zeigen. Gelangten Menschen vom afrikanischen Kontinent schon lange vor Kolumbus in die »Neue Welt«?

KAPITEL 29b: Der Autor auf der Sonnenpyramide von Teotihuacan, Mexiko. Im Hintergrund die Mondpyramide zu erkennen. Zeugen diese von frühen transatlantischen Begegnungen verschiedener Kulturen?

KAPITEL 30a: Der Schleier von Manoppello, Italien. Entgegen »sensationeller« Medienberichte des *ZDF* ist das Rätsel um seine Entstehung ungelöst.

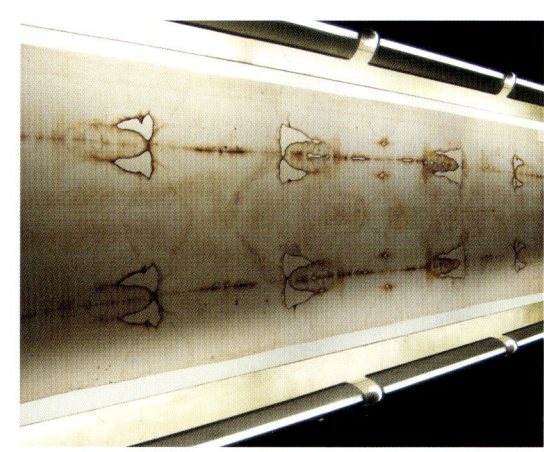

KAPITEL 30b: Das Grabtuch von Turin, hier eine exakte Kopie, die in Rom ausgestellt ist. Gibt es womöglich einen Zusammenhang mit dem Schleier von Manoppello?

KAPITEL 30c: Der Veronica-Pfeiler im Petersdom im Vatikan. Liegt das »echte Schweißtuch der Veronika« in Wahrheit gar nicht mehr in Rom unter diesem Pfeiler?

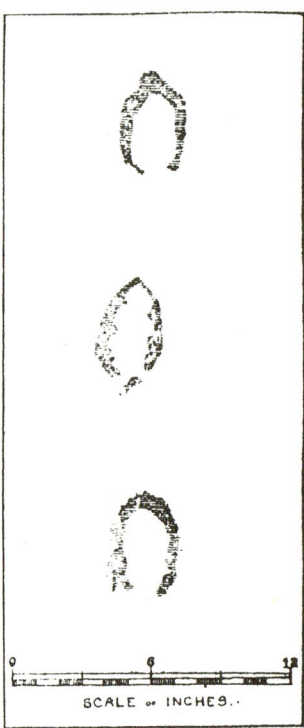

KAPITEL 31: Zeitgenössische Darstellung der »Teufelsspuren« von Devon, 1855. War es wirklich der Teufel – oder doch nur hüpfende Mäuse, die diese Spuren im Schnee hinterlassen haben?

KAPITEL 34: Juri Gagarin, sowjetische Raumfahrtlegende und erster Mensch im All. Aber stimmt das wirklich?

KAPITEL 33: Die »Mauer von Gizeh« mit der Pyramide des Cheops im Hintergrund. Wilde Spekulationen und Verschwörungstheorien dazu erweisen sich als haltlos.

Sollten die so oft erwähnten Vimanas reine Fantasie sein? Und wenn nicht: Wer flog dann vor Jahrtausenden durch den Himmel; wer waren diese »Götter« und »Dämonen« in den Flugwagen? Das Ramayana besteht aus 24 000 Doppelversen und wurde von Claudia Schmölders ins Deutsche übersetzt. »Auf eine Eindeutschung der Schreibweise wurde verzichtet«, bemerkt sie zu ihrer Arbeit. Ebenso, dass es der anerkannten Übersetzung »The Ramayana of Valmiki« (3 Bände, London 1953 bis 1959) von Hari Prasad Shastri folgt.

Kommt und kam es den Übersetzern der alten Schriften Indiens nicht seltsam vor, dass dort die Götter in fliegenden und leuchtenden Wagen durch den Himmel reisten?

19

»DER HAUCH SEINES MUNDES
WAR ÜBLER GERUCH ...«

Aus den Grenzwissenschaften sind UFOs – unbekannte Flugobjekte gleich welcher Herkunft – nicht wegzudenken; doch denkt man in diesem Zusammenhang zumeist an Phänomene der jüngsten Neuzeit. Dabei existieren Berichte über sonderbare Objekte und Erscheinungen am Himmel bereits aus dem Mittelalter und sogar aus noch früheren Epochen.

So auch aus dem alten Ägypten, wo es vor allem seltsame Flugwagen, sogenannte Barken, gewesen sein sollen, die die Menschen vor Rätsel stellten.

Einer dieser Berichte könnte aus der Zeit des mächtigen Pharaos Thutmosis III. (etwa 1485 bis 1425 vor Christus) in der 18. Dynastie stammen.

1934 soll Professor Alberto Tulli, Leiter der ägyptischen Abteilung der Vatikanischen Museen, die fragliche Schrift bei einem Antiquitätenhändler in Kairo erworben haben. Ob er sie aber tatsächlich je besaß oder nur eine Abschrift davon fertigte, ist nicht bekannt. Das Original jedenfalls liegt nicht vor. Auf dem sogenannten Tulli-Papyrus scheint allerdings wirklich ein seltsamer Bericht über unbekannte Flugobjekte zu stehen. So legt es zumindest die Transkription (siehe Bildteil) nahe.

Der 1972 verstorbene Hobbyägyptologe Boris de Rachewiltz, der behauptete, das Papier im Nachlass Tullis gefunden zu haben, hatte 1953 eine angebliche Übersetzung des Textes im US-Magazin *Doubt* (Nr. 41) veröffentlicht, die der französische Autor der Grenzwissenschaften Robert Charroux 1967 in *Die Meister der Welt* 1967 aufgriff und im Wortlaut wiedergab. (Auch Erich von Däniken ging in *Erinnerungen an die Zukunft* en passant darauf ein.)

Der Text des beschädigten Schriftstückes berichtet demnach von einer interessanten Sichtung am Himmel über Ägypten. In einer Übersetzung, die der amerikanische Hobbyägyptologe Donald J. Long 1993 anfertigte und die der Historiker Michael Hesemann vier Jahre später veröffentlichte, heißt es:

»Im 22. Jahr, dritter Monat, erster Tag, in der sechsten Stunde … geschah es, dass die Schreiber im Haus des Lebens waren, als ein Feuerkreis am Himmel erschien, ohne Kopf. Seinem Mund entströmte ein Atem, der schrecklich stank. Sein Körper war eine Rute lang und eine Rute weit. Er war lautlos.«

Die Zeugen der etwa 52,30 Meter großen Erscheinung »wurden von Furcht und Verwirrung erfüllt, sie fielen auf ihre Bäuche«, heißt es in dem Text weiter. Eine in alten Schriften und Überlieferungen häufig erwähnte Reaktion von Menschen, die etwas Unerklärliches am Himmel beobachtet hatten.

Nachdem der Pharao Thutmosis III. eine Weile über die vermeintlich göttliche Erscheinung meditiert hatte, trat sie – laut Überlieferung – noch weitere Male auf:

»Nun geschah es, dass diese Objekte in ihrer Form zahlreicher als je zuvor auftauchten, nach drei Tagen, mehr als je zuvor. Diese Objekte leuchteten am Himmel wie die Sonne! Sie reisten bis an die vier Ecken des Himmels. […] Das Heer des Königs verfolgte das Spektakel mit ihm selbst in der Mitte. Es war nach dem Abendmahl. Dann schauten sie, und diese Objekte waren über ihnen. Hoch stiegen sie in Richtung Süden auf und flogen davon.«

Ein außergewöhnliches Dokument – das aber vom Stil her und in der Wortwahl durchaus in die Schriften des ägyptischen Herrscherhauses (besonders der 18. Dynastie) passen soll. Mehr noch: Eine Thutmosis III. zugeschriebene Inschrift in Dschebel Barkal (im heutigen Sudan) schildert ein ähnliches Ereignis, ein »Sternwunder«, das eine feindliche Armee überfliegt und sie verbrennt. Dies ergaben jedenfalls die Analysen des Grenzwissenschaftlers Ulrich Magin 2002.

Während einer Diskussion zu dem Thema, die ich auf einem Kongress am 31. Oktober 1997 mit ihm führte, äußerte auch der Berliner Historiker Jörg Dendl die Vermutung, der Papyrus und die Geschichte darauf könnten echt sein. Auch kursiert ein Foto des infrage stehenden Textes, allerdings ein sehr, sehr schlechtes. Dass die Schrift aber 3500 Jahre alt ist, beweist das alles nicht.

Aber was wird da eigentlich überhaupt beschrieben? Tatsächlich unbekannte Flugobjekte oder doch eher Meteore? Wenn es natürliche Gebilde aus dem All waren, wieso konnten diese dann »in Richtung Süden« *aufsteigen* (anstatt zu fallen) und davonrasen? Und weshalb erschienen »diese Objekte in ihrer Form zahlreicher als je zuvor«? Meteore oder Asteroiden sind schlichte, einen Schweif hinter sich herziehende Objekte, deren Form, wenn sie am Himmel einherfliegen, einem Zeugen am Boden verborgen bleibt. Kreisförmig (»Feuerkreis«) sind sie so oder so nicht. Was also waren die über 50 Meter großen Objekte, die vor fast 3500 Jahren über den Himmel des alten Ägypten geflogen sein sollen? Sah der großer Eroberer Thutmosis III. UFOs über seinem Land daherziehen? Diese Fragen blieben lange ein Rätsel.

Im *Journal für UFO-Forschung* (Nr. 135) der Gesellschaft zur Erforschung des UFO-Phänomens (GEP) präsentierte Ulrich Magin 2001 eine Neuübersetzung des Textes durch eine namentlich nicht genannte Ägyptologin. »Die neue Übersetzung zeigt«, so bekräftigte Magin in *Mysteria 3000*, »dass die bislang im Umlauf sich befindende [...] Version von Boris de Rachewiltz grundlegend korrekt ist« und die Fassung Donald Longs »voller Fehler« stecke. Korrekt wäre nach Magin:

»... im 22. Regierungsjahr, 3. Wintermonat, 6. Stunde des Tages ... die Schreiber des Hauses des Lebens fanden diesen Feuerkreis, als er gerade aus dem/vom Himmel kam. Er hatte keinen Kopf; der Hauch seines Mundes war übler Geruch. Sein Leib: 1 Holz [52,30 Meter] in seiner Länge, 1 Holz in seiner Breite. Er sprach nicht. Ihre Herzen kamen heraus, indem sie [frevelten/fehlgingen gegen sich (?)/sich vergaßen] [oder: indem sie (sich) vergaßen/fehlgingen, deswegen …] Sie legten sich auf ihre Bäuche. (Und sie gingen) um es zu melden. Seine Majestät befahl … (zu) erforschen … die Schriftrollen des Hauses des Lebens. Diese Seine Majestät dachte nach über die Gestalten. Dann, nachdem einige Tage vergangen waren nach diesem: Eine große Zahl von ihnen, mehr als jede andere Sache, am Himmel, wie Re (selbst) erschienen sie/flammten sie auf, bis zur Grenze der Himmelsstützen … reich war die Menge der Feuerkreise/machtvoll war die Position der Feuerkreise und die Truppen des Königs (?) sahen (es). Seine Majestät war in ihrer Mitte zu dieser (Zeit der) Abendmahlzeit. Und sie stiegen auf nach Süden. Fische und Vögel aber, sie fielen vom Himmel. Dieses Wunder aber, nicht geschah es (?) seit dieser Gründung dieses Landes. Seine Majestät aber veranlasste, dass Weihrauch gebracht wurde, um das Herz des Amun-Re, des Herrn der Throne der beiden Länder, zu befrieden, damit … seine Majestät befahl (aufzuschreiben) das Geschehene in Schrift (für/in) das Haus des Lebens … (in) Ewigkeit.«

»Nach wie vor scheinen mir demnach die Hinweise darauf, dass der Text des Tulli-Papyrus echt ist, höher einzuschätzen als die Indizien auf eine Fälschung, auch wenn diese nicht auszuschließen ist«, resümierte Magin nach seinen Untersuchungen. Auch wenn es offenbar zu Fehlern bei der Abschrift gekommen war, die den Text teilweise »verstümmelt« erscheinen lassen.

Eine überraschende Wendung nahm die Debatte über den Tulli-Text 2006 in Italien, als Marcello Garbagnati ihn analysierte und zu dem Ergebnis kam: Er wurde schlicht und ergreifend aus einem Grammatik-Buch für die altägyptische Sprache zusammengebastelt, genauer gesagt, aus *Egyptian Grammar* von Alan Henderson Gardiner, einem Lehrbuch, das bereits 1926 auf den Markt gekommen und weit verbreitet war. Lediglich Zeile zehn stammt nicht aus dem Buch über ägyptische Sprache. Und was finden wir dort? Einen groben Rechtschreibfehler.

Da hat sich also irgendjemand einen Spaß erlaubt. Und einen Text erfunden, der in gewissen Internetforen auch heute noch für bare Münze genommen wird.

TEIL III

DIE VERBORGENE SEITE DES LEBENS

20

SPUREN IM STEIN

Wenn ich heute an irgendeinem Strand durch den Sand ginge und ganz in meiner Nähe mein Hund Leia herumtollte, würden Spurenleser später mit einigem Recht auf die Idee kommen, Leia und ich hätten unsere Fuß- beziehungsweise Pfotenabdrücke zur selben Zeit hinterlassen. Was aber, wenn die Geschichte vor 140 Millionen Jahren gespielt hätte und Leia kein Zehen- (wie der Hund), sondern ein Sohlengänger wäre … ein Dinosaurier? Und dicht bei ihm in derselben geologischen Schicht die Abdrücke eines … na ja, eines Menschen vielleicht? Würde das als Beleg für die Zeitgenossenschaft der beiden durchgehen? Die doch aber nach allem, was als naturwissenschaftlich gegeben gilt, ausgeschlossen wäre, weil nicht sein darf, was nicht sein kann?

Der Paluxy River in Texas könnte – wohlbemerkt: *könnte* – eine andere Sprache sprechen. Fossile Abdrücke, die in der Nähe seines Ufers bei Glen Rose gefunden wurden, stammen von Dinosauriern – das ist nach herrschender Meinung gesichert. Doch da gibt es auch noch andere … manche von ihnen *riesen*groß, sind das womöglich Fußstapfen menschenähnlicher Lebewesen? Es wäre das Aus für Darwins Evolutionstheorie. Und deshalb sind es heute vor allem Kreationisten wie Dr. Carl E. Baugh, der Gründer und Direktor des Creation Evidence Museum in Glen Rose, die diese These vertreten. Und nichts von den Gegenargumenten wissen wollen, denen zufolge die gefundenen strittigen Spuren, die Abdrücke der Riesenlatschen, das Werk gelangweilter Zeitgenossen unserer Tage sind.

Immerhin schon 1971 veröffentlichte der Geologe Dr. Cecil Dougherty aus Glen Rose ein Buch über das *Valley of the Giants,* das »Tal der Giganten«. Allerdings stieß er damit aber bei seinen etablierten Zunftgenossen auf wenig Interesse, obwohl – oder gerade weil – die strittigen Funde schon seit 1903 bekannt waren, wie das Magazin *Time* am 30. Juli 1986 bestätigte. Im selben Jahr auch wurde in *Nature* (vol 320) bereits die Vermutung laut, bei den humanoiden Spuren am Paluxy River könne es sich nur um das Werk gelangweilter Spaßvögel handeln.

Hätten diese aber nicht, wendet etwa der Sachbuchautor Dr. Hans-Joachim Zillmer ein, alles daran gesetzt, um möglichst menschenähnliche Fußabdrücke in die Felsen zu zaubern – und nicht ausgerechnet überdimensional große? Außerdem, sagte er zu mir, sei der Kronzeuge der Skeptiker, Glen J. Kuban, selbst nur ein einziges Mal vor Ort gewesen, um die Spuren in Augenschein zu nehmen. Und nach seinem Besuch … war angeblich einer der »besten« zerstört. Und als Beleg für deren Authentizität gab Zillmer in einem Gespräch im April 2010 an, sogar vor laufender Kamera sei »eine Schicht abgehoben und ein menschlicher Fußabdruck freigelegt« worden.

Anthropologen und Paläontologen lachen über derlei Beweise. Für sie ist klar: Der letzte Dinosaurier schloss vor 65 Millionen die Augen – und da war noch lange nicht an menschenähnliche Säugetiere zu denken. (Und wenn hier von »lange« die Rede ist, dann ist damit auch lang gemeint – Dutzende von Jahrmillionen nämlich.)

Dr. Zillmer vertritt einen anderen Ansatz. Er ist der Überzeugung, die Erdoberfläche sei gar nicht so alt, wie es immer heißt, und die fraglichen Versteinerungen könnten in Wahrheit viel jüngeren Datums sein. Und dann wären die Saurier vielleicht nicht bereits vor 65 Millionen Jahren ausgestorben, sondern womöglich erst vor einigen Jahrtausenden – und hätten damit durchaus noch die Bekanntschaft mit Menschenähnlichen machen können. Das würde auch die Motive gewisser alter Höhlen- oder Felszeichnungen und anderer Bilddokumente erklären, die drachenartige Tierungeheuer zeigen, nicht nur in den USA. Man denke zum Beispiel an das berühmte 2000 Jahre alte Mosaik im Palazzo Barberini zu Rom oder eine bestimmte Abbildung im Tempel des Smaragd-Buddhas in Bangkok.

Zu denken gibt in dieser Hinsicht auch ein Fund, der in den 1920er-Jahren bei Tucson, Arizona, gemacht wurde und zu dem unter anderem ein Schwert gehört, das einen Dinosaurier zeigt. Schätzungen zufolge sind diese Objekte (von denen einige lateinische und hebräische Schriftzeichen aufweisen) an die 1200 Jahre alt. Nicht sehr alt, gemessen an den zeitlichen Dimensionen, mit denen in diesem Kapitel sonst operiert wird – und eigentlich auch nicht besonders bemerkenswert, wäre da nicht das kleine Detail, dass der Sauropode auf dem Schwert anatomisch korrekt dargestellt ist – Schwanz und Hals sind bei ihm in waagerechter Position, er geht also nicht aufrecht (wie man sich das noch zu dem Zeitpunkt vorstellte, als das Schwert gefunden wurde).

Oder denken wir an die Zehntausende alter Figuren, die Waldemar Julsrud von 1944 an zusammentrug und die zum Teil verblüffende Ähnlichkeit mit Dinosauriern aufweisen.

Und immer wieder Füße. Abdrücke in Stein. Längst nicht nur bei Glen Rose am Paluxy River.

- Da wäre zum Beispiel die Entdeckung des William J. Meister (3. Juni 1968 in der Nähe von Antelope Springs in Kalifornien): Spuren möglicherweise beschuhter Füße, 32,5 Zentimeter lang und 11,25 Zentimeter breit. Sohlenabdrücke? Und unter einem davon ein Trilobit, Vertreter einer Klasse meeresbewohnender Gliederfüßer – ausgestorben vor Hunderten von Jahrmillionen.

- Apropos Schuhsohlen. Wie die sowjetische Zeitung *Smena* 1961 berichtete, fand eine sowjetisch-chinesische Expedition unter Leitung von Dr. Chow Ming Chen im Jahre 1959 in der Wüste Gobi sogar Abdrücke von Schuhwerk mit gerippter Sohle, bei dem sogar die Naht des Schuhs erkennbar war – in einer Sandsteinformation, die vor zwei Millionen Jahren entstanden sein soll.

- Und noch einmal anderthalb Millionen Jahre älter sind möglicherweise Fußstapfen, die 1979 im tansanischen Laetoli auffielen. Entdeckt wurden sie von Peter Jones und Philip Leakey, den beiden Söhnen der Paläontologin Mary Laekey, die die Spuren für Abdrücke von Füßen hielt, die der Form nach von den unsrigen nicht zu un-

terscheiden waren. Nur dass sie sich in einer Vulkan-
ascheschicht befanden, die mithilfe des Kalium-Argon-
Verfahrens auf 3,6 bis 3,8 Millionen Jahre datiert wurde.

- »Dann waren unsere Urväter Zeitgenossen der Dinosaurier«, resümierte K. Amannijazov, der Direktor des Institutes für geologische Forschung der Turkmenischen
Akademie der Wissenschaften im Zusammenhang mit
menschlichen Fußspuren, die vor 150 Millionen Jahren
auf dem Gebiet des späteren Turkmenistan hinterlassen
wurden.

- Merkwürdig vielleicht auch die Fußspuren von 28 Zentimetern Länge und zehn Zentimetern Breite, die 1816 am
Westufer des Mississippi in der Nähe von St. Louis entdeckt wurden, und zwar in einer Kalksandsteinschicht,
die vor 270 Millionen Jahren entstand. Der Geologe und
Ethnologe Henry Schoolcraft bewertete die Abdrücke als
»erstaunlich natürlich, mit deutlich ausgebildeten Mus-
kelsträngen und den Krümmungen von Fersen und Zehen«.

- Ausgrabungen am Big Hill in den Cumberland Moun-
tains in Jackson County förderten Mitte der 1990er-
Jahre in einer 300 Millionen Jahre alten Felslage unter
einer Kalksteinschicht Spuren von Tieren und zwei
menschliche Fußabdrücke zutage, die als »wohlpropor-
tioniert, mit gespreizten Zehen, sehr deutlich gezeich-
net« beschrieben wurden.

Es gäbe noch mehr solcher rätselhafter Funde zu reportie-
ren, doch diese Beispiele sollten genügen. Was an ihnen
auffällt, ist, dass die meisten dieser vermeintlich menschli-

chen Fußabdrücke größer sind, als man es erwarten sollte. Manche haben gar »Riesen«-Dimensionen, speziell die vom Paluxy River, wie wir gesehen haben.

Wenn man angesichts der Vielzahl der gefundenen Fußspuren ausschließt, dass es sich dabei um Fake oder Fälschungen handelt, drängt sich der Verdacht auf, da könne tatsächlich eine Kraft am Werk gewesen sein, die wir noch nicht recht verstehen und die es gegebenenfalls erforderlich macht, unser Verständnis der Vor- und Frühgeschichte zu überdenken.

Während des Goldrauschs in Kalifornien Mitte des 19. Jahrhunderts kam es ebenfalls zu allerlei merkwürdigen Funden. So berichtete etwa die Londoner *Times* am 24. Dezember 1851 von einem verrosteten, ansonsten aber intakten Eisennagel, der unverhofft in einem Stück goldhaltigen Quarz zum Vorschein gekommen war.

Offenbar nur ein Vorfall unter anderen. Denn 1880 sah sich sogar die renommierte Harvard University veranlasst, eine Untersuchung solcher »kurioser« Entdeckungen in Auftrag zu geben (siehe *The Auriferous Gravels of the Sierra Nevada of California* (1880) von Professor J. D. Whitney, einem vom Bundesstaat Kalifornien bestellten Geologen). Berichte, Diskussionen und Vorträge schlossen sich an. Neun Jahre später widmete sich auch die Smithsonian Institution dem Thema – erwartungsgemäß skeptisch.

Doch die Funde, die von Bergleuten an verschiedenen Orten immer wieder gemacht wurden, sind in der Tat bemerkenswert – wofür auch immer sie sprechen mögen. Legendär wurde etwa der Table Mountain im kalifornischen

Tuolumne County. Goldsucher schlugen in der Region zum Teil Hunderte von Metern lange Tunnel in den Stein und stießen auf Löffel, Speerspitzen, Steinwerkzeug (zum Beispiel einen Mörser), aber auch auf menschliche Knochen. Selbst eine Art Schmuckstück war auf diese Weise 1853 ans Tageslicht gekommen: In 38 Metern Tiefe tauchten der Zahn eines Mastodons (eine ausgestorbene Rüsseltierart) sowie Marmorperlen von etwa vier Zentimetern Länge und einem Durchmesser von zweieinhalb Zentimetern auf – in 33 bis 55 Millionen Jahre altem Gestein unter einer Lavakuppe, wie Professor Whitney 1880 berichtete, der die Funde, wie er angab, auch selbst untersuchte.

1885 wurde in Österreich einem Kohleflöz aus dem Tertiär ein etwa 800 Gramm schwerer, fast perfekt geformter Würfel gefunden, der aus einer Nickel-Stahl-Legierung bestand. Bis 1910 konnte man ihn in Salzburg in einem Museum bestaunen. Seither gilt er bedauerlicherweise als verschollen.

Ebenfalls in Kohle, und zwar beim Zerkleinern eines Stückes davon, fand 1891 eine gewisse Mrs. S. W. Clup aus Morrisonville, Illinois, USA, eine ungefähr 25 Zentimeter lange Goldkette, die »von wundersamer Kunstfertigkeit« zeugte, wie die *Morrisonville Times* am 11. Juni 1891 schwärmte. Die Kohle, in der die Kette versteckt war, hat ein geschätztes Alter von 260 bis 320 Millionen Jahren. Aber Dinosaurier werden das Kleinod wohl kaum gefertigt haben.

Ebenso wenig den in Kohle eingeschlossenen Fingerhut, dessen Fund J. Q. Adams 1883 im *American Antiquarian* dokumentierte. Oder den gleichfalls in Kohle entdeckten Löffel, über den H. Wiant in *Creation Research Society Quarterly* im Juni 1976 berichtete.

Fast eine eigene Abhandlung wären in unserem Zusammenhang die Steinmörser wert, von denen mittlerweile eine große Anzahl gefunden wurde. Auch in 23 Millionen Jahre alten Gesteinsschichten. 1862 tauchte zum Beispiel in den USA einer (mit dem dazugehörigen Stößel) in 60 Metern Tiefe auf, der aus Andesit bestand. Die nächsten Andesit-Vorkommen befinden sich jedoch 160 Kilometer vom Fundort entfernt, wie Michael A. Cremo und Richard Thompson in ihrem Buch *Forbidden Archeology* 1993 berichteten.

Sehr umstritten ist ein vermeintlicher Menschenfinger, der 1988 nahe des Chalk Mountain, einige Kilometer von Glen Rose entfernt, in einer Kalksteinschicht gefunden wurde. Optisch ist der Finger identisch mit dem eines Menschen von heute – allerdings rund 20 Prozent größer. Untersuchungen sollen ergeben haben, dass es sich zweifelsfrei um einen Knochen beziehungsweise um Knochenschaft, Nervenbahnen, Adern, Hautepidermis, Fingernagel und Knochenmark handelte. So wurde es im Jahr 2000 zumindest im *Magazin 2 000* gemeldet (Nr. 101).

Der bekannte Autor Charles Berlitz berichtet, dass im Jahr 1851 bei Sprengarbeiten in einer Mine in Dorchester, US-Staat Massachusetts, eine rund zehn Zentimeter kleine Vase gefunden wurde. Offenbar war das Kunstwerk durch die Detonation in zwei Teile zerbrochen. Die mit Blumen verzierte Vase bestand zum Erstaunen der Entdecker angeblich aus einem völlig fremden Material. Wie alt sie jedoch gewesen sein mochte, ist unbekannt. Der Herausgeber der angesehenen Fachzeitschrift *Scientific American* mutmaßte, dass die Vase dem biblischen »Erfinder« der

Metallschmiedekunst, Tubal-Kaijn, dem Enkel Adam und Evas (Gen. 4,22), zugeschrieben werden könne.

Solche Funde sind sehr, sehr zahlreich. Sind es alles Schwindel und Irrtümer? Oder gab es tatsächlich schon in den Tagen der Saurier Menschen auf der Erde? Sollte dem so sein, wäre nur eines klar: Darwins Evolutionstheorie würde tatsächlich gewisse Schwächen aufweisen …

21

DINOSAURIER IN AFRIKA –
NOCH HEUTE?

Kann es wirklich sein, dass im tropischen Regenwald des Kongo-Beckens ein Dinosaurier lebt, groß wie ein Elefant? Dass er das Aussterben seiner Art vor etwa 65 Millionen Jahren einfach verpasst hat? Die Geschichten, die sich um den Mokele-Mbembe beziehungsweise Nyamala, wie er von den Einheimischen auch genannt wird, ranken, könnten aus Thomas Thiemeyers Roman *Reptilia* stammen, sind aber viel spannender …

Die wahrscheinlich erste Erwähnung eines derartigen »unbekannten Wesens« in den Sümpfen Zentralafrikas ist dem französischen Abbé Liévin Bonaventure Proyart zu verdanken, der 1776 unter Berufung auf christliche Missionare berichtete, in den Likouala-Sümpfen seien gigantische, nicht erklärbare Fußabdrücke gefunden worden. Einen Umfang von fast einem Meter sollen sie gehabt haben und der Abstand zwischen ihnen betrug an die zweieinhalb Meter. Auch wurde dem Vernehmen nach eine Höhlenzeichnung gefunden, die eine solche Kreatur zeigte. Auffallend daran: ihr langer Hals. Insgesamt soll das Wesen große Ähnlichkeiten mit dem Drachen aufweisen, der das Ischtar-Tor zierte, eines der Stadttore Babylons.

Auch der berühmte Tierhändler und Zoodirektor Carl Hagenbeck (1844–1913) erwähnte in *Von Tieren und Menschen* (1909) eine rätselhafte Gestalt, »halb Elefant, halb Drache«, die »in den unzugänglichen Sümpfen« Afrikas heimisch war, wie er von europäischen Reisenden erfahren hatte, die sich auf Geschichten der Eingeborenen beriefen. Auch bestätigte er die Existenz von bildlichen Darstellungen, »auf die Wände von Höhlen gemalt«. Aufgrund der Vielzahl von Berichten, die ihm vorlagen, war er überzeugt, dass es dieses Wesen wirklich gab, und mutmaßte, dass »es sich nur um eine Art Brontosaurus handeln« könne. Er organisierte eine äußerst kostspielige Expedition, die jedoch an »Fieberanfällen« und »sehr tückischen Eingeborenen« scheiterte.

Am Vorabend des Ersten Weltkrieges führte der deutsche Offizier Ludwig Freiherr von Stein zu Lausnitz (1868–1934) eine Expedition an, die den Auftrag hatte, die lebensfeindliche Region des Kongobeckens näher zu erkunden. Im Flussgebiet des Likouala-aux-herbes folgte er Hinweisen auf den Mokele-Mbembe, die er von den einheimischen Pygmäen bekommen hatte. In der Sprache der Bangombe steht dieses Wort für »Der den Lauf des Flusses anhält«, erklärte von Stein zu Lausnitz in einem Bericht über seine Expedition. Das Tier sei groß wie ein Elefant, hieß es darin weiter, besitze einen langen Hals und einen ebenso langen Schwanz. Der Mokele-Mbembe habe zahlreiche Menschen angegriffen und sogar getötet, sie jedoch nie gefressen. Auch hatte der Offizier von den Einheimischen in Erfahrung gebracht, dass das Untier hin und wieder ihre Kanus umwerfe und allenthalben für Angst und Schrecken sorge.

In den folgenden Jahrzehnten kamen weitere Gerüchte über Begegnungen mit dem unzeitgemäßen Saurier auf. Einige gibt der Kryptozoologe Karl P. N. Shuker in seinem 1996 veröffentlichten Buch *In Search of Prehistoric Survivors: Do Giant ›Extinct‹ Creatures still exist?* (»Auf der Suche nach prähistorischen Überlebenden: Haben riesige ›ausgestorbene‹ Kreaturen überlebt?«) wieder. Demnach verbrachte zum Beispiel im Mai 1954 ein englischer Arbeiter aus dem heutigen Sambia seinen Angelurlaub am Bangweulu-See, als er plötzlich einen langen, rund 30 Zentimeter starken Hals aus dem Wasser ragen sah, der einen schlangenähnlichen Kopf trug. Und in den 1920er-Jahren wurde ebenfalls im heutigen Sambia ein übermannsgroßes Monster mit dicken Beinen, langem Hals und einem massigen Körper beobachtet. Die prähistorisch wirkende Kreatur hielt sich in der Nähe eines Sumpfes auf, wo später tatsächlich seltsame Fußstapfen und eine etwa 1,50 Meter breite Schneise im Dickicht gefunden wurden. Shuker vermutet, dass es sich bei diesen Beobachtungen durchaus um den Mokele-Mbembe gehandelt haben könnte.

Die ehrgeizigste Expedition, die sich je auf die Suche nach dem Mokele-Mbembe und dem (wahrscheinlich identischen) Nyamala aus Gabun machte, startete vor 30 Jahren. Der »Monsterjäger« Professor Roy P. Mackal lernte nach einem Vortrag über die neuesten Forschungsergebnisse der Kryptozoologie James Powell kennen, der ihm von den afrikanischen Sauriern berichtete. Powell lebte 1976 in Gabun und hatte die Geschichten dort von den Einheimischen erfahren. Die beiden Männer beschlossen, gemeinsam eine Forschungsreise ins Land der angeblichen Saurier zu unternehmen. Doch zuvor reiste James Powell im Januar 1979 erst einmal alleine nach Gabun zurück. Dort lernte er einen Schamanen kennen, dem er eine Reihe von Bildern vorlegte, die verschiedene Tiere des Urwalds zeigten. Der Eingeborenenpriester kannte ihre Namen, nur einen Bären, der nicht im Regenwald heimisch war, konnte er nicht identifizieren. Und auch Bilder mehrerer Saurier, die ihm gezeigt wurden, sagten ihm nichts. Mit einer Ausnahme: Den Saurier Diplodocus kannte er als – Nyamala. Powell wiederholte diesen Versuch an verschiedenen Orten mit verschiedenen Zeugen, immer mit demselben Ergebnis. Auch gewann er dabei neue Erkenntnisse über die Kreatur – sie sei an die zehn Meter lang, lebe in Flüssen oder Seen und ernähre sich von den Früchten des Waldes.

Für Powell und Mackal war die Sache damit klar: Sie nahmen sich nun fest vor, den mysteriösen Mokele-Mbembe zu finden, ihn zu fangen oder zumindest doch ein Foto von ihm zu schießen. Sie stellten ein Team zusammen und begaben sich am 30. Januar 1980 von Chicago aus auf die Suche nach dem Saurier.

Die Expedition der beiden überzeugten Kryptozoologen in den Dschungel des Kongos erbrachte leider keinen Beweis für die Existenz des Urtieres. Wenigstens gelang es Powell und Mackal aber, eine Reihe zum Teil faszinierender Zeugenaussagen zu sammeln und auszuwerten. Sie alle wiesen so auffallende Ähnlichkeiten aus, dass sich am Ende des Tages die Frage stellte: Berichteten die Menschen von Beobachtungen, die sie tatsächlich gemacht hatten oder bediente sich jeder nur aus dem großen gemeinsamen Legendenpool? Der Mokele-Mbembe – ein Wandermärchen?

Ebenfalls 1980 berichtete die Eheleute Kia und Herman Regusters, sie hätten von Oktober bis Dezember seltsame Laute und Bewegungen im Wasser eines Sees wahrgenommen. Ihrer Meinung nach ursächlich dafür war ein großes Tier, dessen langen Hals sie herausragen sahen, wie sie sagten.

Zwischen Januar und Juni 1986 erbrachte eine weitere Expedition, die »Operation Kongo«, im Tele-See tatsächlich den Beweis für die Existenz fremder Tiere. Dabei handelte es sich jedoch um große Schlangen, Krokodile und Schildkröten. Den mutmaßlichen Saurier fand auch diese Expedition nicht.

Eine sehr hübsche Geschichte ist allerdings aus dem Jahr 1959 überliefert. Da fühlten sich Fischer so von den ewigen Störungen der Mokele-Mbembes genervt, dass sie nicht bereit waren, sie länger hinzunehmen. Also beschlossen sie, den Biestern eine Falle zu stellen. Um eine Lagune, in der die Kreaturen vermutlich lebten, errichteten sie einen Zaun aus angespitzten Baumstämmen, um die Mokele-Mbembes am Verlassen ihres Wohnortes zu hindern. Als dennoch einer versuchte zu entkommen, wurde er mit Lanzen erstochen und – verspeist. Keiner derer, die von seinem Fleische aßen, habe das Mahl überlebt. Heißt es …

Etwa 30 Zeugenaussagen sammelten Mackal und sein Team. Die Kryptozoologen sichteten Spuren und schrieben gewissenhaft alles auf, was die Eingeborenen ihnen erzählten. Immer wieder war von Fußspuren wie denen eines Elefanten die Rede, und auch sonst waren die Berichte, wie schon erwähnt, von erstaunlicher Ähnlichkeit. Beweise gab es keine und natürlich hat auch Mackal den Mokele-Mbembe selbst nie gesehen. Einmal aber war er mit einem Kanu auf dem Likouala unterwegs, als er ein lautes »Plop« neben sich im Wasser vernahm. Sein afrikanischer Begleiter schrie »Mokele-Mbembe – Mokele-Mbembe!« Und tatsächlich: Unterhalb der Wasseroberfläche will Mackal »etwas« gesehen haben. Aber was?

Mehr als zehn weitere Expeditionen folgten. So unternahm auch der aus dem Kongo stammende Biologe (und frühere Begleiter Mackals) Marcellin Agnagna eine Forschungsreise auf den Spuren des Urviehs. Das war 1983. Im zentralafrikanischen Tele-See will er es gesehen haben – ganze 20 Minuten lang. Und obwohl er Kameras und Fotoapparate dabeihatte, konnte er am Ende seiner Unternehmung nichts vorweisen. Kritiker unterstellten ihm, er habe überhaupt nichts gesehen. Agnagna konterte, die Einstellungen seiner Kameras seien falsch gewesen.

Auch die Japaner waren nicht untätig. Unter Tatsuo Watanabe machte sich 1992 vom Land des Lächelns aus eine Crew auf die Suche nach dem Ding aus dem Sumpf, um einen Dokumentationsfilm zu drehen. Mit einem kleinen

Flugzeug kreisten sie über dem Tele-See, als sie plötzlich einen großen »Körper« im Wasser sahen. Gerade einmal 15 Sekunden Film waren belichtet, als er auf Nimmerwiedersehen verschwand. Worum es sich gehandelt hatte, kann niemand sagen. Das Filmmaterial ist unscharf und überhaupt nicht sehr aussagekräftig. Mit etwas gutem Willen kann man darin aber ein Wesen mit einem langen Hals erkennen. Und vielleicht auch einen Schwanz. Irgendwie erinnert mich die Sequenz jedoch an die zahllosen Filme mit Nessie – kurz, unscharf, mehrdeutig, verschwommen … irgendwie nichtssagend.

Das Rätsel um dieses saurierähnliche »Urvieh« ist demnach bis heute nicht gelöst. Auch eine Expedition, die 2009 unter der Leitung von Bill Gibbons für die History Channel-Serie *Monster Quest* durchgeführt wurde und an der auch wieder Professor Dr. Roy Mackal (Universität Chicago) beteiligt war, blieb den Beweis schuldig.

Aufgeschlossene Kryptozoologen weisen die mögliche Existenz der Kreatur nicht gänzlich von der Hand. Die Beschreibungen erinnern an einen Sauropoden, also ein Tier, das es eigentlich nicht mehr geben kann, weil es vor etwa 65 Millionen Jahren ausgestorben ist (siehe Bildteil). Immerhin: Fossilienfunde belegen, dass diese Urzeitgattung einst auch in Afrika heimisch war.

Skeptiker vermuten allerdings eher Verwechslungen mit Nashörnern, Flusspferden, Elefanten oder afrikanischen Seekühen. Und sie fragen zu Recht: Müsste es nicht eine ganze Population dieser Tiere geben, um ihr Überleben und ihre genetische Vielfalt zu sichern? Haben diese auch ausreichend Nahrung? Und wieso fehlt dann noch immer der

Beweis? Fragen, die auch ich 2001 in meinem Buch *...und dann kamen die UFOs* über das »Monster von Loch Ness« schon aufwarf.

Die Suche nach den Dinos aus dem Sumpf geht also bis heute weiter.

22

DER MYTHOS VOM »ZIEGENSAUGER«

Nein, es ist nicht der Name eines neuen Cocktails oder Energydrinks. El Chupacabras – dt. »der Ziegensauger« – bezeichnet eine unheimliche Bestie, die dem Vernehmen nach in Mittelamerika und der Karibikregion umgeht, ein gruseliges Wesen, das es auf Ziegen, Hühner und andere Nutztiere abgesehen hat und ihnen das Blut aussaugt.

Menschen, die dem Chupacabras begegnet sein wollen, sprechen davon, dass er rot glühende Augen habe, vom Nacken bis zur Schwanzspitze einen Stachelkranz und gewaltige Klauen sowie Hinterläufe, die denen eines Ziegenbocks ähnlich seien. Die bis 1,50 Meter große Kreatur laufe, heißt es, auf zwei Beinen, könne springend enorme Distanzen überwinden und fahre seine Stacheln nach Belieben ein und aus. Außerdem habe die Kreatur einen menschenähnlichen Schädel und große mandelförmige Augen. Was gewisse UFOlogen natürlich sofort an Außerirdische vom Typ »Kleiner Grauer« erinnert …

Der Mythos um das Biest, jene Mischung aus Zombie, Alien und bizarrem Raubtier, entstand erst Mitte der 1990er-Jahre. Doch er hatte einen Vorläufer: Bereits viele Jahre zuvor sprach man in der Karibik von einem unheimlichen Dämon, dem man den Namen Moca-Vampir gab. Der Moca soll zwar niemals leibhaftig gesehen worden sein, doch führte er sich angeblich ähnlich auf wie später der Chupacabras. Auch er habe Kühen, Ziegen, Gänsen oder Enten das Blut »ausgesaugt«. Es kam also nicht von ungefähr, dass die Bevölkerung von einem Vampir sprach.

Was nun den Ziegensauger selbst betrifft, so gingen 1995 in der Region um die Ortschaften Morovuis und Orocovis auf Puerto Rico zahlreiche Nutztiere auf sein Konto, die entblutet aufgefunden wurden. Der Beginn eines Mythos.

Zu einem ersten direkten Kontakt mit der Bestie soll es im Sommer desselben Jahres gekommen sein. Die Zeugin Madelyne Tolentino hielt sich zwischen drei und vier Uhr am Nachmittag im neu bezogenen Haus ihrer Mutter in Campo Rico, einem Vorort von Canovanas auf, als sie beiläufig aus dem Fenster blickte. Ganz in der Nähe bemerkte sie einen Wagen, aus dem plötzlich voller Panik ein Mann heraussprang. Und da sah sie ihn, den Ziegensauger, eine 1,20 bis 1,50 Meter kleine Kreatur mit Stachelrücken und allen anderen Attributen, die man dem Chupacabras heute gemeinhin zuschreibt.

Ein Freund der Familie Tolentino nahm die Verfolgung der Bestie auf. Er berichtet, der Ziegensauger habe sich in beinahe übernatürlicher Geschwindigkeit einen schmalen Weg entlangbewegt, der in den Dschungel führte. Unmittelbar bevor er es einholen konnte, drehte sich das Biest um, stellte die Stacheln auf dem Rücken auf und fletschte die Zähne. Anhand dieser Zeugenaussage fertigte der lokale Phänomene- und UFO-Forscher Jorge Martín eine Art

Phantombild des Ungeheuers an – die heute einschlägige Abbildung des Chupacabras, auch wenn weitere Zeugen das Biest anders beschreiben.

1995 wurden allein in und um Canovanas mehr als 150 verstümmelte Tiere aufgefunden, die angeblich dem Ziegensauger zum Opfer gefallen waren. Ähnliches wurde aus der Gegend von Caguas berichtet. Auch dort wurden Dutzende von Pferden sowie Kaninchen, Hühner, Kühe, Hunde, Katzen, Ziegen und andere Kleintiere tot aufgefunden, ausgeblutet. Da schien etwas Unheimliches vorzugehen. Nervosität machte sich breit. Jedes verendete Tier wurde dem Ziegensauger angelastet – innerhalb von nur zwei Jahren wurden aus Puerto Rico mehr als 2 000 verstümmelte Kadaver gemeldet, wie das *UFO-Magazin* in seiner März/April-Ausgabe 1996 berichtete. Bis 2005 sollen es dann schon 30 000 »Fälle« gewesen sein.

Zur ersten Attacke eines Ziegensaugers auf einen Menschen soll es am 21. Dezember 1995 gekommen sein.

Osvaldo Claudio Rosado aus Guanica gab an, er sei beim Autowaschen hinterrücks von einem 1,50 Meter Wesen angefallen worden, das er zuerst für einen großen »Gorilla« hielt. Das Tier verpasste ihm einen Hieb in den Unterleib und war dann schnell wieder verschwunden. Nur ein Gerücht?

Doch fünf Tage später wurde in Torrecilla Baja eine Frau von einem sonderbaren Schrei geweckt. Als sie ihm nachgehen wollte, spielte ihr Hund vollkommen verrückt. Die Zeugin entdeckte nichts Außergewöhnliches. Doch dann wurden eine Siamkatze mit herausgeschnittenen Genitalien sowie vier Enten, vier Kaninchen, ein Huhn und zwei Hennen verstümmelt aufgefunden. Und in San German elf tote Ziegen.

Ebenfalls am 26. Dezember fand man an den Klamath-Fällen in den USA eine verstümmelte Kuh. Wie bei zahlreichen, immer noch mehr als rätselhaften Fällen von Tierverstümmlung, die aus den USA bekannt wurden, fehlten dem Tier After, Vagina, die Zunge, das rechte Ohr sowie jegliches Blut. Auch hier kursieren erste Spekulationen über den Ziegensauger. Und wenn wir Medienberichten (wie zum Beispiel dem *Liverpool Echo* vom 20. November 1995 und den New *York Daily News* vom 22. November 1995) Glauben schenken, hat der Ziegensauger nicht einmal vor einem Stoffteddy haltgemacht.

Die Liste solcher Geschichten ließe sich noch um einiges verlängern, doch der folgende Fall, über den Jorge Martín berichtet, verblüfft am meisten. Und lässt bis heute mehr Fragen offen, als er Antworten gibt.

Anfang Dezember 1995 hörte der Polizist Juan Collazo eines Tages einen seltsamen Lärm vor seinem Haus. Als er nachsehen wollte, sah er, wie ein Ziegensauger seinen Hund angriff. Ohne zu überlegen, zog Herrchen seine Dienstwaffe und schoss auf das Biest. Das Projektil durchschlug den Körper des Chupacabras und blieb in Collazos Auto stecken. Wie Martín berichtet, sicherte der Polizist Blutspuren des angeblichen Chupacabras, die an dem Projektil hafteten. Diese Blutprobe schickte Jorge Martín zur Analyse in ein Labor in den Vereinigten Staaten.

Wie aus seinen Veröffentlichungen hervorgeht, hatte das Blut »ähnliche Eigenschaften wie menschliches Blut der

Gruppe A«. Allerdings enthielt die Probe auch »pflanzliches Zellenmaterial«, Einschlüsse von Parasiten und bakterielles Material. Zweifelsfrei soll sie weder menschlicher Natur noch mit »irgendeiner tierischen Spezies, die die Wissenschaft kennt«, verwandt gewesen sein.

Das klingt nach einer Sensation. Doch sind wir, was die Untersuchungsergebnisse des Labors angeht, allein auf Martíns Angaben angewiesen. Ein gerütteltes Maß an Skepsis dürfte daher angebracht sein.

Der Chupacabras gibt zu vielen Thesen und Mutmaßungen Anlass. Doch bevor wir diese etwas näher betrachten, soll Folgendes noch erwähnt werden: Der Ziegensauger geht dem Vernehmen nach keineswegs nur im Dschungel Mittelamerikas um, sondern auch im US-Bundesstaat Miami. Jedenfalls berichtete David Adams in der *St. Petersburg Times* (21. März 1996) in einem ausführlichen Artikel (»The Weird Tale of the Goatsucker«) über seltsame Vorkommnisse in der Gemeinde Sweetwater, einer spanischsprachigen Gegend im Süden Miamis. Dort wurden an die 70 massakrierte Tiere aufgefunden. Für Zoologen, schrieb Adams, gingen diese Angriffe auf wilde Hunde zurück. Die hispanischen Bevölkerungsteile jedoch sprachen sie dem Chupacabras zu, dem »karibischen Bigfoot«, wie er ihn nannte. Weiter hieß es in dem Bericht, solche Vorfälle häuften sich seit etwa einem halben Jahr, und der infrage stehende Verursacher werde als »teils Reptil, teils Insekt, teils UFO-Alien« beschrieben. Adams zitierte den Leiter des Metro Dade Zoos in Miami, Ron Magill, mit den Worten: »Das Ganze gerät völlig aus den Fugen. Ich sitze hier und bin schockiert.« Die Radiostation *Y–100* habe gar 1000 Dollar für die Ergreifung eines Ziegensaugers ausgelobt – und so Scharen kostümierter Witzbolde in die Wälder gelockt.

Auf Puerto Rico erreichte zur gleichen Zeit die Chupacabras-Welle einen vorläufigen Höhepunkt. José Soto, Bürgermeister der Stadt Canovanas, in der sich zahlreiche Verstümmelungen ereigneten, trommelte Hunderte Freiwillige zusammen, die in den Straßen Streife liefen. Und die Nachrichtenagentur Reuters zitierte am 2. Mai 1996 einen Einheimischen, der sagte:

»Wir fordern die Bevölkerung auf, Frauen und Kinder nachts im Haus einzuschließen. Niemand weiß, womit wir es hier zu tun haben.«

Nur kurz danach, am 9. Mai 1996, breitete sich die Welle der Ziegensauger-Geschichten bis Tucson, Arizona, aus. Dort berichtete zum Beispiel die Familie des Joe Espinoza, dass eine solche Kreatur in ihr Haus eingedrungen sei und ihren siebenjährigen Sohn angefallen habe.

Etwa zur selben Zeit, am 3. Mai 1996, erreichte das Wesen des Schreckens auch Mexiko. In der Region um Calderon Village Sinaloa organisierten lokale Farmer nächtliche Patrouillen, nachdem man dort zuvor Duzende verstümmelter Ziegen gefunden hatte. Auch aus anderen Regionen Mexikos drangen ähnliche Berichte an die Öffentlichkeit.

Wissenschaftler verglichen das Phänomen mit dem schottischen Nessie-Mythos. So etwa der Anthropologe Mark

Glazer (Universität von Texas-Pan American, Edinburg). Der Folklorist James Griffith von der Universität von Arizona dagegen meinte, alle diese Erscheinungen seien nur ein Phänomen des elektronischen Zeitalters, verbreitet über die Medien. Dr. Neftali Olmo-Terron, Arzt am staatlichen psychiatrischen Krankenhaus in San Juan auf Puerto Rico, hingegen erstellte in seiner Schrift *The Chupacabras as a scapegoat* ein »psychiatrisches Gutachten« des Ziegensaugers, in dem er abschließend einräumte, dass er sich das Phänomen auch nicht ganz erklären könne. Und Juan E. Lopez, Präsident der puerto-ricanischen Kommission für Landwirtschaftsangelegenheit im Parlament des Inselstaates, stellte sogar die Forderung nach einer offiziellen Untersuchung auf.

Der Ziegensauger ist ein Phänomen, das sich in den Randbereichen der UFOlogie, der Kryptozoologie (der Suche nach unbekannten oder als ausgestorben geltenden Tieren) und der sogenannten forteanischen Phänomene (aus der Welt des Unbegreiflichen) bewegt. Meiner Überzeugung nach auch im Bereich der Psychologie und Massenhysterie. Es ist ein undurchdringliches Gemisch aus unterschiedlichen Annahmen verschiedener Grenzwissenschaften.

Der Phänomene-Forscher Martín scheint, wie aus seinen Veröffentlichungen hervorgeht, der Meinung zu sein, dass der Ziegensauger irgendetwas mit UFOs zu tun hat. Dabei bezieht er sich unter anderem auf eine regelrechte Welle angeblicher UFO-Sichtungen auf Puerto Rico sowie den berühmten Fund einer angeblichen Alienmumie daselbst. Der Chupacabras – ein Außerirdischer? Ein Wesen aus dem All, das intelligent genug ist, um zur Erde zu reisen und dann nichts anderes zu tun hat, als sich bis nach Amerika durchzuschlagen und Nutztiere abzuschlachten? Schwer vorstellbar.

Eine andere These, die mir Anfang 2001 von einer Leserin am Telefon unterbreitet wurde, besagt, dass der Chupacabras von »bösen Mächten« auf der Erde durch Genmanipulation erschaffen wurde, um – ausschließlich – spanischsprachige Menschen beziehungsweise deren Tiere anzugreifen. Diese These war auch schon nach einem Vortrag aufgestellt worden, den ich im März 2000 in Bremen hielt.

Nun, auffällig ist schon, dass praktisch nur spanischsprachige Regionen von dem Phänomen betroffen sind. Daraus aber gleich eine Verschwörungstheorie gegen Hispanos abzuleiten erscheint mir aber doch etwas gewagt – zumal das Spanische nun einmal das in Mittelamerika vorherrschende Idiom ist.

Aber solchen rationalen Argumenten muss man sich natürlich nicht anschließen. Die puerto-ricanische UFO-Gruppe NOVA ist zum Beispiel der Überzeugung, den Ziegensauger einer »von 20 außerirdischen Rassen« zuordnen zu können, die ihr Unwesen auf der Erde trieben. Mithilfe geheimer Regierungsprojekte würden sie versuchen, eine Art HIV-Virus zu züchten. Doch zu welchem Zweck? Keine Ahnung.

Es wird auch die These vertreten, der Ziegensauger verdanke seine Existenz einer Kreuzung, die in einem Geheimlabor im Dschungel von El Yunque auf Puerto Rico irgendwie aus dem Ruder gelaufen sei. Dieses Labor sei dann durch den Hurrikan Hugo am 18. Dezember 1990 zerstört worden, was zum Ausbruch des Chupacabras in die Freiheit geführt habe.

Im Zusammenhang mit der angeblich künstlich erschaffenen Kreatur fällt auch oft der Name von Dr. Tsian Kanchen, einem Forscher, der in Russland Pflanzen und Tiere mithilfe ominöser »biogenetischer Felder« und nebulöser Hochfrequenztechniken genetisch kombiniert haben soll. Und wenn schon die Russen über solche Technologien verfügten, so die Anhänger dieser These, dann die Amerikaner doch bestimmt auch. Und die hätten dann eben in ihrem Geheimlabor auf Puerto Rico den Ziegensauger hervorgebracht.

Mal angenommen, eine solche Züchtung würde tatsächlich vorliegen. Wie erklärt sich dann der Umstand, dass die Kreatur auch in den USA und in Mexiko ihr Unwesen treiben soll? Sie müsste von Puerto Rico aus übers Meer gekommen sein. Auch kannte man dort ja, wie schon erwähnt, bereits vor Hurrikan Hugo eine Nutzvieh metzelnde Kreatur, den sogenannten Moca-Vampir.

Und die unheimlichen Tierverstümmlungen in den USA, die allerdings meistens mit UFOs und nur selten mit dem Chupacabras in Verbindung gebracht werden, sind spätestens seit den 70ern des letzten Jahrhunderts bekannt. Vielleicht treffen dann schon eher Spekulationen zu, wonach es sich um einen überlebenden Saurier handelt …

Seit Längerem hat es der Chupacabras übrigens, wenn es ihn denn geben sollte, bis nach Nicaragua geschafft. Denn von dort erreichte uns schon vor rund zehn Jahren eine ganz außergewöhnliche Geschichte. Eine geradezu gruselige Geschichte.

In *BILD* wurde am 1. September 2000 unter der Überschrift »Chupacabras – sie saugen Blut wie Vampire« gemeldet, ein Farmer habe einen Ziegensauger erschossen. Der Kadaver, in etwa von der Größe eines Hundes, sei anschließend von einem Zoologen untersucht worden.

Hinter dieser kleinen Notiz verbirgt sich ein ganzer Krimi.

Im nicaraguanischen Leon fielen dem Ziegensauger innerhalb von sechs Wochen 120 Schafe zum Opfer, was einige kleine Landwirte an den Rand des Ruins brachte. Am 25. August 2000 schlug der Chupacabras dann erneut zu. Der Bauer Jorge Luis Talavera war auf der Suche nach seinen Schafen, als er die Bestie plötzlich entdeckte. Blitzschnell nahm er seine Flinte und gab mehrere Schüsse ab. Dann verschwand die Kreatur.

Drei Tage später beobachtete Talaveras Nachtwächter Jaira Garcia in der Nähe der Farm kreisende Vögel, was er als Zeichen dafür nahm, dass dort irgendwo ein Tierkadaver lag. Talavera, der dachte, es müsse sich um eines seiner vermissten Schafe handeln, machte sich auf den Weg. Doch was er letztlich fand, war, wie er angab, der Leichnam jenes Chupacabras, den er drei Tage zuvor angeschossen hatte.

Der Kadaver wurde der Biologin Giocconda Chavez zur Untersuchung übergeben, die sich anschließend dahingehend äußerte, dass das Wesen sehr lange Nägel über den Klauen gehabt hätte, gewaltige Fangzähne, einen stacheligen Rücken und überproportional große Augenhöhlen – alles Merkmale, die dem Chupacabras zugeschrieben wurden.

Die Überreste der sonderbaren Kreatur wurden danach ins forensische Labor der Universität Nacional Autonoma de Nicaragua in Leon gebracht. Dort fiel Dr. Petrarias

Davilla und seinem Team als Erstes auf, dass der Kadaver gar nicht vollständig erhalten war. Um dennoch eine exakte Bestimmung vornehmen zu können, wurde er zur Universität von Nicaragua geschickt. Dort sollte eine DNA-Untersuchung Aufschluss darüber geben, um welche Spezies es sich handelte. Zwei Tage später stand das Ergebnis fest: Es handelte sich um einen Hund. Allerdings räumten die Experten auch ein: »Wir brauchen mehr Zeit, um dies genau festzustellen.«

Wie denn? Waren sie etwa nicht in der Lage, einen Hund von einem vermeintlichen Ziegensauger zu unterscheiden?

Talavera, der das Wesen erlegt hatte, ist der festen Überzeugung, dass der Kadaver an der Universität von Nicaragua ausgetauscht wurde. Er selber hatte – zum Beweis und als Souvenir – die Vorderbeine der Kreatur behalten. Die Forscher der Universität von Nicaragua aber sprachen von einem kompletten Kadaver.

Ungereimtheiten dieser Art gab es weitere: So hatte Talavera etwa im Maul des von ihm erlegten Tieres 22 Zähne gezählt, die Vertreter der Universität sprachen dagegen von 40 Hauern. Auch was die Farbe der Knochen betraf, schien Uneinigkeit zu bestehen. Und als Talavera auf die Rückgabe des Leichnams bestand, wurde sie ihm verweigert. Plötzlich waren seitens der Universität alle Vorbehalte vergessen. Es habe sich um einen ganz normalen Hund gehandelt. Punkt.

Neuere Erkenntnisse könnten Aufklärung bringen. Nur gibt es leider keine. Deshalb sollte man auch diesen Fall mit größter Vorsicht genießen – trotz all der schlechten Fotos des Kadavers, die im Web kursieren.

Anhänger von Verschwörungsthesen aller Art bringen Vorkommnisse wie die beschriebenen natürlich gern mit Machenschaften und Vertuschungsversuchen in allerhöchsten Kreisen in Verbindung. So wird auch von zwei Chupacabras gemunkelt, die angeblich unlängst in Puerto Rico gefangen wurden. In aller Stille wären die Viecher in die USA verschleppt worden, um sie dort dann in irgendeinem Geheimlabor verschwinden zu lassen. Und die Tatsache, dass dies von öffentlichen Stellen dementiert wird, ist dann Beweis genug …

Was geht da allerdings (vornehmlich) in Lateinamerika wirklich vor? Handelt es sich beim Chupacabras um ein unheimliches UFO-Subphänomen oder eher um eine Erscheinung, die in das Fachgebiet der Kryptozoologie fällt? Oder ist das alles blanker Unsinn? Sind es irrwitzig hochgepuschte Vorfälle, deren Verursacher einfach wilde Hunde sind? Oder haben wir es vielleicht mit einem Wandermärchen der abergläubischen hispanischen Bevölkerung zu tun?

Die Geschichten verbreiten sich zumeist im Internet. Quellen fehlen oft, und willkürliche Ausschmückungen lassen sich schwer unterbinden.

Für mich scheinen sich hier Halbwahrheiten, Gerüchte, Aberglauben, Hysterie und Fehldeutungen zu einem modernen Mythos zu verdichten. Einem Mythos, der – Internetmeldungen (!) im Frühjahr 2006 zufolge – nun auch weit ab von Amerika kursiert, in Russland nämlich. Doch seriös dokumentierte Berichte existieren bis heute auch von dort nicht.

Damit handelt es sich vermutlich in den Worten des erfahrenen Kryptozoologen Michael Schneider, der den Ziegensauger-Gerüchten 2005 in Mittelamerika auf die Spur ging, um »ein Medienphänomen, welches zu einer wahren Massenhysterie heranwuchs«. In seiner aufschlussreichen Analyse »*El Chupacabras*« – *Geburt eines Mythos* schreibt er weiter:

»Den Rest des Mythos haben wir den modernen Medien, dem Internet und einer Unmenge an Fake-Fotos zu verdanken, welche von Witzbolden erstellt und verbreitet wurden.«

23

SELTSAME »ALIENLEICHEN« UND EIN BISSCHEN »AKTE X«

Am 1. Oktober 2002 fand der damals zehnjährige Armando Eniquez am Ufer eines Bergsees bei Los Galindos in Chile eine etwa zehn Zentimeter große humanoide Gestalt mit einem ausladenden Hinterkopf und rosaroter Haut (siehe Bildteil). Als Armando das Wesen fand, soll es noch gelebt und sich sehr warm angefühlt haben.

Der Junge nahm seine Entdeckung mit nach Hause und versteckte sie in einem Karton. Eine Zeit lang soll das merkwürdige Wesen noch hin und wieder die Augen geöffnet haben, doch nach ungefähr einer Woche schloss es sie für immer. Und erst dann brachte Armando den Mut auf, es seinen Eltern zu zeigen. Inzwischen wirkte die kleine Gestalt wie mumifiziert. Auch schien es so, als sei ihr Körper irgendwie verbrannt.

Am 21. Oktober 2002 wurde die sonderbare Entdeckung dem Mega News Service und dem Journalisten Rodrigo Ugarte gemeldet, der die Geschichte landesweit verbreitete. Der Fund machte Schlagzeilen und das ganze Land diskutierte angeregt über den »Alien«.

Ärzte und Biologen der Universität von Chile, denen die Leiche vorgelegt wurde, schlossen definitiv aus, dass es sich um den Fötus irgendeines Tieres handeln könne.

Dann traten die UFOlogen auf den Plan und versuchten ihrerseits, die Entdeckung irgendwie einzuordnen. Handelte es sich dabei vielleicht um eine Alien-Leiche? Um den schon so lange herbeigesehnten Beweis für die Existenz von Außerirdischen?

Oder war das alles purer Mumpitz?

Am 26. Oktober meldete das Institute of Hispanic UFOlogy, Professor Arturo Mann, Veterinärmediziner der Universität von Santo Tomás, wolle das Wesen als neugeborenes Baby der kleinen Bergaffenart »Marsupial« identifiziert haben.

Im Rahmen der Ausstellung »Unsolved Mysteries« wurde der seltsame Zwerg unter anderem auch in Berlin gezeigt. Klaus Dona, einer ihrer Initiatoren, berichtete bei dieser Gelegenheit dem Prä-Astronautik-Forscher André Kramer gegenüber, dass ein Experte für Anatomie das Wesen nicht für eine Fälschung hält. »Weiterhin sagte dieser, er vermute, dass es sich um ein zweijähriges Individuum handle«, so Kramer im Juni 2010 zu mir.

Wie mir Reinhard Habeck, ein weiterer Mitinitiator der Mystery-Wanderausstellung, Anfang Mai 2010 mitteilte, befindet sich das Fundstück des kleinen Armando Eniquez heute im Besitz eines gewissen Ramon de Navia in Barcelona und die Untersuchungen seien noch nicht abgeschlossen. Dona schrieb mir am 11. Mai 2010:

»Wir haben diesbezüglich noch keine Beweise. Untersuchungen hat es schon einige gegeben, aber du wirst verstehen, dass wir mit einer Veröffentlichung warten, bis das Ganze ein Bild ergibt und wir wirkliche Tatsachen belegen können.«

Das Thema bleibt also spannend.

In den Grenzwissenschaften kommen seit Jahrzehnten immer mal wieder Gerüchte über den Fund angeblicher Leichen von Außerirdischen auf.

So zum Beispiel eine kleine Gestalt, die in Puerto Rico gefunden wurde – angeblich von einem Mann erschlagen. Oder das sogenannte Cliff Dwelling Baby, das im Million Dollar Museum in White's City, New Mexico ausgestellt wird und in Deutschland vor allem durch RTL (*Extra*, 30. Juni 1997) bekannt wurde. Dabei handelt es sich jedoch nur um einen mumifizierten menschlichen Fötus indianischer Herkunft.

Auch in Deutschland wird, so der Autor Hartwig Hausdorf, ein angebliches »Alienwesen« ausgestellt, und zwar der »Hühnermensch« aus dem Jahre 1735 im Waldenburger Heimatmuseum und Naturkabinett (siehe Bildteil). Eine DNA-Untersuchung, die 1997 in Chemnitz durchgeführt und 1999 von Dr. Dietmar Müller publiziert wurde, hat jedoch ergeben, dass es sich dabei um die Leiche eines Menschenbabys mit einem Gendefekt handelt.

Merkwürdig aber ist die Ralph (manchmal auch Ralf) genannte Kreatur, die Frank D. Pryor bei der Jagd in den Wäldern Oklahomas fand und die »erbärmlich gestunken« haben soll. In den Vereinigten Staaten sah man sich an 14 Universitäten beziehungsweise Instituten nicht in der Lage, den Kadaver zufriedenstellend zu analysieren, nicht einmal mithilfe von Computertomografien und DNA-Analysen.

Klaus Dona brachte das tote Geschöpf 2002 nach Europa. Aber weder in Österreich noch an der Universität Göttingen ergaben Untersuchungen irgendwelche verwertbaren Resultate. Ralphs Gencode ließ sich partout nicht knacken. Offenbar sind darin – darauf hatten auch die Analysen, die in den USA durchgeführt wurden, bereits hingewiesen – Genmaterialien verschiedener Lebewesen vereint.

Ralphs wahre Natur gibt also immer noch Rätsel auf. Wenn, ja wenn, es sich nicht doch nur um einen Schafskadaver handeln sollte: Im Sommer und Herbst 2005 diskutierten die User des Internetforums *alien.de* über Ralph und verglichen den Schädel mit denen bekannter Tierarten. Tatsächlich zeigte sich, dass eine Ähnlichkeit zu einem Schafschädel besteht (siehe Bildteil). Doch warum hätten die früheren Analysen das Rätsel nicht lösen können, wenn es sich doch nur um ein Schaf gehandelt hätte?

Ein sonderbarer Vorfall soll sich 1996 in der Nähe von Kystym im Ural ereignet haben. Auch hier entdeckte man ein fremdartiges Wesen – und zwar noch lebend, wie die Georgische UFO-Vereinigung (GUFOA) damals bekanntgab.

Am 3. Juni 1996 fand eine Frau namens Prosvirina Tamara Nikolajevna die nur 60 Zentimeter kleine Gestalt eines ausgesetzten Babys, wie sie meinte, das dem Hungertod nahe war. Sie entschloss sich, das »Kind« mit nach Hause zu nehmen.

Zwei Wochen später erkrankte Nikolajevna und musste sich zur stationären Behandlung in ein Hospital begeben. Voller Sorge bat sie das Pflegepersonal wiederholt, man möge sich doch bitte um das kleine Wesen kümmern, das bei ihr zu Hause ganz allein sei. Doch sie stieß auf taube Ohren und landete wenig später sogar in der psychiatrischen Abteilung des Krankenhauses. Doch auch dort bestand sie noch darauf, dass sich jemand ihres »Findelkindes« annahm.

Am 13. August 1996 wurde die örtliche Polizei eingeschaltet, die der Sache nachgehen sollte. Und tatsächlich: Im Hause der Nikolajevna stießen die Beamten auf ein seltsames Wesen, das kürzlich verstorben war. In embryonaler Haltung lag es da und war nur noch wenig mehr als 20 Zentimeter groß.

Übrigens: Die gesamte Fundsituation wurde gefilmt. Und nach der Freigabe des Materials durch die Polizei strahlte das georgische Fernsehen das Video aus. Es war jedoch von denkbar schlechter Qualität.

Nach einer ersten Begutachtung im Beisein eines Vertreters des Innenministeriums wurde der Leichnam in die Städtischen Kliniken von Kystym überstellt und unter anderem auf Radioaktivität untersucht. Das Ergebnis war jedoch negativ.

Eine Ärztin des Krankenhauses, Dr. Romonava Stepanova Liubov, sagte später in einem Fernsehinterview, sie könne sich die mumifizierte Leiche nicht erklären. Sie ähnele zwar einem Baby, eindeutig aber keinem menschlichen. Dr. Liubov weiter:

»Ich habe lange genug als Ärztin gearbeitet und kann Ihnen mit Sicherheit sagen, dass dieses Wesen kein Fötus ist. Ob es außerirdisch ist, muss offenbleiben. Aber dieses seltsame Wesen hat nicht die biologische Struktur eines menschlichen Fötus.«

Doch wie bei derartigen Funden so oft der Fall: Heute ist die Mumie wie vom Erdboden verschluckt. Nachdem sie ins Labor des Innenministeriums in Moskau überführt wurde, sei sie dort »verschwunden«, heißt es. Der russische Inlandsgeheimdienst FSB, die Nachfolgeorganisation des KGB, habe das Wesen seinerzeit beschlagnahmt. Aber wieso eigentlich? Steckte vielleicht mehr dahinter? War das »Findelkind« der Prosvirina Tamara Nikolajevna womöglich nicht von dieser Welt? Es klingt wie in »Akte X« …

Das offizielle Video der Polizei liegt vor. Was es aber wirklich zeigt, ist angesichts seiner miserablen Qualität schwer zu sagen. Vor fast zehn Jahren schon habe ich 22 Bilder aus dem Film mehreren Medizinern und Gynäkologen vorgelegt. Keiner von ihnen konnte sich erklären, was auf diesen Aufnahmen zu sehen ist. Ein Alien, wie die Freunde unbekannter Flugobjekte meinen? Oder doch eher ein Menschenkind, das möglicherweise unter einem Gendefekt litt?

24

LIEBLING DER MEDIEN:
DER ALIEN VON METEPEC

BILD war natürlich nicht dabei, als auf einer Farm im mexikanischen Metepec der Alien in die Rattenfalle tappte. Allein schon deshalb nicht, weil das rätselhafte Wesen zu diesem Zeitpunkt bereits knapp zwei Jahre tot war – aus Angst ertränkt von Marao Lopez, dem Betreiber des Hofes.

Allerdings kommt der *BILD*-Zeitung das zweifelhafte Verdienst zu, die Story für den deutschsprachigen Raum aus der Mottenkiste vermeintlicher Sensationen hervorgekramt zu haben. Denn am 24. August 2009 titelte das Blatt: »Rätsel in Mexiko: Alien-Baby in Tierfalle gefangen? Es lebte noch.«

Nicht nur in der Printausgabe, sondern auch online wurde eine nur etwa zehn Zentimeter große seltsame Kreatur präsentiert, die ansonsten allen Vorstellungen entsprach, die man so von einem Außerirdischen hat. Nur eben ein bisschen kleiner (siehe Bildteil). Verbunden mit der Frage »Ist dieses Wesen aus einer anderen Welt zu uns gekommen?«

Dabei berief sich *BILD* auf den mexikanischen UFOlogen und Star-Moderator Jaime Maussan, der immer wieder sonntags eine Sendung über unerklärliche Phänomene präsentiert und offenbar keinen Zweifel an der Authentizität des Aliens erkennen ließ. Weiter war zu erfahren, dass das infrage stehende Wesen sehr klein gewesen sei und bitterlich geschrien habe, nachdem die Rattenfalle zugeschnappt war. Auch müsse es sehr intelligent gewesen sein – worauf wohl der im Vergleich zum Körper große Kopf hinweisen sollte, in dem viel Platz für viel Gehirn war. Wissenschaftliche Tests, die angeblich seit Sommer 2007 an dem Kadaver durchgeführt wurden, hätten ergeben, dass kein solches Lebewesen bekannt sei. Andererseits bezeugten Bauern aus der Gegend um Metepec, sie hätten ein zweites seiner Art gesehen.

Ein Alien-Baby – was denn sonst! Diese Meinung äußerte zum Beispiel Augustin E. Martinez, ein Mitarbeiter der Farm, auf der der kleine Kerl gefunden wurde, in einem Interview, das für *MonsterQuest* auf dem History Channel mit ihm geführt wurde.

In dieser Sendung kamen auch Wissenschaftler zu Wort, die über die Anatomie des Wesens rätselten und davon sprachen, dass Gen-Tests keine brauchbaren Resultate ergeben hätten.

Und *BILD*? Ließ sich die Gelegenheit, ein weiteres Mal mit der Metepec-Story Auflage zu machen, nicht durch die Lappen gehen. Am 25. August – einen Tag nach der Erstmeldung – schlagzeilte es im Blätterwald: »Mann, der das mysteriöse Wesen tötete, verbrannte im Auto. War es die Rache der Aliens?« Marao Lopez sei, wie es hieß, einige Monate nach dem Zwischenfall mit der Rattenfalle auf »geheimnisvolle Weise« ums Leben gekommen. Von einer

»unbekannten Spezialwaffe« der Aliens war da die Rede – und Jaime Maussan soll von einem Mord durch Außerirdische gesprochen haben.

Das Thema schien sich zu bewähren – es wurde nicht nur von anderen Presseorganen und privaten Fernsehanstalten schnell aufgegriffen, sondern stand offenbar auch in der Gunst des Publikums ganz weit oben, vor allem im Internet –, also legte *BILD* am folgenden Tag noch einmal nach. Jetzt war von Genproben die Rede, die dem fremdartigen Wesen angeblich entnommen wurden. Sie seien, so wurde Maussan zitiert, »zu verwest, um schlüssige DNA zu liefern«. Wenige Zeilen darunter allerdings war zu lesen, die Tests seien gescheitert, »da diese DNA nicht bekannt ist«. Was ja nun eigentlich ein nicht zu übersehender Widerspruch ist. Auf den zum Beispiel der umstrittene UFOloge Roland Gerhard in seinem Blog hinwies. Außerdem schrieb er:

»Und wo sind die aussagekräftigen Analysen, von denen immer nur gesprochen wird, die aber keiner vorlegt? Nach welchen Methoden wurde gearbeitet? Wo sind die Statements der Labore? Fragen, die sich jeder Journalist eigentlich stellen sollte. Tun die aber nicht, weil die ja die Story kaputt machen könnten.«

Auf die Debatten, die der Fall des »Metepec-Aliens« im Internet auslöste, komme ich später noch einmal zurück. Hier jedoch erst einmal der weitere Verlauf der Berichterstattung in der *BILD*-Gruppe.

Denn nach der Tageszeitung trat nun auch das Schwesterblatt *Bild am Sonntag* auf den Plan. Die Redaktion schickte ihren Reporter Michael Remke nach Mexiko, der am 30. August 2009 berichtete, Maussan habe die vermeintliche Alien-Leiche bereits Ende 2008 käuflich erworben. Die Witwe Lopez hätte sie ihm gern überlassen – für nicht einmal 10 000 Dollar.

Dass ihr Mann ermordet wurde, glaube Maussan, so Remke, immer noch. Als Täter vermute er allerdings nicht (mehr) Aliens, sondern … die Mafia.

Und während sich der UFOloge und Moderator überzeugt zeigte, die sterblichen Überreste eines Außerirdischen in seinem Besitz zu haben, äußerte der Chef des Radiologischen Institutes in Mexico City dem *BamS*-Reporter gegenüber, es handele sich wohl um eine bislang unbekannte Tierart. In absehbarer Zeit werde es bestimmt zu gesicherten Untersuchungsergebnissen kommen …

Es ist schon unglaublich, welche Wellen eine Pressemeldung schlagen kann, selbst wenn sie ein Ereignis aufgreift, das bereits zwei Jahre zurückliegt. Viele der anderen Boulevard-Medien zogen nach und der Film über die Metepec-Mumie, die *Bild online* ins Netz stellte, wurde innerhalb von nur einer Woche 800 000-mal angeklickt.

Natürlich reagierten auch UFO-Interessierte sofort. Bereits am 24. August, also an dem Tag, an dem der erste Bericht in *BILD* erschien, wurde auf dem Blog der sehr kritischen UFO-Meldestelle Stellung bezogen. Maussan sei ein notorischer Schwätzer, hieß es dort im Blog. Und überhaupt … der Kadaver erinnere doch sehr an einen kleinen Affen …

Am 31. August 2008 legte *BILD* erneut nach und fragte sich, ob das Wesen aus Mexiko einen Bruder habe, der mitten unter uns lebt. Angeblich, so wird ein Francisco Garcia aus Mexiko zitiert, habe dieser ein 70 Zentimeter großes Wesen dieser Art lebend wegrennen gesehen. Der *BILD*-Alien ist indes nur geschätzte zehn Zentimeter klein. Auch spekulierte die Zeitung, die Kreaturen könnten etwas mit der Schweinegrippe zu tun haben. Dazu schreibt der UFO-loge Roland Gerhard auf seinem ufo-meldestelle.blog.de noch am selben Tag entsetzt:

»Eins ist jedoch sicher! Wer derart gewissenlos mit den Ängsten der Menschen spielt, handelt verantwortungslos und hat im Falle eines Journalisten seinen Beruf verfehlt.«

Dessen ungeachtet kam es im Internet zu heftigen Debatten über die Natur des vermeintlichen Alien-Babys. Während die einen glaubten, es könne sich tatsächlich um einen Außerirdischen gehandelt haben, sprachen andere von einem »Chupacabra« (Ziegensauger), einem legendären Vieh, das in das Gebiet der Kryptozoologie fällt und von dem es in Mittelamerika heißt, es sauge Tieren das Blut aus dem Leib. Von Gen-Experimenten war die Rede, gar von solchen, die unter der Mitwirkung von Außerirdischen durchgeführt wurden. Doch wiederholt wurde auch die These vertreten, es sei ein totes, enthäutetes Äffchen gewesen, das den ganzen Wirbel verursacht habe.

Denn für einen Außerirdischen wäre die Kreatur mit ihren zehn Zentimetern Körpermaß dann doch ein bisschen arg klein! Und für so dämlich, dass sie in simple Rattenfallen tappten, dürfe man Aliens auch nicht halten …

Im Diskussionsforum von alien.de schrieb der Prä-Astronautik-Forscher André Kramer am 25. August, es müsse sich wohl eher um ein Tier handeln, als:

»…dass das ein Vertreter einer uns seit Jahrtausenden beobachtenden hoch zivilisierten außerirdischen Kultur ist, der nackt durch den Wald gelaufen ist und so dumm war, in 'ne billige Tierfalle zu latschen, und der sich trotz seiner überlegenen Intelligenz nicht aus dieser befreien konnte.«

Und später:

»Diese ganzen Sensationsnachrichten über Alienfunde entpuppen sich doch meistens so, man denke an den Indianerfötus im Million Dollar Museum oder den erbkranken Hühnermenschen. Erst wird Sensation geschrien, dann kommt die Ernüchterung und dann kommen die Unverbesserlichen, die ihren Lesern erzählen, es gäbe nichts Neues zu dem Fall, das wäre immer noch rätselhaft, dabei aber die aktuellen Untersuchungen verschweigen.«

Kramer stellte auch Bilder von Affen ins Netz, die deutliche Ähnlichkeiten mit dem heiß diskutierten Alien von Metepec aufwiesen. Der Kommentar eines Users mit dem Nickname Pertti: »Sieht aus wie ein Affe, ist so groß wie ein Affe, tappt in 'ne Falle wie ein Affe …«

Bereits einen Tag zuvor hatte der Einzelhandelskaufmann Werner Walter im Internet geschrieben, dass das Alien-Wesen von Mexiko wohl ein Affe sei. Walter berief sich dabei auch auf den Anwalt Jens Lorek, der jedoch selbst von sich sagt »Ich bin zwar kein Zoologe …« und auch nur das Internetvideo von der Kreatur kannte. Auch gab Walter ein Interview für RTL, bei dem er sich »das Lachen eh zig mal verkneifen« musste, und bezeichnete am 31. August die ganze Sache als »ultimativen Medien-Unfug«.

Seriös hingegen wurde die Story auf Grenzwissenschaft-aktuell.de von Andreas Müller am 26. August betrachtet. Dort versuchte man in dem Beitrag »Kontroverse um angebliche Alien-Mumie« die wenigen, unsicheren Fakten zusammenzutragen. Ein abschließendes Urteil konnte der Leser dort allerdings nicht erfahren.

Die Debatte ging noch eine Weile weiter (im Quellenverzeichnis zu diesem Kapitel sind die Fundstellen der wichtigsten Stimmen aufgeführt). Doch immer mehr setzte sich die Meinung durch, es habe sich tatsächlich um einen Affen gehandelt. Und diese Vermutung wurde auch von Zoologen zunehmend bestätigt.

Andere User ließen nicht von der Alien-These ab. Auch nicht, als *Focus online* am 1. September 2009 die Sache aufnahm und das Wesen als Schwindel deutete. Die Autorin Eva Kuck bezog sich dabei auf den Zoologen Professor Gerhard Haszprunar von der Ludwig-Maximilian-Univer-

sität München und Generaldirektor der Staatlichen Natur-
wissenschaftlichen Sammlung Bayerns.

»Ich halte das für Schwindel«, sagte der Professor und
beklagte gleichzeitig (wie auch die UFO-Fans) die mangel-
haften Informationen zu der Story. »Meiner Meinung nach
handelt es sich mit großer Wahrscheinlichkeit um ein jun-
ges Affenbaby, dem das Fell abgezogen wurde«, resümierte
der Zoologe. Auch der große Kopf der Kreatur erkläre sich
so, dass Affen-Babys wie auch die von Menschen im Ver-
hältnis zum Körper sehr große Köpfe haben.

24

DER BUNDESTAG UND DIE AUSSERIRDISCHEN

Man denkt ja immer, unsere Politiker würden sich nur für das aktuelle Tagesgeschehen interessieren. Doch es gibt auch Ausnahmen. Den ehemaligen Abgeordneten von Bündnis Neunzig/Die Grünen Peter Hettlich zum Beispiel, der im Juni 2009 eine Anfrage zur »Haltung der Bundesregierung zur Existenz intelligenter extraterrestrischer Lebewesen« an den Deutschen Bundestag richtete. Darin wollte er wissen:

»Wie hoch schätzt die Bundesregierung die Wahrscheinlichkeit der Existenz intelligenter extraterrestrischer Lebewesen ein, und für wie hoch hält sie die Wahrscheinlichkeit, dass Außerirdische auf dem Territorium der Bundesrepublik Deutschland landen?«

Klare Frage. Und auch die Antwort, die Jochen Homann, Staatssekretär im Bundesministerium für Wirtschaft und Technologie, Hettlich am 22. Juni 2009 erteilt, lässt an Deutlichkeit nichts zu wünschen übrig:

»Der Bundesregierung liegen keine Erkenntnisse vor, die eine zuverlässige Einschätzung der Wahrscheinlichkeit extraterrestrischen Lebens erlauben würden.«

Die Bundesregierung weiß also nicht, ob es intelligentes Leben im All gibt. Nun, damit steht sie nicht allein – obwohl viele ernst zu nehmende Wissenschaftler die Existenz von Außerirdischen schon lange nicht mehr ausschließen.

Homann weiter:

»Eine Landung Außerirdischer auf dem Territorium der Bundesrepublik Deutschland hält die Bundesregierung nach heutigem wissenschaftlichem Kenntnisstand für ausgeschlossen.«

Ausgeschlossen? Da würde aber jeder UFOloge, der etwas auf sich hält, heftig widersprechen.

Ob es denn in Deutschland – hatte Hettlich auch noch wissen wollen –, Pläne, Leitlinien, Bestimmungen oder Verhaltensvorschriften für den Fall einer Landung von und Kontaktaufnahme durch Außerirdische gebe. Und ihm wurde beschieden: »Aufgrund der Antwort zur (vorherigen) Frage ... erübrigt sich eine Beantwortung.«

Dito auf Hettliches Frage, in wessen Zuständigkeitsbereich ein solches Ereignis denn fallen würde.

Die Bundesregierung weiß also nichts und zuständig ist auch keiner. Aber vielleicht hat sich dies ja seit dem Amtsantritt der schwarz-gelben Regierungskoalition geändert! Da müsste sich eigentlich bald mal wieder ein Abgeordneter finden, der dieselbe Anfrage noch einmal einbringt ...

Hettlich jedoch, um auf ihn noch einmal zurückzukommen, dürften die Antworten, die ihm erteilt wurden, nicht überrascht haben. Denn ähnliche Auskünfte hatte er zwei Wochen zuvor auch schon von Staatssekretärin Cornelia Quennet-Thielen erhalten. Von ihr hatte er erfahren wollen, welche Finanzmittel die Regierung seit 1990 für die Suche nach Intelligenzen im All bereitgestellt habe, ob Deutschland in irgendeiner Weise an einer solchen Suche beteiligt sei. Und natürlich interessierte ihn auch zu diesem Zeitpunkt schon, »wie hoch die Bundesregierung die Wahrscheinlichkeit der Existenz intelligenter extraterrestrischer Lebewesen einschätzt«.

Die Antwort von Frau Quennet-Thielen am 5. Juni 2009 lautete, man suche nicht nach Außerirdischen. Und die Frage nach der Wahrscheinlichkeit wurde gar nicht erst einer Reaktion für wert befunden.

Kein halbwegs klar denkender Wissenschaftler, der die Kosmologie in irgendeiner Form als sein Gebiet bezeichnet, kann heute ausschließen, dass es außerirdische Zivilisationen gibt – Fakt 1. Zahlreiche UFOlogen sind überzeugt, dass ihre Forschungen in den letzten Jahrzehnten nur den einen Schluss zulassen: dass sowohl außerirdische Intelligenzen als auch deren fliegende Untertassen existieren – und dass diese eben von Zeit zu Zeit immer mal wieder auf der Erde landen. Fakt 2 aber ist: Dafür existieren wohl keine eindeutigen Beweise. Ein ewiger Streit zwischen Schul- und Grenzwissenschaften …

Was aber würde geschehen, falls tatsächlich ein UFO landen würde? Vielleicht sogar vor dem Reichstag in Berlin, vor Hunderten oder Tausenden von Zeugen? Diesmal wäre der Beweis erbracht: Wir sind nicht allein! Aber wie würden die Menschen auf so ein Ereignis reagieren? Auf ein Ereignis, auf das die Regierung, wie sie selbst sagt, in keiner Weise vorbereitet wäre, geschweige denn reagieren könnte?

Spinnen wir das gedankliche Szenario weiter: Da steht es nun, das UFO, glitzernd und funkelnd auf dem Rasen. Schnell wird alles von der Polizei abgesperrt. So ähnlich wie in dem berühmten Science-Fiction-Film *Der Tag, an dem die Erde stillstand* von 1951. Schaulustige eilen in Scharen herbei, selbsternannte Untergangspropheten fabulieren was vom Ende der Welt oder einer Invasion der Aliens, weil sie zu viel »Independence Day« gesehen haben. Esoteriker und die tatsächlich in Deutschland existierenden UFO-Sekten preisen das Ereignis als die Ankunft der neuen Heilsbringer.

Gleich ob die Fremden aus dem All friedlich oder feindlich gesinnt wären: Die Wahrscheinlichkeit, dass es zu Paniken und Massenhysterien kommen würde, ist hoch. Auch (Massen-)Selbstmorde sind durchaus vorstellbar. Ebenso, dass es zu einer Massenflucht aus Berlin heraus kommen würde. Von Plünderungen und bürgerkriegsähnlichen Zuständen mit vielen Toten ganz zu schweigen. Und alles nur, weil auf dem Rasen des Reichstages still und stolz eine fliegende Unterasse steht …

Das sind keine albernen Fantasien, sondern die wahrscheinliche Reaktion auf ein solches Ereignis. Wie eine Masse von Menschen in einer solchen Ausnahmesituationen reagiert, wird von der Wissenschaft seit Jahren erforscht. Und alle Ergebnisse sprechen dafür, dass die Mehrzahl der Betroffenen »den Kopf verlieren« wird. Und wenn die Landung eines UFOs, zum Beispiel in Berlin, keine solche Ausnahmesituation ist, was denn dann? Und obwohl es keine unzweideutigen Beweise für die Existenz von Aliens gibt, die eines Tages auf deutschem Territorium landen könnten, ist ein solcher Vorfall doch auch nicht mit hundertprozentiger Sicherheit auszuschließen.

Vorbereitet wäre unser Land darauf in keiner Weise, wenn man den Auskünften der 2009 amtierenden Regierung Glauben schenken darf.

Oder hat die Staatsführung insgeheim doch Vorkehrungen getroffen? Schließlich kommen immer wieder einmal Gerüchte auf, denen zufolge Deutschlands offizielle Stellen unter der Hand UFO-Meldungen auswerten, Akten dazu anlegen und das Phänomen erforschen.

Um dieser Frage nachzugehen, traf ich mich im Februar 2010 in Berlin mit dem UFO-Experten Marius Kettmann von der Wissenschaftsgruppe MUFON-CES (Mutual UFO Network – Central European Society). »Die Behörden in Deutschland sagen übereinstimmend aus, dass sie keine Akten über das UFO-Phänomen vorliegen haben«, bestätigte Kettmann. Weiter sagte er:

»Doch die Abwesenheit der Akten lässt nicht zwangsläufig darauf schließen, dass es in Deutschland keine Untersuchungen staatlicher und/oder militärischer Art gab. Um einen ausbalancierten Blick auf diese Thematik zu gewinnen, muss die geschichtliche Entwicklung Deutschlands nach dem Zweiten Weltkrieg beachtet werden. Durch die Anwesenheit von amerikanischen, britischen und französischen Truppen in der BRD lag die militärische Lufthoheit nicht allein in den Händen der Bundeswehr (vor deren Gründung 1955 sogar ausschließlich bei den Alliierten).«

In der Tat existieren in den CIA-Archiven UFO-Akten aus Deutschland. Doch diese sind zum Teil jahrzehntealt. Doch ist es auszuschließen, dass die Amerikaner bis heute noch geheime UFO-Forschungen in Deutschland durchführen? Die Air Force ist noch immer hier präsent. Oder, so wendete Kettmann kritisch im Gespräch ein, »dass es weiterhin keine Untersuchungen deutscher Behörden gab, weil spektakuläre und/oder als relevant angesehene Fälle fehlten«. Bisher jedenfalls gibt es offiziell überhaupt nichts in Sachen UFOs in Deutschland.

Peter Hettlich war nicht der Erste, der sich für die Haltung der Bundesregierung zur UFO-Frage interessierte. 2008 schon hatte der Abgeordnete Hartfrid Wolff (FDP) gefragt, wie viele UFOs seit dem Jahr 2000 in Deutschland aktenkundig geworden seien und ob, beziehungsweise wann, diese Akten freigegeben würden.

Von Staatssekretär Peter Altmaier erhielt Wolff am 12. Juni 2008 die Antwort:

»Der Bundesregierung liegen keine Erkenntnisse über Sichtungen sogenannter Ufos bzw. Außerirdischer in Deutschland vor. Demgemäß sind auch keine Akten über Ufo-Sichtungen vorhanden, die für eine Veröffentlichung in Betracht kämen.«

Im gleichen Jahr schlug der deutsche Exastronaut Ulrich Walter in einem Artikel in *Das Parlament*, der offiziellen Zeitung des Bundestages, in einer Stellungnahme in dieselbe Kerbe:

»Wir sind allein in unserer Milchstraße! Wir allein und sonst keiner.«

Fazit: Eine offizielle »UFO-Stelle« existiert nicht. Sowohl Bundeswehr als auch Bundestag erwiderten auf Anfragen, es gäbe keine Akten und Untersuchungen zum Thema. Gleichfalls gäbe es in den Schubladen keine Notfallpläne für eine (zugegebenermaßen sehr unwahrscheinliche) Landung Außerirdischer in Deutschland. Ob das allerdings die ganze Wahrheit ist, bezweifeln nicht nur paranoide Verschwörungstheoretiker …

26

»EIN ZERSTÖRTES AUSSERIRDISCHES RAUMSCHIFF« UND SELTSAME SIGNALE DER »ALIENS«?

In unserem Sonnensystem scheint es zu spuken. Da verschwinden plötzlich Raumsonden irgendwo im All oder Objekte ungeklärter Herkunft tauchen auf. Und das schon seit Langem.

Im Februar 1960 teilte das Verteidigungsministerium der Vereinigten Staaten mit, die Erde werde von einem etwa 15 Tonnen schweren, nicht identifizierbaren Objekt umkreist. Da zu diesem Zeitpunkt nur die Sowjetunion Satelliten im All hatte, die von den USA aber aufmerksam beobachtet wurden, sorgte diese Mitteilung unter den amerikanischen Forschern für große Verwirrung. Denn eines war klar: Um einen Sputnik konnte es sich bei dem fraglichen Objekt nicht handeln.

Sechs Jahre später, am 2. November 1966, kam es zu einer weiteren Überraschung, als die North Atlantic Air Defense (NORAD) drei »interaktive Satelliten« im Orbit ausmachte, deren Herkunft ebenfalls unbekannt war.

Am 20. August 1979 schließlich veröffentlichte die südafrikanische Tageszeitung *Rand Daily Mail* ein Interview mit dem sowjetischen Astrophysiker und Mathematiker Professor Sergej Petrovich Bozhich, das im selben Monat auch vom US-amerikanischen *National Enquirer* abgedruckt wurde. Das Gespräch führte der des Russischen mächtige amerikanische Journalist Henry Gris.

Professor Bozhich erklärte, seit Anbruch des Sputnik-Zeitalters habe die Sowjetunion den Erdorbit unter ständiger Radarkontrolle. Dabei seien immer wieder unbekannte künstliche Satelliten aufgefallen, die weder den eigenen Beständen entstammten noch den USA gehören konnten. Berechnungen der Flugbahnen hätten ergeben, dass alle diese Teile auf ein Objekt zurückgingen, das am 18. Dezember 1955 im Erdorbit explodiert war. Diesen ursprünglichen Hauptkörper hielten die Sowjets, so Bozhich, für ein »außerirdisches Raumschiff« mit einem errechneten Durchmesser von bis zu 80 Metern. Bozhich weiter:

»Meiner Meinung nach gibt es keinen Zweifel, dass ein zerstörtes außerirdisches Raumschiff um unsere Erde kreist, das Grab einer fremden Welt mit einer toten Mannschaft an Bord.«

»Es ist explodiert«, da schien sich der Russe sicher, vermutlich aufgrund irgendeiner »schwerwiegenden Panne«. Und seither umkreisen, wie er sagte, »zwei größere und acht kleinere Teile die Erde«. Bozhich vermutete, dass die USA heimlich die UFO-Teile und die Aliens im Orbit bergen wollten, »bevor die Bruchstücke zur Erde fallen und in der Atmosphäre verglühen«. Die außerirdische Besatzung des

UFOs hätte die Menschheit beobachten wollen, spekulierte der Professor im Interview. Henry Gris fragte seinen Gesprächspartner, ob er von dem, was er da vorbringe, allen Ernstes überzeugt sei. O ja, antwortete Bozhich, was könnte es denn sonst sein. Ein Asteroid mit Sicherheit nicht. »Wir haben geprüft und wieder geprüft« – es könne sich nur um ein UFO handeln.

Dessen Trümmer, so der Astrophysiker, hätten »die Bahnen unserer eigenen Satelliten […] leicht abgelenkt.« Was überhaupt der Grund dafür gewesen sei, dass man sich genauer damit befasst habe, »und jetzt kann es keinen Zweifel mehr geben, dass wir es mit Teilen eines außerirdischen Raumschiffes zu tun haben«.

Dr. Vladimir Georgeyevich Azhazha, der Kapitän des ersten Atom-U-Bootes, das den Nordpol unterquerte, bestätigte Gris gegenüber die Aussagen von Bozhich. Er habe »überhaupt keinen Zweifel, dass wir es mit Bruchstücken eines fremden Raumschiffes zu tun haben«.

Was das Datum jener Explosion im All betraf, kam der amerikanische Astronom John P. Bagby zu einem ähnlichen Ergebnis, wie aus seiner Studie *Terrestrial Satellites: Some direct and indirect evidence* hervorgeht. Auch er hatte die Flugbahnen der infrage stehenden Objekte berechnet, um ihren Ausgangspunkt zu bestimmen. In einem Artikel für die astronomische Fachzeitschrift *Icarus* bestätigte er (im Gegensatz zu einigen NASA-Wissenschaftlern, die diese Berechnungen anzweifelten), dass am 18. Dezember 1955 im Orbit tatsächlich »etwas« explodiert sein müsse. Von einem extraterrestrischen Raumschiff schien er jedoch nichts zu wissen – oder wissen zu wollen.

Unbekannte Satelliten, von denen inzwischen einige weitere nachgewiesen wurden, sind jedoch nicht das einzige rätselhafte Phänomen in unserem Sonnensystem. Auch unerklärliche Radiosignale werden immer wieder empfangen.

Am 1. März 1990 zum Beispiel gab der sowjetische Astronom Alexej Archipow bekannt, er sei einer »geheimnisvollen Radiostrahlung« auf die Spur gekommen. Den Ausgangspunkt der von ihm registrierten und als »typische Industriestrahlung« identifizierten Signale vermutet Archipow im Sternbild Adler (»Aquila«). Dort, in 16 Lichtjahren Entfernung von der Erde, liegt der unserer Sonne ähnliche, jedoch um einiges heißere Stern Atair (»α Aquilae«), in dessen Umgebung der sowjetische Astronom die Quelle der sonderbaren Radiosignale vermutete.

Die meines Wissens frühesten Erscheinungen dieser Art, die ebenfalls niemand so recht einordnen konnte, wurden im Dezember 1927 registriert, als die amerikanischen Astronomen A. H. Taylor und L. C. Young sonderbare Radiosignale wahrnahmen. Die Quelle des Echos des Ausgangssignals lag außerhalb der Erde. Die empfangenen Signale waren aber irdischen Ursprungs. Von irgendetwas oder irgendjemandem wurden die Signale im All reflektiert, wie Taylor und Young im Mai 1928 in *Proceedings of the Institute of Radio Engineers* (vol. 16) darlegten.

Der norwegische Mathematiker und Physiker Professor Carl Størmer (1874–1957) startete am 25. September 1928 zusammen mit seinem niederländischen Kollegen Dr. Balth (eigentlich Balthasar) van der Pol (1889–1959), seinerzeit Versuchsleiter bei Philips in Eindhoven, eine Versuchsreihe, um der Sache auf den Grund zu gehen. Alle 30 Sekunden sendeten die Mitarbeiter ihres Teams ein Radiosignal ins All, um herauszufinden, ob ein Echo zurückkäme. Und tatsächlich: Am 11. Oktober konnten sie die gleichen Signale wieder registrieren. Allerdings trafen die in gleichmäßigen Abständen gesendeten Ausgangsimpulse nun mit einer Verzögerung von einer bis 15 Sekunden wieder ein. Von ihren Ergebnissen berichteten die beiden Physiker Ende 1928 in dem angesehenen Wissenschaftsmagazin *Nature* und Størmer später auch in der deutschen Fachzeitschrift *Naturwissenschaften* (Nr. 33, 16. August 1929).

Als sich die Signale 1934, 1947, 1949 und 1970 wiederholten, wurde auch der britische Astronom Professor Duncan Alasdair Lunan auf das Phänomen aufmerksam. Der damalige Präsident der Scottish Association for Technology and Research unterzog die am 11. Oktober 1928 eingefangenen Signale einer genauen Untersuchung. Er übertrug sie auf ein sogenanntes »Sekundengitter« und staunte wohl nicht wenig, nachdem er die einzelnen Punkte im Gitter miteinander verbunden hatte: Die Verbindung ergab eine Art »Sternenkarte«, die das Sternsystem Epsilon Boötis zeigte.

Wiederholt überprüfte er seine Ergebnisse, bevor er sie 1973 unter dem Titel »Spaceprobe from Epsilon Bootes« im von der British Interplanetary Society herausgegebenen Magazin *Spaceflight* veröffentlichte. In diesem Artikel gab Lunan seiner Überzeugung Ausdruck, dass es sich hier tatsächlich um eine außerirdische Intelligenz handele, die die Signale aussende. In seinem 1974 erschienenen Buch *Man and the Stars* ging er noch einen Schritt weiter und stellte die These auf, seit annähernd 13 000 Jahren werde die Erde von einem Satelliten extraterrestrischer Herkunft umkreist. Aber: In einer kritischen Rezension, die im *Time Magazine* erschien, wurde der britische Radioastronom Sir Martin Ryle mit den Worten »Lunan liefert keine Beweise ...« zitiert.

Doch noch von weiteren unerklärlichen Erscheinungen im All ist zu berichten.

Der Ingenieur John Casani sprach von einem »großen galaktischen Phantom«, als 1976 die US-Mars-Sonde Viking 1 für einige Zeit unversehens ausfiel. Und tatsächlich ist es seit den Sechzigerjahren in einem bestimmten Sektor unseres Sonnensystems, der an sich relativ frei ist von Störfaktoren wie Meteoriten, Staubwolken oder besonderen Strahlungen, zum Ausfall von mindestens sieben Raumsonden gekommen. Vier davon konnten während der Durchquerung dieser Zone nicht mehr kontrolliert werden, sie trieben kommunikationslos durchs All, bis sie ihre Arbeit ganz normal wieder aufnahmen, nachdem sie diesen Raum passiert hatten. In drei anderen Fällen konnte die Verbindung zu den Sonden allerdings nicht wieder aufgenommen werden. Sie treiben heute als teurer Weltraumschrott durchs All.

27

UFO-CRASH VOR 12 000 JAHREN:
VOM TOD EINER LEGENDE

Der erste Artikel von mir, der je in einem Magazin über die Rätsel der Welt veröffentlicht wurde, erschien ursprünglich 1994 in einem grenzwissenschaftlichen Magazin aus der Schweiz und trug den Titel »Außerirdische Panne vor 12 000 Jahren?«

Dabei ging es um eine ausgesprochen spannende Geschichte, auf die ich durch Erich von Dänikens Buch *Zurück zu den Sternen* aufmerksam wurde. 1969 hatte der Autor die Vermutung geäußert, 10 000 Jahre vor unserer Zeitrechnung hätten in China Außerirdische mit ihrem UFO eine Bruchlandung hingelegt. Das Indiz: der Fund von nur 1,30 Meter großen menschenähnlichen Skeletten mit auffallend großen Schädeln, die an Aliens erinnerten, und vor allem seltsame »Grabbeigaben«.

Ein gewisser Professor Chi Pu-Tei soll sie 1937 oder 1938 in einer Höhle im Baian-Kara-Ula-Gebirge in der Grenzregion zu Tibet entdeckt haben. Noch bemerkenswerter als die Gebeine selbst waren allerdings die »Grabbeigaben«, die er angeblich auch fand: 716 steinerne tellerförmige

Objekte mit einem Loch in der Mitte. Die Scheiben, die irgendwie an urzeitliche Langspielplatten erinnerten, sollen einen Durchmesser von ungefähr 30 Zentimetern gehabt haben und zwei Zentimeter dick gewesen sein. Dem Vernehmen nach waren sie mit einer kreisförmig verlaufenden Inschrift versehen, die zunächst kein Mensch zu übersetzen vermochte.

1962 soll es einem fünfköpfigen Forscherteam unter der Leitung eines Professors von der Pekinger Akademie für Vorgeschichte, dessen Namen mit Tsum Um Nui angegeben wird, dann aber doch gelungen sein. Und die Schrift, die sie angeblich entzifferten, schien Überraschendes zu offenbaren – sprach sie doch vom Überlebenskampf einer kleinen Gruppe Außerirdischer, die vor 12 000 Jahren über dem Baian-Kara-Ula-Gebirge abgestürzt war.

In Moskau, wo die Teller später ebenfalls untersucht worden sein sollen, wurde ferner festgestellt, dass eine Art »magnetische Spur« auf den Steinscheiben zu finden ist. Könnten diese Scheiben Informationsspeicher einer außerirdischen Technologie sein?, wurde gemutmaßt.

Auch sollen chinesische Mythen aus der Fundregion von fremden Wesen aus dem Himmel zu berichten wissen, die in fliegenden Objekten durch den Himmel reisten. Auch diverse Höhlenbilder am Ort der Funde sollen Rückschlüsse auf Außerirdische in grauer Vorzeit liefern. Diese Gerüchte werden heute nahezu immer mit den angeblichen Funden der Steinteller und dessen Geschichte in Verbindung gebracht. Gesehen hat diese Höhlenzeichnungen aber wohl bisher niemand.

Erich von Däniken hatte von der Geschichte 1969 in

Moskau durch den Science-Fiction-Schriftsteller Alexander Kasanzew (1906–2002) erfahren, der ihm auch erzählte, dass es Professor Um Nui untersagt sei, die Erkenntnisse, die er über die Steinscheiben gewonnen hatte, zu publizieren. Allerdings beabsichtige Dr. Wjatscheslaw Saizew, ein russischer Philologe und Prä-Astronautik-Pionier, in der deutschsprachigen Sowjet-Zeitschrift *Sputnik* einen Artikel darüber zu veröffentlichen.

Über von Däniken fand die Geschichte vom vermeintlichen Sensationsfund im fernen China dann Eingang in die Phänomene-Literatur. Peter Krassa zum Beispiel befasste sich in einigen seiner China-Bücher intensiv damit.

Hartwig Hausdorf erklärte das »chinesische Roswell« 2008 sogar noch zum »Jahrhunderträtsel«. Und auch meine Wenigkeit hatte zunächst keine Zweifel an seiner Authentizität, wie aus meinem ersten Buch, *Göttliche Zeiten* (1996), hervorgeht, in dem ich das Thema wieder aufgriff.

2001 allerdings musste ich diese Ansicht revidieren und einräumen, »dass sich überproportional dazu auch erheblich Zweifel an der Story mehren. Weitere Forschung ist nötig.«

Und das konnte nach Lage der Dinge nur Rezeptionsforschung sein.

So hatte sich Erich von Däniken 1969 in seinem Buch auf Saizews *Sputnik*-Artikel »Raumschiff vor 12 000 Jahren« (Nr. 1/1968) berufen. Und Robert Charroux gab 1972 in *Die Meister der Welt* das belgische UFO-Magazin *BUFOI* als Quelle an.

Peter Krassa seinerseits bemühte sich schon sehr früh, vor Ort mehr über die Story zu erfahren. Bereits 1972 flog er deshalb nach China und ein Jahr später auch nach Moskau. 1982 erfuhr er, Professor Um Nui habe in Japan ein Buch über seine Arbeit und die rätselhaften Steinscheiben veröffentlicht. Allerdings soll er »als ein verbitterter Mann, von den Wissenschaftlern seiner chinesischen Heimat nicht anerkannt« schon 1965 gestorben sein.

In *Ancient Skies* (Nr. VI/1983) veröffentlichte Krassa Polaroidfotos von Steinscheiben, die der österreichische Ingenieur Ernst Wegerer 1974 im Banpo Museum von Xian gemacht und ihm übergeben hatte. Klare Auskünfte über Geschichte und Herkunft der Objekte waren Wegerer jedoch nicht erteilt worden. Es handele sich um »Kultobjekte«, hatte man ihm gesagt. Weitere Informationen wurden ihm nicht gegeben.

Heute gelten die Steinscheiben (ebenso wie damals auch schon) als verschollen und auch die damalige Leiterin des Museums soll spurlos verschwunden sein. Es wird gemunkelt, sie hätte zu viel gewusst …

Über die belgische UFO-Forschungsorganisation SOBEPS (»Société belge d'étude des phénomènes spatiaux«) konnte Mitte der Neunzigerjahre auch der in *BUFOI* erschienene Artikel über die Steinscheiben ermittelt werden, den Charroux als Quelle angegeben hatte. Er war in der Ausgabe 4/1965 veröffentlicht worden und … bezog sich auf eine weitere Quelle: auf die in den 60er-Jahren ebenso bekannten wie umstrittenen *UFO-Nachrichten* (Nr. 95 vom Juli 1964) – die es auch heute noch gibt – sowie auf das dänische Magazin *UFO-NYT* von Januar/Februar 1965. Über diese beiden Artikel fand die Story ihren Weg nach Deutschland in das Magazin *Sputnik*.

In einem Archiv stieß der Prä-Astronautik-Forscher Jörg Dendl dann schließlich auf die Zeitschrift *Das Vegetarische Universum*. Denn auf sie hatte sich wiederum Saizew in seinem *Sputnik*-Artikel bezogen und behauptet, darin sei die ganze Geschichte 1964 veröffentlicht worden. (Wie Dendl herausfand, erschien der betreffende Aufsatz allerdings bereits im siebten Heft des Jahrgangs 1962.) Dendl ließ den Beitrag dann 1995 in dem Magazin *G.R.A.L.* (Nr. 6) nachdrucken. Und die UFO-Nachrichten? Es stellte sich heraus, dass diese den Artikel aus *Das Vegetarische Universum* einfach wörtlich kopiert hatten.

Und nun?

Das *Vegetarische Universum* wurde 1972 eingestellt, sodass Fragen an die Redaktion heute kaum mehr möglich sind. Eines aber dürfte – schon allein aufgrund des Titels – als gesichert gelten: Eine Fachzeitschrift für UFOlogisches war das Blatt wohl kaum.

Allerdings muss man einräumen: Auch das *Vegetarische Universum* scheint so seine Quellen gehabt zu haben … Der Autor des infrage stehenden Artikels jedenfalls berief sich auf irgendeine Presse- oder sonstige Agentur namens »DINA« mit Sitz in Tokio. Über die allerdings ist beim besten Willen nichts in Erfahrung zu bringen. Und weitere Meldungen scheint sie auch nicht herausgegeben zu haben.

Damit wäre die Story wohl tot recherchiert.

Oder wie ist es zu bewerten, dass man weder in China noch in Japan je von den Professoren Tsum Um Nui und Chi Pu-Tei gehört zu haben scheint – obwohl Letzterer doch 1940 »in ganz Asien verhöhnt« wurde, wie das *Vege-*

tarische Universum 1962 vermeldete, nachdem er die These aufgestellt hatte, bei den gefundenen Skeletten könnte es sich um die sterblichen Überreste kleiner Affen gehandelt haben.

Mehr noch: Angeblich lassen sich nicht einmal die Namen der beiden Protagonisten – Tsum Um Nui und Chi Pu-Tei – einem bestimmten Sprachraum zuordnen. Und auf das Buch, das jener in Japan veröffentlicht haben soll, gibt es auch keinerlei Hinweise.

Die mittlerweile verschwundenen Steinscheiben, die 1974 in Xian fotografiert wurden, retten die Geschichte leider auch nicht. Es ist ja noch nicht einmal klar, ob sie überhaupt je eine Beschriftung trugen – ganz abgesehen von dem Ort, an dem sie ausgestellt wurden. Das Banpo-Museum ist rein lokal orientiert und ziemlich weit vom Baian-Kala-Ula-Gebirge entfernt …

Bleibt die Frage: Was ist eigentlich aus dem russischen Prä-Astronautik-Pionier Dr. Saizew geworden, der ja mit zu den Ersten gehörte, die die ganze Steinscheiben-Geschichte in die Welt gesetzt hatten?

Nun, 1982 wurde in *Ancient Skies* (Nr. V/1982) gemeldet, er sei 1978 wegen »religiöser Propaganda« nach Sibirien verbannt worden. Andere allerdings behaupten, er habe sein Leben in einer Nervenheilanstalt beendet …

28

CORAL CASTLE UND DIE
ANTIGRAVITATION

Bestimmt jeder von uns hat schon einmal staunend vor einem Bauwerk aus der Frühzeit der Menschheit gestanden und sich gefragt: Wie haben die das bloß hingekriegt? Wie konnte das gelingen? Wie haben sie es angestellt, derart große, schwere Steine über teilweise erhebliche Entfernungen auch nur zu transportieren?

Für die meisten Archäologen scheint die Antwort klar: Unsere Vorfahren wären eben findige Leute gewesen, sagen sie, in erster Linie aber hätte es ihnen an Arbeitskräften und Zeit nicht gemangelt.

Doch nicht jeden stellt diese Erklärung zufrieden.

Unvoreingenommene Forscher ziehen schon länger in Erwägung, dass unsere Vorfahren über ein Wissen verfügt haben könnten, das längst verloren gegangen ist. Nicht nur die Ägypter beim Bau der Pyramiden, mutmaßen sie, hätten sich einer Technologie bedient, die uns heute nicht mehr zu Gebote steht, auch andere Völker überall auf der Welt. Vor Tausenden von Jahren.

Um Näheres darüber zu erfahren, traf ich mich Anfang

März 2010 mit dem Ingenieur Dr. Peter Hattwig, der sich intensiv mit Transportfragen der Vor- und Frühzeit befasst hat. Seinen Berechnungen zufolge ist es schlichtweg unmöglich, gigantische Monolithen allein mithilfe von Muskelkraft, Schlitten, Seilen und dergleichen zu befördern. Hattwig hält es vielmehr für möglich, dass unsere Vorfahren das Geheimnis der *Antigravitation* kannten – und steht damit keineswegs allein.

Dabei soll es sich um eine Kraft handeln, die die Wirkung der Schwerkraft aufhebt. (Gern wird übrigens auch die These vertreten, UFOs würden von dieser Antigravitation angetrieben.)

In Experimenten soll diese Kraft bereits erzeugt beziehungsweise in ihrer Wirkung beobachtet worden sein. Und zwar von Dr. Jewgeni (auch: Eugene) Nikolajewitsch Podkletnow vom *Moscow Chemical Scientific Research Centre*, der behauptet, 1996 in einem Versuch an der Universität Tampere, Finnland, Antigravitation hervorgebracht zu haben. Forscherkollegen, die seine Experimente rekonstruierten, winken jedoch ab. Ihnen gelang es nicht, die entsprechenden Ergebnisse zu erzielen. Podkletnow hält dagegen, seine Resultate seien sehr wohl überprüft und bestätigt worden. Allerdings weigert er sich, die Namen seiner Zeugen preiszugeben – um sie vor Kritik und Anfeindung zu schützen, wie er sagt.

Für die etablierte Wissenschaft gibt es keine Antigravitation. Was natürlich bedeuten würde, dass sich die Menschen vor Tausenden von Jahren ihrer nicht hätten bedienen können.

Aber bleiben wir ruhig etwas näher an der Gegenwart.

Auch noch im 20. Jahrhundert scheint es wenigstens einen Mann gegeben zu haben, der mittels irgendeiner wundersamen Technik ganz allein gewaltige Steine bewegte.

Dieser Mann war der Lette Edward Leedskalnin (Edvards Liedskalņinš, 1887–1951), ein Bildhauer und Ingenieur, der fast sein ganzes Leben lang von Liebeskummer geplagt wurde. Seine Verlobte, eine gewisse Agnes Scuffs, hatte einen Tag vor der Hochzeit kalte Füße bekommen und ihn sitzen gelassen. Daraufhin verließ Leedskalnin seine Heimat und kam nach einigen ruhelosen Jahren schließlich nach Südflorida, wo er 1923 ein Grundstück erwarb.

Und sei es nun aus Kummer über seine verschmähte Liebe oder um sich davon abzulenken: Als Reminiszenz an seine Agnes, die sechzehn war, als er sie kennenlernte, baute er ein Schloss, ach was – eine ganze Megalithanlage aus Korallenfelsen errichtete Leedskalnin. 26 bis 28 Jahre (die Angaben variieren) arbeitete er wie ein Besessener an seinem Rock Gate Park. Nacht für Nacht.

Heute ist die Anlage in Homestead, die übrigens den Sänger Billy Idol zu seinem Song »Sweet Sixteen« (»Süße sechzehn«) inspirierte, unter dem Namen Coral Castle (»Korallenschloss«) eine beliebte Touristenattraktion. Eine Art modernes »amerikanisches Stonehenge«, wie man auch sagt.

Doch der Clou an der Geschichte: Leedskalnin scheint tatsächlich nur von Mitternacht bis Sonnenaufgang gewerkelt zu haben, also immer, wenn es dunkel war. Und das angeblich vollkommen allein und ohne nennenswerte technische Hilfsmittel. Bis zu seinem Tod 1951 behauptete er, das Mysterium der ägyptischen Pyramiden gelüftet zu haben. Und dieses »Geheimwissen« hätte ihn in den Stand versetzt, die insgesamt rund 1100 Tonnen Stein, aus denen Coral Castle besteht, herbeizuschaffen und zu bewegen.

Wann immer jemand nachts sein Grundstück betrat, stellte er die Arbeit sofort ein. Die wenigen aber, denen es doch vergönnt war, einen Blick auf das entstehende Monumentalwerk zu werfen, berichteten Erstaunliches. »Wie mit Gas gefüllte Ballons« hätten sich die Steine bewegt, praktisch ganz von allein.

Und das Ergebnis kann sich wahrlich sehen lassen. Da gibt es zum Beispiel einen herzförmigen Tisch von 2,25 Tonnen Eigengewicht. Oder auch eine steinerne Drehtür, die immerhin neun Tonnen schwer ist, sich aber ganz leicht mit der Hand öffnen lässt. Als sie sich vor einigen Jahren einmal verklemmte, waren sechs Arbeiter und ein Kran erforderlich, um sie zu reparieren.

Auf die Frage, wie er sein Werk denn nun eigentlich erschaffen habe, so ganz allein, hatte Leedskalnin immer gesagt: »Ach, das ist nicht weiter schwierig, man muss nur wissen, wie.«

Und ein Prospekt für die Besucher der Anlage zitiert ihn mit den Worten:

»Ich habe das Geheimnis der Pyramiden entdeckt und weiß, wie die Ägypter und die alten Baumeister in Peru, Yucatan und Asien ihre riesigen Monumente erbauen konnten, unter Verwendung einfachster Werkzeuge.«

Den Lkw-Fahrer, den Leedskalnin 1936 engagierte, als er sich anschickte, seine gesamte damals noch im Bau befindliche Anlage um etwa 15 Kilometer zu versetzen, weihte er jedenfalls nicht in dieses Geheimnis ein.

Er durfte ihm dabei weder helfen noch auch nur zuschauen. Und jeden Morgen, wenn er kam, um seine Arbeit aufzunehmen, lagen die Monolithen bereits fertig zum Abtransport auf der Ladefläche. Einmal, so erzählte der Fahrer später, bereitete er sich gerade darauf vor, einen 20 Tonnen schweren Koloss aufzuladen, als Leedskalnin ihn bat, er möge ihn doch kurz allein lassen. Dann hörte der Mann plötzlich ein lautes Krachen – und als er zu seinem Lkw zurückgerannt kam, war der Fels schon hochgehievt. Und der Fahrer sah angeblich nur noch, wie sich Leedskalnin die Hände abklopfte, um sie vom Steinstaub zu säubern.

Welche Kraft aber mag es wohl gewesen sein, die sich Leedskalnin nutzbar machte?

Der Magnetismus vielleicht? Dessen Wirkkraft »sehen zu können« behauptete er jedenfalls. Angeblich nahm er an den Monolithen, die er zur weiteren Verarbeitung ins Auge fasste, Lichtpunkte wahr, die ihm verrieten, wie das jeweilige Objekt zu bewegen sei. Darüber hinaus habe er die Naturgesetze der »Heiligen Geometrie« und des Gewichts wiederentdeckt.

Die Errichtung von Coral Castle ist und bleibt ein Rätsel. Zwar existieren Fotos von einfachen Seilwinden und dreibeinigen »Hebegestellen«. Damit jedoch lassen sich derart schwere Objekte beim besten Willen nicht bewegen, ganz abgesehen davon, dass manche von ihnen größer sind als diese Hebevorrichtungen.

Mehrmals besuchte der Bauingenieur Christopher Dunn das Korallenschloss. Dabei fielen ihm gewisse Gerätschaften auf, die er als elektromagnetischer Natur interpretierte. Schließlich kam er zu dem Ergebnis, dass Edward Leedskalnin eventuell tatsächlich in der Lage war, elektromagnetische Felder für sich zu nutzen. Und die Einflussnahme auf die magnetische Kraft könnte durchaus eine Art Antigravitation erzeugen …

TEIL IV

GEHEIMNISSE DER GESCHICHTE

29

DIE KOLUMBUS-LÜGE

Ich weiß ja nicht, wie es bei Ihnen war, ich aber habe in der Schule noch gelernt, dass Christoph Kolumbus (etwa 1451–1506) Amerika entdeckte, und zwar am 12. Oktober des Jahres 1492, und anders hätte das auch gar nicht sein können, weil nämlich die Überwindung des Atlantiks vor dieser Zeit unmöglich war.

Und nun ist ja gegen eine solide Schulbildung nichts einzuwenden, aber ...

Die Religionsgemeinschaft der Mormonen glaubt seit jeher, dass einer der Stämme Israels schon in biblischen Zeiten (600 vor Christus) den Atlantik überquerte.

Was natürlich alles andere ist als ein historischer Beweis.

Im Unterschied zu der Tatsache, dass die Drachenboote der Wikinger schon etwa im Jahr 1000 die nordöstlichen Gestade des später Amerika genannten Kontinents erreichten. Der Insel, auf der sie landeten – dem heutigen, zu Kanada gehörenden Neufundland – gaben Leif Erikson (975–1020) und seine Mannen den schönen Namen Vinland – Grasland.

Doch blieben sie bloß dort, oder haben sie auch die weiter südlich gelegenen Gefilde des Kontinents erkundet? Oder wie sonst lässt sich der Fund einer Münze im Bundesstaat Maine erklären, deren Analyse eindeutig ergeben hat, dass sie von den Wikingern stammte und irgendwann zwischen 1065 und 1080 geschlagen wurde. Die Entfernung zwischen der heute allgemein anerkannten isländisch-grönländischen Siedlung auf Neufundland und der Fundstelle des »Maine Penny« beträgt aber immerhin 1600 Kilometer Luftlinie.

Könnte es vielleicht sogar sein, wie Joachim Rittstieg in seinem Buch *ABC der Maya* vermutet, dass die begnadeten Segler aus dem hohen Norden Europas auch Zentralamerika entdeckten – und zwar bereits im Jahre 754? Das würde zumindest erklären, wie Nüsse in die nordkanadischen Wikinger-Siedlungen kamen, die dort überhaupt nicht wachsen.

Und dann wäre da auch noch jene Abbildung, die in der Maya-Stadt Chichén Itzá im heutigen Mexiko gefunden wurde. Sie zeigt bärtige Weiße, die – offenbar beim Versuch, an Land zu gehen – von dunkelhäutigeren Männern gefangen genommen werden. Waren das vielleicht Wikinger?

In ihrem Buch *Sorry, Kolumbus – Seefahrer der Antike entdecken Amerika* dokumentiert die Archäologin Heinke Sudhoff noch viele weitere Funde auf dem Kontinent, die sich eindeutig als präkolumbianische Zeugnisse transatlantischer Kontakte identifizieren lassen. Mir selbst gut in Erinnerung sind vor allem noch die Figuren und Abbildungen von Menschen mit scheinbar afrikanischen oder sogar

auch asiatischen Gesichtszügen, die ich im Anthropologi-
schen Museum von Mexico City bewundern konnte.

Damals musste ich unwillkürlich an Hui Shen denken,
einen Chinesen, von dem die Überlieferung sagt, dass er
im Jahr 480 die Ostküste vor Asien entlang über Alaska
bis runter nach Mexiko geschippert sei. Ihrer neuen Heimat, in der Hui Shen und seine Crew die nächsten 40 Jahre
gelebt haben sollen, gaben sie vermutlich den Namen
Fusang.

1421 dann soll auch Admiral Zheng He (1371–1433/35) mit
seiner Flotte in Amerika gewesen sein. Die alten Darstellungen von Menschen mit asiatischen Gesichtszügen, die in
Zentralamerika entdeckt wurden, könnten dafürsprechen.

Solche Berichte über angebliche frühe Entdeckungen
Amerikas gibt es sehr zahlreich – wenn auch die alteinge-
sessene Historiker-Lobby davor gerne mal die Augen ver-
schließt. Am Kolumbus-Mythos darf anscheinend nicht
gekratzt werden …

Der Norweger Thor Heyerdahl (1914–2002) war der Erste,
der bewies, dass bereits in vorkolumbianischen Zeiten ein
Kontakt zwischen Völkern möglich war, die durch ein
Weltmeer voneinander getrennt sind. 1947 segelte er mit
der berühmten Kon-Tiki von Peru aus in westlicher Richtung über den Pazifik, um seine These zu belegen, dass es
nicht ausgeschlossen war, von Südamerika aus mit einem
Floß die Osterinsel und Polynesien zu erreichen.

1970 dann brach Heyerdahl mit dem Papyrosboot Ra II
von Marokko aus in die Neue Welt auf und erreichte Bar-
bados nach 57 Tagen.

Wohlbemerkt: Heyerdahl behauptete nicht, dass solche transkontinentalen Kontakte in vorkolumbianischer Zeit tatsächlich stattfanden; doch dass sie im Rahmen der Möglichkeiten des frühen Bootsbaus denkbar waren, das belegen seine Expeditionen ohne jeden Zweifel.

Zur Beweisführung wird gern auch auf die Ähnlichkeit von Bauwerken dies- und jenseits des großen Teiches hingewiesen. Gewiss – Pyramiden wurden nicht nur in Ägypten errichtet, sondern auch in Zentralamerika. Von frühen Begegnungen weit voneinander entfernter Kulturen allerdings überzeugen mich solche Analogien nicht unbedingt. Ich denke eher, dass sie auf das allgemeine Bedürfnis der Menschen zurückgehen, zu Ehren ihrer Götter Bauwerke zu errichten, die möglichst weit in den Himmel emporragten. Und nicht zuletzt aufgrund ihrer Stabilität bot sich die Pyramidenform dafür geradezu an.

Mir persönlich sind die Pyramiden in Amerika ebenso bekannt wie die ägyptischen. Und nicht nur, dass Jahrtausende zwischen ihnen liegen, was die Zeit ihrer Errichtung betrifft – bei genauerem Hinsehen bemerkt man auch sonst deutliche Unterschiede.

Interessanter ist nach meinem Dafürhalten die Vielzahl archäologischer Funde in Amerika, die aus einer Zeit weit vor Kolumbus stammen und deren Ursprung auf die Alte Welt verweist. Hier nur einige Beispiele:

- Die monumentalen Steinköpfe der Olmeken (ca. 1500–400 vor Christus) in Mexiko erinnern zweifellos an schwarze Afrikaner.

Hierzu ein interessantes Detail: Der Geschichtsschreiber Petrus Martyr von Angleria (1459–1525) wusste
kurz nach Kolumbus' Amerika-Abenteuer zu berichten, dass die Ureinwohner der Neuen Welt dunkelhäu-
tige Menschen (»Äthiopier«) als Sklaven hielten; eine
Behauptung, die der Mönch Gregorio García in seinem Geschichtswerk *Origen de los Indios en el Nuevo
Mundo* 1607 bestätigte. Fragt sich bloß: Wann und wie
sind diese dunkelhäutigen Menschen nach Amerika
gekommen?

- 1933 wurden in Tecaxic-Calixtlahuaca (nicht weit von
Mexico City) 37 Gräber aus der Zeit zwischen 1476 und
1510 entdeckt. Unter den Grabbeigaben befand sich ein
2,5 Zentimeter kleiner Tonkopf, der keinerlei Ähnlichkeiten mit aztekischer Kunst aufweist. Die naturrealisti-
sche Figur trägt einen Bart und die Gesichtszüge eines
Europäers. Auf dem Kopf hat sie einen Pileus, eine Filz-
kappe, die im klassischen Altertum hauptsächlich von
Fischern und Seeleuten getragen wurde. Das Fundstück
wurde auf dem 35. Amerikanisten-Kongress 1962 als
»Römerkopf« präsentiert, konnte aber erst dreißig Jahre
später mithilfe der Thermolumineszenzmethode datiert
werden. Demnach stammt die Tonarbeit aus dem dritten
Jahrhundert. Aber wie konnte das Objekt nach Mexiko
gelangen?

- Ebenso rätselhaft ist die Tafel von Paraíba (auch: Inschrift von Parahyba), die im brasilianischen Pauso Alto
gefunden worden sein soll. In einer Abschrift des Steins
(das Original war verschollen) meinte Dr. Ladislaus
Neto, Direktor des Nationalmuseums in Rio de Janeiro,

1872 einen Text der Phönizier zu erkennen. Jahrzehnte später nahm sich der Schriftexperte Cyrus H. Gordon (1908–2001) von der Universität von Pennsylvania des Textes erneut an und bestätigte Netos Erkenntnisse. Gordons Auffassung nach war er 2599 Jahre alt. Doch er wolle ja nur die Feierlichkeiten zum 500. Geburtstag Pedro Álvarez Cabrals (1467–1526) stören, des offiziellen Entdeckers Brasiliens, hielten Kritiker ihm entgegen, als er die Ergebnisse seiner Analysen veröffentlichte. Mittlerweile verdichten sich allerdings die Hinweise darauf, dass es sich bei der geheimnisvollen Tafel um eine Fälschung handeln könnte.

- In der Alten und der Neuen Welt gab es rätselhafte Schädeldeformationen, die ich bereits in »Historia Mystica« (2009) diskutierte. Warum verformte hier wie dort offenbar die Herrscherkaste die Schädel ihrer Kinder in längliche Formen? Geschah das unabhängig voneinander?

- Linguistischen Studien zufolge bestehen zahlreiche Parallelen zwischen dem Idiom, dessen sich die Maya bedienten, und verschiedenen semitischen Sprachen, wie sie etwa Charles Berlitz dokumentierte.

- Cotton Mather (1663–1728) fand 1712 in Massachusetts Steine mit keltischen Ogham-Inschriften. Die Royal Society of London dokumentierte den Fund zwar, sah sich aber außerstande, eine einleuchtende Erklärung dafür zu geben. Grund war, dass diese Europäische Schrift erst 72 Jahre später von Charles Vallencey übersetzt werden konnte. Wie also konnte ein sinnvoller Text in einer europäischen Sprache schon 1712 in Amerika gefunden werden, die damals noch keiner verstand? Sogar erst ab 1975 bestätigen Sprachexperten der Harvard Universität, dass es eine Schrift wie die auf dem Fund von Massachusetts (ohne Vokale) in Europa gab. Fälschung ausgeschlossen!

- An einem Felsvorsprung im Hidden Mountain (Bundesstaat New Mexico) findet sich die Botschaft eines Phöniziers namens Zakyneros eingeritzt. In griechischen, phönizischen und kanaanäischen Lettern erzählt der Text angeblich die Lebensgeschichte des Mannes, den es nach Informationen der Übersetzerin Dixie Perkins vor 2400 Jahren ins Exil getrieben hatte.

- Der präkolumbianische Reiseverkehr zwischen den Kontinenten scheint aber auch in umgekehrter Richtung funktioniert zu haben. So gibt es jedenfalls Hinweise darauf, dass 62 nach Christus aus Amerika kommend Indianer an Germaniens Küsten strandeten, dort gefangen genommen und als Sklaven verkauft wurden. Der gallische Prokonsul Quintus Caecilius Metellus Celer berichtete, dass sie aus dem Westen stammten und »durch Sturmesgewalt« nach Europa kamen. Auch Kolumbus scheint von solchen Vorkommnissen Kenntnis gehabt zu haben. Wie 1601 Antonio de Herrera y Tordesillas (1549–1625) im ersten Band der *Historia general de los hechos de los Castellanos en las islas y tierra firme del Mar Oceano* (Kapitel II) schrieb, wusste er von Booten aus Amerika, die Indianerleichen an Bord hatten und an den Azoren angetrieben worden waren.

- Der Schweizer Journalist und prominente Vertreter der »Verbotenen Archäologie« Luc Bürgin dokumentiert seit Jahren in Büchern und Artikeln die rätselhaften »Michigan-Tafeln«, die ab 1848 von Farmern in dem Bundesstaat gefunden wurden. Die Gravuren auf den Steinen zeigen sowohl christliche als auch jüdische Motive – inklusive Arche Noah und Bundeslade. In ihrem 1986 erschienenen Buch *The Mystic Symbol* kam die Archäologin Henriette Mertz laut Bürgin zu dem Ergebnis, dass es sich dabei um authentische Zeugnisse von Christen handele, die bereits 312 nach Amerika kamen. Alles Fälschung!, halten die Protagonisten der etablierten Altertumswissenschaften entgegen. Da sich die Anzahl der Fundstücke aber auf etwa 20 000 beläuft, müssten in diesem Fall schon sehr emsige Fälscher am Werk gewesen sein.

• Auf zahlreichen Fundstücken aus Nord-, Mittel- und Südamerika (Ecuador) sind eindeutig Abbildungen von Elefanten zu erkennen. Diese Tiere aber gab es nach einhelliger Meinung nur in der Alten Welt.

• Und dann wäre da auch noch das »Luzia« genannte Skelett, das 1975 in Brasilien gefunden wurde, und zwar von einer französischen Forschergruppe unter der Leitung der Archäologin Annette Laming-Emperaire in der Region Santa Lagoa. Es soll 11 500 Jahre alt sein. Aufgrund einer von Richard Neave, Universität Manchester, durchgeführten Gesichtsrekonstruktion stellen »alternative« Historiker die These auf, bei Luzia handele es sich um eine Einwandererin aus Afrika oder vielleicht auch Australien. Obwohl Amerika doch eigentlich in der Eiszeit über die Beringstraße von Sibirien aus besiedelt worden sein soll. Ein Afrikaner oder Australier, der vor 11 500 Jahren in Südamerika gelebt hat? »Das ist reine Fantasie«, schrieben der Biologe Mark Hubbe und der Anthropologe Walter A. Neves 2004 in *Abenteuer Archäologie*.

• Auch der vom Institut für Anthropologie und Humangenetik erbrachte Nachweis von Kokain in 3 000 Jahre alten ägyptischen Mumien soll nach herrschender Meinung angeblich reine Fantasie sein. Kokain wird aus Cocasträuchern gewonnen, und die stammen aus der Andenregion beziehungsweise den nördlichen Gegenden Südamerikas und kamen erst 1569 nach Europa. Wie also lässt sich der Stoff, der in den Mumien gefunden wurde, erklären? Gab es auch in der Alten Welt Pflanzen, die ein solches Alkaloid enthielten? Oder hatte es irgendwelche Ägypter in die Anden verschlagen?

Zu denken geben auch Dokumente aus der Alten Welt. So berichtet etwa der Rhetorik-Lehrer Claudius Aelianus (ca. 170–ca. 222) von »Inseln« weit im Westen – jenseits des Atlantiks. Und in ihrem Buch *Fair Gods and Stone Faces* (1963) weist Constance Irwin sogar auf Berichte hin, die schon aus dem vierten vorchristlichen Jahrhundert stammen. Demnach hätte der griechische Geschichtsschreiber Theopompos von Chios (ca. 378–300 vor Christus) Kunde von einer »immens große(n) Insel jenseits der bekannten Welt, irgendwo im Atlantik« gehabt.

Chronisten der Antike sprechen auch von einem furchterregenden »faulen« Meer, dem *mare pigrum*. *Pierers Universal-Lexikon* von 1861 zufolge handelt es sich dabei um einen Teil des Nordmeeres. Und in *Zeig mir Adams Testament*

(1957) schreibt Paul Hermann, antike Seefahrer hätten das *mare pigrum* gefürchtet, weil der Seetang dort mitunter Schiffe in Seenot brachte.

Ein solches Gewässer gibt es tatsächlich. Es ist aber nicht das Nordmeer, sondern die Sargossosee östlich von Florida. Ein Meer voller Algen, *sargassum bacciferum*, heute oft »Golftang« genannt. Auch Kolumbus hatte ins Logbuch eingetragen, welche Angst dieses Meer seiner Mannschaft machte.

30

VOLTO SANTO, DER SCHLEIER VON MANOPPELLO

Anfang Dezember 2007 durfte ich auf Einladung des Vatikans Papst Benedikt XVI. persönlich mein Buch *Das Wunder von Guadalupe* überreichen. Darin befasse ich mich, wie der Titel vermuten lässt, mit dem »Wundertuch« aus dem mexikanischen Guadalupe und seiner Geschichte. Ein Kapitel darin widme ich jedoch einer anderen Reliquie: dem Schleier von Manoppello in den Abruzzen, östlich von Rom, bei dem es sich angeblich um das Schweißtuch Jesu Christi handelt – oder auch um das Sudarium der heiligen Veronika, das dem Vatikan gestohlen worden sein soll.

Die fragliche Reliquie aus Muschelseide misst etwa 17,5 mal 24 Zentimeter und wurde der breiten Öffentlichkeit eigentlich erst bekannt, als der Papst ihr – zahlreichen Kritikern zum Trotz – am 1. September 2006 einen Besuch abstattete. Sein Gebet begann er bei dieser Gelegenheit mit den Worten »Angezogen vom Glanz Deines ersehnten und verborgenen Angesichts ...«.

Dieses Antlitz, das *Volto Santo* (»Heiliges Gesicht«), offenbart, aus der Ferne betrachtet, nur unscheinbare Schatten. Nähert man sich dem prachtvoll verzierten Bilderrahmen mit der Krone obenauf jedoch, nimmt man bald deutlich das beinahe naturgetreue Gesicht eines Mannes auf dem sehr dünnen Stoff wahr, das große Ähnlichkeit mit all den alten Jesus-Bildern hat, die wir schon zu Hunderten gesehen haben und die so eng mit unserem kulturellen Erbe verschmolzen sind (siehe Bildteil).

Die Augen des Mannes sind geöffnet. Auch sein Mund steht leicht offen, man kann sogar die Zähne erkennen. Er hat langes Haar und blickt irgendwie teilnahmslos oder auch abgeklärt drein.

Doch wie ist es entstanden? Auf die zarte Muschelkalkseide gestickt ist es nicht, das erkennt man sofort. Wurde es vielleicht daraufgemalt?

Nun, Spuren irgendwelcher Farben lassen sich nicht nachweisen. Die Professoren Vittori von der Universität in Bari und Fanti (Bologna) haben bei ihren Untersuchungen unter dem Mikroskop jedenfalls keine entdeckt. Wohl aber fanden sie in den Pupillen des abgebildeten Mannes schwarze Stellen, die aussahen, als seien sie durch Hitzeeinwirkung irgendwie angesengt worden.

Das Bild ist, was bei einer Malerei kaum möglich wäre, durchgehend transparent, sodass man das Antlitz von beiden Seiten erkennen kann. Und diese unterscheiden sich ein wenig voneinander.

Gerüchten zufolge könnte es sich beim Schleier von Manoppello, wie bereits erwähnt, um das legendäre »Schweißtuch der Veronika« handeln, das bis heute im »Veronika-Pfeiler« hinten links im Petersdom verwahrt wird, wie es heißt, obwohl einiges dafür spricht, dass es vor langer Zeit schon gestohlen wurde. Einer nicht biblischen Legende zufolge hat die heilige Veronika dem gepeinigten Jesus ihr Schweißtuch gereicht, als dieser auf dem Weg zur Kreuzigung unter seiner Last stürzte. Jesus tupfte sich das Gesicht damit ab ... das daraufhin auf wundersame Weise auf dem Tuch Gestalt angenommen haben soll.

Jahr für Jahr wird dieses Schweißtuch der Veronika den Gläubigen im Petersdom einige Sekunden lang gezeigt. Laut Vatikan befindet sich das Tuch also auch heute noch in seinem Besitz. Zweifel sind dennoch erlaubt.

Das Alter des Schleiers von Manoppello ist unbekannt. Doch wie kam es eigentlich in das Kapuzinerkloster in dem kleinen italienischen Städtchen? Auch das soll ein Wunder gewesen sein: Im Jahre 1506 hielt sich der Physiker und Kunstkenner Dr. Giacomo Antonio Leonelli auf dem Vorplatz der Kirche von Manoppello auf. Plötzlich trat ein fremder Mann auf ihn zu und sprach ihn an. In den Händen hielt er ein sorgsam verpacktes Bündel, das er Leonelli überreichte. Der Fremde betonte, dass es sich um etwas sehr Wertvolles, überaus Heiliges handele, das unbedingt sicher verwahrt werden müsse.

Neugierig packte Leonelli das Präsent aus – es war das Tuch mit dem Antlitz des Mannes darauf. Doch ehe er den Fremden fragen konnte, was es damit denn auf sich habe, war er auch schon wieder verschwunden. Der Legende nach könnte es sich um das Geschenk eines Engels gehandelt haben ...

Mehr als 100 Jahre lang blieb das Schweißtuch Christi im Besitz der Leonellis. 1620 dann brauchte eine gewisse Maria Leonelli dringend Geld, um ihren Mann aus dem Gefängnis freizukaufen. Für vier Skudi veräußerte sie den kostbaren Familienbesitz an einen Dr. Donato Antonio de Fabritijs, wie überliefert ist. Dieser behielt das Tuch bis 1638 und schenkte es dann den Mönchen vom Orden der Kapuziner. Pater Clemente da Castelvecchio schnitt die ausgefransten Ränder des Stoffes ringsum ab, ließ das Bild 1646 einrahmen und hinter Glas geschützt in der Kirche aufstellen. Und da hängt es denn noch heute.

Dokumentiert ist die Geschichte des Schleiers von Manoppello also erst seit 500 Jahren. Ordensschwester Blandina Schlömer ist dennoch überzeugt, dass das Tuch in Manoppello und das Grabtuch von Turin ein und denselben Ursprung haben: Jesus Christus. Nach umfangreichen Analysen teilt auch Dr. Markus van den Hövel diese Idee: »Wer Manoppello verstehen will, muss Turin verstehen.«

Schlömer, seit 2009 Ehrenbürgerin von Manoppello, stellte schon vor Jahren zahlreiche Vergleiche des Gesichtes auf dem Grabtuch und auf dem Schweißtuch an und hat keinen Zweifel daran, dass beide ein und denselben Mann zeigen, wie sie mir in einem Gespräch, das ich 2006 mit ihr führte, versicherte.

Ziehen wir kurz die biblische Überlieferung im Evangelium des Johannes (Kapitel 20, ab Vers 1) zurate. Dort heißt es unter der Überschrift »Das leere Grab«, dass Maria von Magdala in den frühen Morgenstunden als Erste an das Grab Jesu kam und sah, dass der Sperrstein weggerollt und das Grab leer war. Eiligst lief sie zu den Jüngern und berichtete. Petrus und ein namentlich nicht genannter zweiter Jünger machten sich auf, um sich selbst davon zu überzeugen. Der »andere Jünger« erreichte als Erster das Grab und sah »die Binden daliegen«, ging aber nicht hinein. Erst Petrus traute sich, das Grab zu betreten. Im Neuen Testament heißt es:

»Da kam auch Simon Petrus, der ihm gefolgt war, und ging in das Grab hinein. Er sah die Leinenbinden liegen und das Schweißtuch, das auf dem Kopf Jesu gelegen hatte; es lag aber nicht bei den Leinenbinden, sondern zusammengebunden daneben an einer besonderen Stelle. Da ging auch der andere Jünger, der zuerst an das Grab gekommen war, hinein; er sah und glaubte.« (Johannes 20,6–8)

Von irgendwelchen Abbildungen auf den Leinentüchern ist in der Bibel mit keinem Wort die Rede. Es war jedoch Sitte bei jüdischen Begräbnissen – und Jesus war Jude –, den Körper einzuwickeln und das Gesicht mit einem Tuch zu bedecken. So etwa heißt es bei Johannes 19,40:

»Sie nahmen den Leichnam Jesu und umwickelten ihn mit Leinenbinden, zusammen mit den wohlriechenden Salben, wie es beim jüdischen Begräbnis Sitte ist.«

Auch die berühmte Geschichte des Erweckung des Lazarus von den Toten (zum Beispiel Johannes 11,44) enthält dieses Detail. Waren solche Aussagen Ansporn für mittelalterliche Fälscher, Schweißtücher und auch das Grabtuch von Turin zu fälschen?

Pater Professor Dr. Heinrich Pfeiffer und Schwester

Blandina Schlömer sind sich jedoch sicher, dass es sich um authentische Zeugnisse der Passion Christi handelt. Und in der Tat, aus dem Neuen Testament geht hervor, dass im leeren Grab Jesu zwei Tücher gefunden wurden. Das Johannes-Evangelium (20,7) spricht eindeutig von einem »Schweißtuch, das auf dem Kopf Jesu gelegen hatte«. Folglich lagen zwei Tücher über dem Kopf des Gekreuzigten. Und das Muschelseidentuch unterscheidet sich rein äußerlich doch erheblich vom Turiner Grableinen. Es ist farbig, prachtvoll und klar erkennbar.

Am 6. April 2007, Karfreitag, nahm sich das ZDF in einer einstündigen Dokumentation, die zur besten Sendezeit ausgestrahlt wurde, des Themas Manoppello an und berichtete auch von neuen Untersuchungen des Volto Santo. Fazit: Das Bildnis auf dem Schleier sei doch gemalt. Der »Moment der Wahrheit« – das Ergebnis einer Analyse, die am 25. Januar 2007 durchgeführt worden war – wurde den Zuschauern ganz am Schluss der Sendung präsentiert. Fehlte nur der Paukenschlag, um die angebliche Entzauberung des Mythos von Manoppello auch akustisch gebührend in Szene zu setzen. Dann war die Sendung zu Ende. Unvermittelt und ohne dass noch irgendjemand zu Wort kam.

War's das also? War das die ganze ernüchternde Wahrheit? Nein – war es nicht.

Professor Giulio Fanti aus Padua habe bewiesen, war in der Sendung behauptet worden, dass es sich bei dem Bildnis um ein Gemälde handele. Diese Aussage beinhaltete aber nicht die ganze Wahrheit, denn ebendieser Professor

Fanti selbst zweifelt daran, dass das Bild gemalt wurde. Die bei der Analyse gefundenen Farben könnten »von einem mittelalterlichen Maler hinzugefügt worden sein«, gibt er zu bedenken und lässt verlauten, »dass ich der Idee, das Bild könnte übernatürlichen Ursprungs sein, positiv gegenüberstehe«. Darüber hinaus weist er auf die leeren (farblosen) Zwischenräume zwischen den zarten Fäden des extrem fein gearbeiteten Gewebes hin, die die Analyse ebenfalls ans Licht gebracht habe. Spuren eines Farbverlaufes seien da nicht zu erkennen. Am Tag nach der Ausstrahlung der ZDF-Dokumentation betonte Professor Fanti in einem Vortrag, den er in Padua hielt, das Tuch könne eigentlich »nicht von Menschenhand« erschaffen worden sein. Diese zentrale Aussage des Hauptsachverständigen allerdings verschwieg die Sendung des Zweiten Deutschen Fernsehens.

Die Quittung dafür war eine Vielzahl empörter Zuschaueräußerungen. Professor Pfeiffer schrieb Dr. Helmut Pflüger, der die Dokumentation am 27. April 2007 in einem langen Brief öffentlich kritisiert hatte, am 8. Mai 2007:

»Es ist noch schlimmer, als Sie denken, das ZDF hat Professor Fanti Dinge in den Mund gelegt, die er nie gesagt hat. [...] Von Malerei hat er nie gesprochen und hält das Christusbild eindeutig für ein acheiropíetos [nicht von Menschenhand, Anm. L. A. F.]. Unglücklicherweise hat er von ›Pigmenten‹ gesprochen und meinte damit jeden mikroskopisch kleinen Partikel, der auf den Fäden zu finden ist. Niemand vom Fernsehen, der beim Minikongress in Manoppello da-

259

bei war, verstand genügend Italienisch. So konnten kühn falsche Behauptungen aufgestellt und falsche Schlussfolgerungen gezogen werden.«

Am 30. April 2007 wurde das Bild erneut umfassend untersucht. Diesmal durch den Chemiker Professor Pietro Baraldi von der Universität Modena und unter anderem auch mit einem Raman-Mikroskop, mit dem Material- und Substanzanalysen anhand der vorkommenden Moleküle vorgenommen werden können. Diesmal lautete das Ergebnis (das zum Beispiel auf antlitz-christi.de und in dem Magazin *Veronica* (Nr. 1/2008) veröffentlicht wurde), dass am Schleier von Manoppello keinerlei bekannte Farbsubstanzen nachzuweisen sind. Das Spektrum zeigte nur Eiweiß an, da der Stoff, die Muschelseide, selbst aus Eiweiß besteht. Entweder, so Professor Baraldi abschließend, seien die Farben im Laufe der Jahrhunderte »verschwunden« (also verblasst), oder aber sie liegen »unterhalb des für seine Identifizierung mit dieser Technik notwenigen Minimums«.

Nach dieser letzten bis dato durchgeführten Analyse schrieb Schwester Blandina am 30. April 2007 in ihr Tagebuch: »Es handelt sich um ein anderes, bisher nicht geklärtes Phänomen.«

31

DIE NACHT, IN DER DER TEUFEL KAM

Sehr, sehr kalt war es Anfang 1855 in der südwestbritischen Grafschaft Devon. Die Mündung der Exe fror zu, in Torquay brach die Lebensmittelversorgung zusammen und Hungersrevolten waren die Folge. Die eisige Hand des Winters hatte die Region fest im Griff. Sogar Tote gab es.

Doch am Morgen des 9. Februar lenkten geheimnisvolle, unerklärliche Spuren im Schnee die Aufmerksamkeit der Menschen in der gesamten Region vorübergehend von ihrem Leid ab. Es waren Tausende. Schnurgerade verlaufende hufförmige Spuren ... Hatte etwa der Teufel das Land heimgesucht?

Bei einem Mann namens Doveton in Pytte zum Beispiel führte eine dieser Spuren bis zum fast zweieinhalb Meter hohen Gartentor seines Grundstücks – und dahinter einfach weiter, so, als hätte die geschlossene Pforte für das unheimliche Wesen keinerlei Hindernis dargestellt. Auch H. T. Ellacombe, der Pfarrer von Clyst St. George, bemerkte solche Spuren, und zwar an einem Haus in Marley bei Exmouth »auf einem Fenstersims im zweiten Stock«. Drei Tage später stellte er fest:

»Kaum ein Acker, Obstgarten oder Garten, wo sie nicht – durchwegs in einer einzigen Linie – bis unter die Hecken führten, und auf einem Feld in meiner Nachbarschaft stießen wir auf Exkremente – viel länglich-ovale Klümpchen von weißlicher Farbe, von der Größe und Form einer großen Traubenbeere.«

Henrietta Fursdon, die Tochter des damaligen Pfarrers von Dawlish, berichtete einige Jahre nach diesem »teuflischen« Winter:

»Die Fußspuren tauchten über Nacht auf. Wie mir mein Vater erzählte, der hier damals als Pfarrer wirkte, kamen gleich am nächsten Morgen Hilfspfarrer, Kirchenvorsteher und Gemeindemitglieder zu ihm, um seine Ansicht über die in ganz Dawlish beobachteten Abdrücke zu erfahren. Diese verliefen in gerader Linie und zeigten die Form eines kleinen Hufes, in dessen Rundung sich jedoch Klauen ausgeprägt fanden. Namentlich eine Fährte, die vom Pfarrhaus geradewegs zur Sakristeitür führte, erregte Aufmerksamkeit. In anderen Fällen lief die Spur geradewegs zu einer Mauer ohne Durchlass zu und setzte sich auf der anderen Seite fort. Vielfach fanden sie sich auch auf Hausdächern, und zwar in allen Vierteln von Dawlish […]. Ich entsinne mich noch ganz deutlich dieser Fußspuren und meiner kindlichen Angst vor der unbekannten wilden Bestie, die wohl draußen herumstreichen musste, da sich die Dienstboten nach Einbruch der Dunkelheit mit mehr hinauswagten, um das Hoftor zu schließen.«

Niemand vermochte sich diese Spuren zu erklären, die auch über die Dächer verliefen und scheinbar sogar durch Wände gingen. Bei Whitycombe Raleigh wollte ein Mann eine Fährte durch ein Rohr von nur 15 Zentimetern Durchmesser verfolgt haben. Ziemlich schmal für den Teufel. Handelte es sich vielleicht doch eher um die Fußspuren eines kleinen Nagetieres?

Was wurden nicht alles für Vermutungen angestellt! Einige meinten, es handele sich um die Spuren eines aus dem Zoo von Fish in Sidmouth entlaufenen Kängurus. Andere sahen missgebildete Hasen, Vögel, Dachse, Otter, Kröten, Esel, Mäuse, Affen, Katzen, Schwäne, Wölfe am Werk, aber natürlich auch »magische Wesen«. Und immer wieder den Teufel.

In der *Illustrated London News* hieß es am 24. Februar 1855:

»Die am Freitagmorgen im (zu diesem Zeitpunkt recht dünnen) Schnee entdeckten Spuren trugen alle Merkmale eines Eselhufes – Länge 10 cm, Breite 5,7 cm. Doch statt der bei diesem (und anderen) Tier üblichen Fortbewegung war hier offenbar in gerader Linie ein Fuß vor den anderen gesetzt worden. Der Abstand zwischen den Tritten betrug 20 cm oder eher mehr – wobei die Spuren in sämtlichen Gemeinden genau dieselbe Größe und Schrittweite aufwiesen! Der geheimnisvolle Besucher durchschritt oder überquerte einen Garten oder Hofraum in der Regel nur einmal, besuchte dafür aber in vielen Teiler der verschiedenen Städte sämtliche Häuser [...] sowie die ringsum verstreuten Gehöfte: In manchen Fällen führte seine regelmäßige, stets den gleichen Schrittabstand einhaltende Spur über Hausdächer, Heuschober und sehr ansehnliche Mauern (darunter eine von 4,20 m Höhe) hinweg, als hätten diese nicht das geringste Hindernis gebildet, wobei weder hüben noch drüben der Schnee zertrampelt war. Gärtner mit hohen Zäunen und Mauern oder versperrten Pforten wurden ebenso heimgesucht wie offene, uneingefriedete Besitzungen.

Überschlägt man, welche Strecken zu bewältigen waren, um diese Spuren zu hinterlassen, die sich in so gut wie jedem Garten, auf Türstufen, in den ausgedehnten Wäldern von Luscombe, auf dem Gemeindeland, auf eingehegten Grundstücken und Gehöften fanden, so muss der insgesamt zurückgelegte Weg wohl über hundert Meilen betragen haben. Es ist sehr einfach, über diese Erscheinungen zu lachen und leichtfertig zu urteilen, doch in Wirklichkeit konnte bis jetzt noch keine befriedigende Erklärung gefunden werden. Kein Tier hätte einen so ausgedehnten Bereich in einer einzigen Nacht durchstreifen und noch dazu eine zwei Meilen breite Flussmündung überqueren können. [...]«

Charles Fort (1874–1932), ein Pionier der Erforschung unerklärlicher Phänomene, der sich 1919 in seinem ersten Buch, *The Book of the Dammed*, unter anderem den ominösen Teufelsspuren in der Gegend der Exe-Mündung widmete und auch auf die verschiedenen Versuche, sie zu erklären, einging, schrieb voller Humor und leiser Ironie:

»Ich selbst nehme an, dass mindestens eintausend einbeinige Kängurus, die mit kleinen Hufeisen beschlagen waren, ihre Abdrücke im Schnee von Devonshire hinterlassen haben könnten.«

Aber erklären konnte sich Fort das Phänomen auch nicht.

Er hielt allerdings fest, dass die Fußspuren eher den Eindruck machten, als sei der Schnee innerhalb der Spuren geschmolzen und nicht durch das Gewicht des Verursachers zusammengepresst worden. Was möglicherweise die Hufeisenform der Fährten erklärte.

Rätselhafte »Teufelsspuren« wie die in Devon wurden 1855 jedoch nicht zum ersten Mal beobachtet. Im Mai 1841 beispielsweise trugen Teilnehmer der Antarktis-Expedition von Sir James Clark Ross in ihr Tagebuch ein, auf den Kerguelen-Inseln hätten sie hufeisenförmige Spuren gefunden, die von keinem der dort heimischen Tiere stammen könnten …

Auf einem Hügel nahe der polnischen Grenze in Galizien wurden ähnliche Abdrücke sogar alljährlich beobachtet, wie die *Illustrated London News* am 17. März 1855 berichtete.

Und ebenfalls noch im 19. Jahrhundert wurden auch an den Stränden von New Jersey, USA, rätselhafte Fährten entdeckt, die, wie in Devon, Mauern und andere Hindernisse scheinbar mühelos überwanden. Man schrieb sie dem »Jersey-Teufel« zu …

Ob der jedoch auch für Abdrücke verantwortlich war, die 1945 in Belgien bemerkt wurden?

Anfang Februar 2010 setzte ich mich wegen der Devon-Spuren mit dem bekannten Kryptozoologen und Autor Michael Schneider in Verbindung. Seiner fachkundigen Meinung nach ist die Erklärung simpel und alles andere als mysteriös: Da waren Mäuse am Werk.

Die Körper von Mäusen, die im strengen Winter ihren Unterschlupf verlassen, um nach Nahrung zu suchen, erklärte mir Schneider, hinterlassen Abdrücke im Schnee, die – wenn sie von der Sonne angetaut werden – an Hufeisen erinnern. Dies habe der Zoologe Alfred Leutscher schon 1964 dokumentiert.

Die *London Times* hatte in ihrer Ausgabe vom 16. Februar 1855 eine »Schrittweite« der Spuren von 20 Zentimetern erwähnt. Das entspricht, so Schneider, dem Sprung einer Waldmaus. »Alle späteren Größen sind Erfindungen der Presse und diverser Autoren«, so der Fachmann.

Auch das plötzliche Ende mancher Spuren ließe sich demnach ganz einfach erklären: Ein Raubvogel hat sich die Maus gegriffen. Und für den Nager war's das dann.

Am 11. Februar 2010 bekam ich auf meine Bitte hin vom britischen National Meteorological Archive (»Met Office«) umfangreiche Wetterdaten über die Monate Januar und Februar des Jahres 1855 in Devon zur Verfügung gestellt. Aus den klimatischen Tagesprotokollen geht hervor, dass dort zu der Zeit eine Temperatur von circa −1 Grad Celsius herrschte. Daher war es durchaus möglich, dass Abdrücke im Schnee antauten. »Ich weiß aber nicht, welche Art Nagetier das in Devon gewesen sein sollte«, schrieb mir die Zoologin Professor Dr. Jana Eccard Ende Februar 2010, »denn in England gibt es keine Springmäuse«. Allerdings sei in Devon die Waldmausart *Apodemus sylvaticus* verbreitet, und diese könne springen. Auch gab mir Professor Dr. Eccard zu bedenken:

»[…] ich muss aber gestehen, dass ich auch etwas ratlos bin. Man kennt ja von Eichhörnchenspuren das Phänomen, dass die Spuren der langen Hinterläufe neben und vor den Spuren der Vorderläufe liegen und so ein U entsteht (nicht der Körper, sondern die Kombination der vier Pfotenabdrücke). Wenn es ein bisschen taut, sodass die Details der Fußabdrücke verwischen, oder der Schnee matschig ist wie oft in England, dann könnte ich mir vorstellen, dass man nur noch das U sehen kann. Die Fortbewegungsrichtung der vermeintlichen Hufe zeigt dann in die andere Richtung als die Fortbewegung des Spurenverursachers.«

Für die rätselhaften Phänomene in Devon ist das wohl die richtige Lösung.

Was aber ist mit den Beobachtungen in der Antarktis? Mäuse gibt es dort jedenfalls nicht …

32

DIE GRÜNEN KINDER VON WOOLPIT

Woolpit im englischen Suffolk. In diesem kleinen Dorf in der Nähe von Bury St. Edmunds soll sich 1154, im Jahr des Todes von König Stephan von Blois, etwas Denkwürdiges zugetragen haben.

Ein Zeitgenosse, der Historiker William von Newburgh (etwa 1136–1198), kolportierte in seiner *Historia rerum anglicarum* (auch *Historia de rebus anglicis, History of English Affairs*), dass aus heiterem Himmel zwei wildfremde Kinder in Woolpit aufgetaucht seien. Sie sprachen eine unbekannte Sprache und hatten – grüne Haut. Newburgh stand dieser Geschichte sehr skeptisch gegenüber, entschloss sich aber dennoch, sie in seinen Sammelband über die Geschichte Englands von 1066 bis 1198 aufzunehmen. Er schrieb:

»Ich darf nun nicht unterlassen, von einem Wunder zu berichten, wie man es seit Beginn der Zeit noch nicht vernahm, welches unter König Stephan geschehen ist. Ich selber habe lange gezögert, daran zu glauben, obwohl viel

Volk großes Geschrei darum machte. Und ich hielt es für lächerlich, eine Sache hinzunehmen, für die doch kein Grund sprach, oder doch nur sehr dunkle Gründe. Bis ich vom Gewicht so vieler Zeugen überwältigt war, dass ich das wohl glauben und bewundern musste, was mein Verstand vergeblich zu begreifen oder zu erreichen trachtet.«

Welches »Wunder« war es denn nun aber, das von Newburgh trotz seiner ursprünglichen Bedenken der Nachwelt nicht vorenthalten wollte?

»Es gibt in England ein Dorf, das etwa sieben oder acht Kilometer von dem ehrwürdigen Kloster des seligen Königs und Märtyrers Edmund entfernt liegt, wo man gewisse Gräben aus uralten Zeiten sehen kann […]. Es geschah zur Zeit der Ernte, als die Erntearbeiter das Korn einsammelten, dass aus diesen beiden Gründen ein Mädchen und ein Junge hervorkrochen, die am ganzen Körper grün und in unbekannter Farbe und Stoffart gekleidet waren. Sie liefen verstört auf dem Feld herum, bis die Bauern sie mitnahmen und in das Dorf brachten, wo alles Dorf zusammenlief, sich das Wunder zu betrachten.« (zit. N. Krassa/Habek)

Auch Ralph von Coggeshall, 1207 bis 1218 Abt des etwa 50 Kilometer vom Ort des Geschehens entfernten Zisterzienserklosters Coggeshall Abby, notierte in seinen Chroniken:

»Niemand konnte ihre Sprache verstehen. [...] Man setzte ihnen Brot und andere Nahrung vor, wovon sie aber nichts anrührten, obwohl der Hunger sie plagte, wie das Mädchen später zugab. Als aber frisch geschnittene Bohnen mit Stielen ins Haus gebracht wurden, machten sie eifrig Zeichen, dass man sie ihnen geben solle. Sie öffneten die Stiele statt der Schoten. Als sie aber die Bohnen nicht fanden, weinten sie. Mitleidig öffneten die Anwesenden die Schoten und zeigten ihnen die Bohnen, die sie mit großer Freude aßen. Lange Zeit nahmen sie keine andere Nahrung zu sich. Der Junge war immer matt und niedergeschlagen, und er starb nach kurzer Zeit. Das Mädchen erfreute sich stets guter Gesundheit, und nachdem sie sich an verschiedene Nahrung gewöhnt hatte, verlor sie die grüne Farbe.«

Das seltsame Mädchen, das später sogar geheiratet haben soll, wurde, nachdem es die englische Sprache gelernt hatte, immer wieder gefragt, wo es denn hergekommen sei. Aus einem fernen Land, gab sie an, in dem alles – auch die Menschen – grün war. Sonnenschein wie in Woolpit kannte man dort angeblich nicht, stattdessen herrschte immer Zwielicht. Eines Tages, so das Mädchen, habe sie zusammen mit ihrem Bruder eine Höhle betreten. Dort wurden sie von einem Glockenschlag »verzaubert«. Und schon befanden sie sich in England. Ralph von Coggeshall schrieb:

»[Das Mädchen sagte:] Wir kommen aus St. Martins-Land, das ist bei uns der größte Heilige. [...] Eines Tages hüteten wir die Herde unseres Vaters auf dem Feld, als wir einen großen Lärm hörten, so als ob hier alle Glocken in St. Edmunds gleichzeitig läuteten. Uns wurde dunkel vor den Augen. Plötzlich fanden wir uns auf euren Kornfeldern wieder.«

Die Wiener Phänomene-Jäger und Schriftsteller Peter Krassa und Reinhard Habeck verweisen darauf, dass eine praktisch identische Geschichte auch in Spanien kursierte. Sie handelt von den »grünen Kindern von Banjos«. Demnach fanden katalonische Bauern im August 1887 vor einer Höhle zwei weinende Kinder. Auch deren Sprache verstand niemand. Die weitere Geschichte deckt sich mit der aus Woolpit: Die Kinder hatten eine grüne Hautfarbe, aßen gern grüne Bohnen und der Junge starb bald. Der Name des Mannes, der sie bei sich aufgenommen hatte, soll Ricardo de Calno gelautet haben. Im englischen Woolpit hieß er Richard de Calne.

Eine merkwürdige Übereinstimmung?

Wohl kaum, vermuten Historiker. Die Geschichte aus Spanien scheint einfach abgekupfert zu sein.

Was aber nichts daran ändert, dass das Rätsel der grünen Kinder von Woolpit nach wie vor ungelöst ist. Handelt es sich dabei nur um eine Legende, oder hat sie einen realen Kern?

Haben diejenigen recht, die glauben, dass die Kinder aus einem Paralleluniversum stammten oder aus einem Reich im Inneren der Erde? Oder doch eher nüchterne, weniger fantasievolle Köpfe, für die es sich einfach um Fremde handelt, die von ihren Eltern ausgesetzt wurden? Vielleicht waren es flämische Kinder, wie der Autor Paul Harris vermutet? Vielleicht war der Herkunftsort der Kinder, das

»St. Martins-Land«, aber auch nichts anderes als das nur 13 Kilometer von Woolpit entfernte Dorf Fornham St. Martin? Und die fremde Sprache der Kinder damit einfach ein Dialekt und die Kinder hatten sich nur verlaufen? Was aber hatte es mit ihrer Hautfarbe auf sich? Litten sie unter einer Krankheit oder Mangelerscheinung wie etwa der »grünen Chlorose« (Anämie)?

Nur eines ist sicher: Der Vorfall, falls er sich denn überhaupt so ereignet hat, bleibt mysteriös.

33

VERSCHWÖRUNG UM »DIE MAUER VON GIZEH«

Wann immer irgendwo auf der Welt das Gerücht aufkäme, eine kilometerlange hohe Mauer würde errichtet, von der nichts Näheres bekannt ist, wäre die Empörung groß. Und wenn es sich gar um ein bedeutendes Kulturerbe der Menschheit handeln würde …

2002 wurden die ersten Vermutungen laut. »Gizeh wird geschlossen« hieß es, oder »Die Pyramiden werden heimlich eingemauert«. Und wie immer erwies sich das Internet auch in diesem Fall als ideale Plattform für den Austausch von allerlei Gedanken, Ängsten, Spekulationen und Verdächtigungen. Die einen unterstellten den ägyptischen Behörden, »geheime Forschungen« zu betreiben und die Öffentlichkeit von »sensationellen Entdeckungen« ausschließen zu wollen, während andere mutmaßten, die Gizeh- (oder Giza-)Mauer existiere gar nicht und die Fotos, die von ihr veröffentlicht wurden, seien bloße Fälschungen.

Ich wollte es damals genauer wissen und flog hin. Und tatsächlich: Die Mauer steht. Zwischen 2002 und 2005 wurde das gesamte Pyramiden-Plateau von Gizeh umzäunt (siehe Bildteil).

Im Osten wird die Mauer noch von einem circa drei Meter hohen Zaun gekrönt, im südlichen Bereich der Wüste und in weiten Stücken im Westen ist sie jedoch bloß ein Gitterzaun mit einem Betonfundament. Das Plateau kann jetzt nur noch durch drei Eingänge betreten werden.

Direkt eingezäunt sind die Pyramiden jedoch nicht, denn die Mauer verläuft »unsichtbar«, 800 Meter und mehr von den Monumenten entfernt. Deshalb konnte man Ende 2005 in einem Reisebericht auch lesen: »Ich war gerade in Gizeh, da steht keine Mauer.« Wenn man nicht gezielt nach ihr sucht, findet man sie nicht. Touristen, die den Sehenswürdigkeiten auf dem Plateau nur eine Stippvisite per Bus abstatten, werden sie kaum bemerken.

Acht Millionen Euro (= 55 Millionen ägyptische Pfund) hat der Bau der Eingrenzung offiziell gekostet. Kritische Stimmen fragen: Woher kam dieses Geld? Etwa von der ägyptischen Antikenverwaltung, die bislang noch nicht einmal die Mittel für den dringend nötigen Neubau des Ägyptischen Museums in Kairo aufbringen konnte?

Verschwörungstheorien schossen ins Kraut. Man munkelte von »geheimen Organisationen« im Hintergrund und von dunklen Geldquellen. Von heimlichen Ausgrabungen und möglichen sensationellen Entdeckungen, die der Öffentlichkeit bewusst vorenthalten würden.

Nun finden auf dem Areal tatsächlich ständig archäologische Arbeiten statt, Grabungen und Untersuchungen aller Art. Hätte man deswegen aber gleich das gesamte Plateau einzäunen müssen? Und selbst wenn man davon ausginge, dass hier irgendwelche Geheimoperationen vonstattengingen: Würde die Errichtung einer Mauer dann nicht erst recht die Aufmerksamkeit der Öffentlichkeit darauf gelenkt haben?

Nein, die Erklärung ist viel simpler. Und zur Abwechslung auch mal erfreulicher.

Die Pyramiden von Gizeh gehören zum Weltkulturerbe und stehen als solche unter dem Schutz der UNESCO, die ihren Erhalt auch finanziell unterstützt. Könnte es nicht also sein, dass die UNESCO die Mauer mitfinanziert hat? Und dass sie nicht irgendwelchen ominösen Geheimprojekten dient, sondern dem Schutz des Plateaus?

Genauso ist es.

Kairo und Gizeh sind Teil eines gigantischen Metropolenkomplexes, der ständig wächst und sich ausdehnt. Wer beispielsweise am Sphinx-Tempel steht, erkennt, dass die Wohnhäuser von Gizeh bis beinahe an die Grenze des Plateaus heranreichen. Denn die Pyramiden stehen ja nicht einsam in der Wüste, wie es Postkartenmotive vermuten lassen, sondern fast schon mitten im Ort.

Man muss wissen, dass in Ägypten »wilde« Bautätigkeiten Usus sind. Und dass Häuser, die einmal stehen, nicht so einfach wieder abgerissen werden dürfen. Mit dem Bau der Gizeh-Mauer nun wurde dem übergreifenden Bauboom ein Riegel vorgeschoben.

Doch sie erfüllt noch weitere Zwecke: Gizeh ist eine riesige Müllhalde. Wohin man auch geht und blickt, überall wimmelt es von Plastikmüll, leeren Getränkedosen, Flaschen und allerlei anderem Dreck. Da es keine Abfalleimer gibt, liegt das Zeug einfach am Boden herum, auch unmittelbar bei den Pyramiden. Und in diesem Fall sind es ausnahmsweise einmal nicht die Touristen, die für die Massen von Unrat verantwortlich sind, sondern eher die Einheimischen, denen das Terrain als Naherholungsgebiet dient.

Vor dem Mauerbau gab es jede Woche das gleiche Ritual: Am Freitag, dem wöchentlichen Feiertag in Ägypten, zog es Ströme von Großfamilien mit Sack und Pack, mit Kind und Kegel und Tüten voll Picknick-Utensilien auf das Plateau. Dort verbrachten sie schöne Stunden und zurück blieb der Müll.

Die Kinder fühlten sich wie auf einem Abenteuerspielplatz. Sie kletterten auf die Königinnen-Pyramiden neben den Hauptpyramiden. Und die Wächter kapitulierten angesichts des großen Andrangs.

Für viele – Andenkenhändler, lebende Fotomotive, Kameltreiber, die ihre Tiere für einen kleinen Ausritt vermieten wollen – ist das Gizeh-Plateau aber auch ein Arbeitsplatz. Diese »Touristenjäger« nutzen die Gräber der Pharaonen als Toilette. Sie verrichten ihre Notdurft in den Eingängen zu Grabanlagen und Schächten.

Die Umzäunung nun soll verhindern, dass das Plateau unkontrolliert betreten und verschmutzt werden kann. Zwar gibt es heute schon das eine oder andere Schlupfloch, im großen Ganzen aber gilt immer noch, dass der Zugang nur durch die drei offiziellen Eingänge möglich ist.

Die Antikenverwaltung begründet den Bau der Mauer rund um die Pyramiden nicht zuletzt mit dem Schutz der Besucher vor möglichen Terroranschlägen. Denn der Schock des Massakers am Hatschepsut-Tempel in Luxor im November 1997, bei dem 62 Menschen ums Leben kamen, sitzt immer noch tief. Und die Terrorgefahr ist tatsächlich nicht zu unterschätzen.

Deshalb wird jeder Besucher schon am Eingang zum Plateau kontrolliert, unter anderem mithilfe von Metalldetektoren. Das Risiko eines Anschlags wird dadurch zwar nicht gänzlich ausgeschlossen, aber doch erheblich reduziert.

Mein Kollege, der Autor, Philosoph und Referent Armin Risi, hat mich übrigens darauf hingewiesen, dass in Reiseführern über Ägypten schon in den Siebzigerjahren die Forderung nach einer Mauer um das Pyramiden-Plateau von Gizeh erhoben wurde, um es vor Vandalismus und Verschmutzung zu schützen. Nun, jetzt ist sie da, die Mauer.

Und das Fazit: Von irgendwelchen Verschwörungen, geheimen Forschungen und dunklen Machenschaften kann keine Rede sein. Vielmehr bietet die Mauer, die das siebte Weltwunder umgibt, sowohl den Kulturschätzen selbst als auch ihren Besuchern Schutz. Und das ebenso sinnvoll wie zweckmäßig.

34

WAR JURI GAGARIN WIRKLICH DER ERSTE MENSCH IM ALL?

Wer war wirklich der erste Astronaut im All? Sind die Amis je auf dem Mond gelandet? Und wenn ja (wovon ich überzeugt bin): Begegneten den Astronauten auf ihrem Weg dorthin unbekannte Flugobjekte? Standen UFOs auf dem Erdtrabanten, als Neil Armstrong seinen kleinen Schritt machte, den »großen Sprung für die Menschheit«?

Die frühe Geschichte der Raumfahrt bietet reichlich Stoff für Mutmaßungen und Spekulationen. Was nicht weiter wundernimmt, waren doch im Kalten Krieg zwischen den USA und der UdSSR Erfolge im All scharfe Propagandawaffen.

Im Kampf der Systeme, dem Wettlauf von Ost und West, hatte zunächst die Sowjetunion die Nase vorn. Am 4. Oktober 1957 wurde im kasachischen Baikonur der erste künstliche Satellit auf eine Erdumlaufbahn geschossen. Die Vereinigten Staaten waren im »Sputnik-Schock«.

Und während es noch ein Jahr dauern sollte, bis in den USA die NASA gegründet wurde, bauten die Russen ihren Vorsprung weiter aus: Mit der berühmten Laika schickten sie das erste Lebewesen gezielt ins All (wenngleich die Hündin den Start der Rakete nur um wenige Stunden überlebte, wie man heute weiß).

Ihren größten Sieg allerdings feierte die Sowjetunion am 12. April 1961, als die Raumkapsel Wostok 1 mit Juri Alexejewitsch Gagarin (1934–1968) an Bord die Erde in 108 Minuten einmal umrundete und unversehrt zurückkam. Der erste Mensch im All – ein Sowjetbürger! Ein Nationalheld.

Partei- und Regierungschef Nikita Sergejewitsch Chruschtschow (1894–1971) wusste diesen Erfolg propagandawirksam auszuschlachten.

Sein Gegenpart, Präsident John F. Kennedy (1917–1963), zog sofort nach. Am 25. Mai 1961 verkündete er die Absicht der US-Regierung, noch vor Ablauf des Jahrzehnts eine bemannte Mondmission zu realisieren.

Soweit die scheinbar gesicherten historischen Fakten.

War Juri Gagarin aber wirklich der erste Mensch im All? Oder war er nur der Erste, der dieses Abenteuer lebend überstand? Könnte es vielleicht sogar sein, dass er in Wahrheit nie auf eine Erdumlaufbahn geschickt wurde? Dass ihn die Partei- und Staatsführung der UdSSR der Weltöffentlichkeit nur präsentierte, um von der Tatsache abzulenken, dass vorhergehende Weltraumunternehmungen tragisch gescheitert waren?

Der ungarische Autor István Nemere jedenfalls stellte diese Behauptung 1990 auf. Und er wies auch darauf hin, dass es keinerlei Filmmaterial gibt, das den Start der Wostok 1 oder Gagarins Rückkehr zur Erde dokumentieren könnte.

Das mutet in der Tat merkwürdig an. Ein historisch derart bedeutsames Ereignis sollte nicht in bewegten Bildern festgehalten worden sein? Und das von den Sowjets, die seit jeher Meister auf der Klaviatur der Eigenwerbung waren?

Seltsam ist auch, dass sich russische Wissenschaftler erst nach Tagen auf eine einheitliche Angabe von Dauer und technischen Daten des Gagarin-Fluges verständigen konnten. Nicht zuletzt wirft auch der frühe Tod des »Helden der Sowjetunion« Fragen auf. Die genauen Umstände seines Absturzes mit einer MiG-15 bei einem Übungsflug am 27. März 1968 sind bis heute nicht geklärt. Verschwörungstheoretiker mutmaßen, Gagarin könnte zu viel gewusst haben …

Entsprechen die Gerüchte, dass schon vor Gagarin Kosmonauten ins All geschickt wurden, also möglicherweise tatsächlich der Wahrheit?

Infrarotaufnahmen, die vor dem kritischen Datum, jenem 12. April 1961, von amerikanischen Spionageflugzeugen aus gemacht wurden, scheinen darauf hinzuweisen, dass das Erdreich an Stellen, an denen zuvor noch sowjetische Raketen gestanden hatten, verbrannt war. Wo waren diese Flugkörper geblieben? Waren sie ins All geschossen worden? Und wenn ja: Hatten sie Menschen an Bord?

Einem Gerücht zufolge kreist seit dem 11. Februar 1959 eine russische Raumkapsel mit der Leiche Serenty Schiborins durch den Orbit. 28 Minuten nach dem Start sollen Funker noch Signale des Kosmonauten aufgefangen haben, danach hörte man angeblich nie wieder etwas von ihm.

Das nächste menschliche Versuchskaninchen könnte Pjotr Dolgow gewesen sein, von dem es heißt, er habe am

11. Oktober 1960 auf Nimmerwiedersehen den Flug ins All angetreten. Chruschtschow persönlich soll ihn für diese Mission ausgewählt haben, behauptet István Nemere. Ihm zufolge hatte Dolgow den Auftrag, von unterwegs aus eine Grußbotschaft an die Mitglieder der UNO zu richten. Doch dazu kam es nie. Auch dieser Kosmonaut schien spurlos verschwunden zu sein. Zwar soll es eine Zeit lang noch Funksprüche und sogar SOS-Signale gegeben haben, die möglicherweise von Dolgow stammten, aber ...

Zu einem ähnlichen Zwischenfall kam es am 2. Februar 1961, als in Turin von den Amateurfunkern Achille und Gian Battista Judica-Cordiglia Funksprüche eines Mannes, wahrscheinlich eines Russen, aufgefangen wurden, der allem Anschein nach in höchster Not war. Erstickungsgeräusche, dann brach der Kontakt ab. War (auch) das das letzte Lebenszeichen eines Kosmonauten, der im Wettlauf ins All den Tod fand? Die Aufnahmen wurden damals kontrovers diskutiert. Sogar als »gefälscht« wurden sie angesehen, zum Beispiel von dem schwedischen Raumfahrtkenner Sven Grahn. (Auch in der Schweiz fing damals übrigens der Funkamateur Walter Kunz solche Funknachrichten aus dem All auf.) Heute sind die Mitschnitte aus Italien für jedermann unter judicacordiglia.it zu finden. Ebenso wie der Funkkontakt mit einer Kosmonautin, die unbemerkt von der Öffentlichkeit *nach* Gagarin am 23. Mai 1961 mit ihrer Raumkapsel in der Erdatmosphäre verglüht sein soll ...

1975 machte der spanische Schriftsteller und Journalist Juan José Benítez von sich reden, als er die Behauptung aufstellte, sogar schon einige Monate vor den Amerikanern hätten zwei Russen dem Mond einen Besuch abgestattet. In geheimer Mission wären sie auf der Rückseite unseres Trabanten gelandet, um seltsamen »Lichtsignalen« (»Moonblicks« genannt) nachzugehen. Benítez:

»Einer der Kosmonauten entdeckte [...] in der Nähe ihrer Landestelle so etwas wie Anlagen und Gebäude, die jedoch auf den ersten Blick verlassen schienen.«

Nachdem die beiden Männer der Bodenkontrolle von ihrer Beobachtung berichtet hätten, seien sie, so Benítez, auf die scheinbar verlassene Alien-Basis zugegangen. Doch plötzlich nahmen sie dort eine Bewegung wahr. Einer der Kosmonauten griff zur Waffe, das Geschoss prallte von seinem Ziel ab, und der Mann selbst kam ums Leben.

Da stellen sich schon allerlei Fragen: Ist es überhaupt möglich, von der *Rückseite* des Mondes aus zur Erde zu funken? Warum hätten die Kosmonauten bewaffnet sein sollen? Das sind nur die nächstliegenden.

Aber schon am 14. Januar 1961 berichtete der angesehene britische *Observer* unter Berufung auf Paul Hickman (»United States Armed Forces Industrial College Staff«), dass den USA der Name eines von zwei Kosmonauten bekannt sei, die vor Gagarin im All starben.

Doch es gibt einen ehemaligen Kosmonauten, der heute noch lebt und behauptet: »Ich war vor Gagarin im All!« Sein Name: Vladimir Ilyushin Jr. Seinen Angaben zufolge (s. dpa-Meldungen vom 22. und 24. April 1961) startete er am 7. April 1961 (fünf Tage vor Gagarin) mit dem Raumschiff Rossiya, umrundete die Erde dreimal und landete dann wieder, wenn auch schwer verletzt. Fünfjährige Recherchen und Interviews mit Ilyushin Jr., die der TV-Produzent Elliott Haimoff für eine Dokumentation in der Reihe *Phenomenon – The Lost Archives* durchführte, scheinen diese Behauptung zu bestätigen. Demnach wussten auch die USA davon.

Warum die Öffentlichkeit von diesen Pannen, sollten sie sich denn je ereignet haben, nichts erfuhr, lässt sich, glaube ich, leicht erklären. Raumfahrt war während des Kalten Krieges ein wichtiges Instrument der Weltpolitik. Und auf diesem Gebiet wäre in den Augen der Kontrahenten jede Schlappe einer ernst zu nehmenden Niederlage gleichgekommen.

Ist eine solche Geheimhaltung aber auch heute noch nötig? Die Antwort, die ich auf diese Frage im Sommer 2010 von der Nasa und dem Deutschen Institut für Luft- und Raumfahrt erhielt, war ebenso ernüchternd wie vielsagend: »Kein Kommentar«.

TEIL V

ANHANG

QUELLEN UND
WEITERFÜHRENDE LITERATUR

TEIL I

ARCHÄOLOGISCHE MYSTERIEN

1   Eine 65 Millionen Jahre alte Kultur in Rumänien?

KRASSA, PETER: *Menschen vor 60 Millionen Jahren? – Rätselhafter Fund in Rumänien stellt Geschichte auf den Kopf.* In: Ancient Skies Nr. 1/1991

KUSCH, HEINRICH UND INGRID: *Tore zur Unterwelt.* Graz 2009

2   Der »Kohleschädel von Freiberg«

BÜRGIN, LUC: *Rätsel der Archäologie.* München 2003

KERSTEN, HERRN: *Über einen in Brauneisenstein und Bitumen umgewandelten Menschenschädel.* In: Archiv für Mineralogie, Geognosie, Bergbau und Hüttenkunde. Nr. 16, 1842

KRAMER, ANDRÉ: *Freiberger Kohleschädel.* Mysteria3000 ohne Datum unter: http://www.mysteria3000.de/wp/freiberger-kohleschadel/

NOZEN, BERND: *Der Freiberger »Kohleschädel«: Kuriose Fälschung oder 15 Millionen Jahre altes Relikt?* In: Sagenhafte Zeiten Nr. 2/1999

ROSELT, GERHARD: *Zum Kohleschädel der Freiberger Sammlungen: Ergebnisse bisheriger und neuer Untersuchungen.* In: Zeitschrift für angewandte Geologie Nr. 34, 1988

STUTZER, O.: *Die wichtigsten Lagerstätten der »Nicht-Erze«. Teil II: Kohle (Allgemeine Kohlengeologie)*. Berlin 1923

3 James Camerons falsche Sensationen

HESEMANN, MICHAEL: *Die Dunkelmänner*. Augsburg 2007

HESEMANN, MICHAEL: *Jesus von Nazareth*. Augsburg 2009

Hürter, Tobias: *Die tausend Gräber Jesu*. In: Die Zeit vom 4. April 2007 (Nr. 15)

JACOBOVICI, SIMCHA & PELLEGRINO, CHARLES: *The Jesus Family Tomb*. New York 2007

LAMPE, PETER: *Die DNS des Herrn*. Süddeutsche Zeitung am 2. März 2007 unter: http://www.sueddeutsche.de/wissen/552/326416/text/

O.A.: *Streit um angebliches Jesus-Grab entbrannt*. Stern am 26. Februar 2007 unter: http://www.stern.de/wissen/natur/archaeologie-streit-um-angebliches-jesus-grab-entbrannt–583437.html

PROSOPOGRAPHY AND THE TALPIYOT YESHUA FAMILY TOMB: *Pensées of a Palaeographer*. Society of Biblical Literature, März 2007, unter: http://sbl-site.org/publications/article.aspx?articleId=649

RIESNER, RAINER: *Ein falsches Grab, Maria Magdalena und kein Ende*. Theologische Beiträge, 38. Jg. 2007

SCHMITT, STEFAN: *Der Heiland würde im Grab rotieren*. Spiegel online am 27. Februar 2007 unter: http://www.spiegel.de/wissenschaft/mensch/0,1518,468954,00.html

SCHMITT, STEFAN: *Sakro-Schnitzeljagd*. Spiegel online am 6. April 2007 unter: http://www.spiegel.de/kultur/gesellschaft/0,1518,475997,00.htm

SPITZKE, ROY: *Das Grab der Jesus-Familie*. Suite101 am 10. April 2009 unter: http://religioese-intoleranz-heute.suite101.de/article.cfm/das_grab_der_jesusfamilie

4 Ein Täfelchen aus Nussbaumholz

BADDE, PAUL: *Da habt ihr euren König.* In: Vatican Magazin Nr. 3/2008

BELLA, FRANCESCO, & AZZI, CAROL: *14C Dating of the »Titulus Crucis«.* In: Radiocarbon vol. 44, Nr. 3/2002

DIE BIBEL. Freiburg i. Br. 1965

HESEMANN, MICHAEL: *Die Jesus-Tafel.* Freiburg i. Br. 1999

HESEMANN, MICHAEL: *Die stummen Zeugen von Golgatha.* München 2000

HESEMANN, MICHAEL: *Jesus von Nazareth.* Augsburg 2009

NEUE JERUSALEMER BIBEL. Freiburg i. Br. 1985

THIEDE, CARSTEN PETER, & D'ANCONA, MATTHEW: *Das Jesus-Fragment.* Gießen 2004

5 Die rätselhaften Riesenmurmeln

DÄNIKEN, ERICH VON: *Meine Welt in Bildern.* Düsseldorf 1973

DÄNIKEN, ERICH VON: *Zurück zu den Sternen.* Düsseldorf 1969

DJURDJEVIĆ, NENAD: *Bosnian Stone Spheres Revisited – Photographic Report.* Info-PDF von Bosnian-Pyramid.com 2009

HOOPES, JOHN: *Stone Balls of Costa Rica.* Unter: http://web.ku.edu/~hoopes/balls/

INFORMATIONEN ZU DEN STEINKUGELN AUF FRANZ-JOSEF-LAND unter: http://www.franz-josef-land.info/index.php?id=652

INFORMATIONEN ZU DEN STEINKUGELN IN BOSNIEN unter: http://www.bosnian-pyramid.com/galleries/stone-spheres/

INTERNATIONAL MEETING ON THE COMPARATIVE ANALYSIS OF THE ARCHAEOLOGICAL SITE DELTA OF DIQUIS. United Nations Educational, Scientific an Cultural Organization, unter: http://whc.unesco.org/en/events/667/

O. A.: *Felskolosse: Das Rätsel von Costa Ricas Steinkugeln.* Spiegel online am 29. März 2010 unter: http://www.spiegel.de/wissenschaft/mensch/0,1518,685257,00.html

PRE-COLUMBIAN SPHERES OF COSTA RICA. Information from Tentative List Database of Costa Rica, Ministerio de Cultura 10. Juli 2001

STONE, DORIZ Z.: *Preliminery Investigation of the Flood Plain.* In: American Antiquity, vol. 9, Juli 1943

6   Die Steine von Ica

BENÍTEZ, J. J.: *Existió otra humanidad.* Nascav 1975

CABRERA DARQUEA, JAVIER: *El Mensaje de las Piedras Grabadas De Ica.* Lima 1976

CABRERA, JAVIER: *Videointerview* unter http://www.labyrinthina. com/ica.htm

CARROLL, ROBERT: *Ica Stones.* The Sceptic's Dictionary am 23. Februar 2009 unter: http://www.skepdic.com/icastones.html

CHARROUX, ROBERT: *Das Rätsel der Anden.* Düsseldorf 1978

DÄNIKEN, ERICH VON: *Beweise.* Düsseldorf 1977

DOORE, KATHY: *The Ica Stones of Peru.* 1998–2009 unter: http://www. labyrinthina.com/ica.htm

LANGBEIN, WALTER-JÖRG: *Bevor die Sintflut kam.* München 1996

MUSEO DE PIEDRAS GRABADAS DE ICA unter: http:// www.museodepiedrasgrabadasdeica.com.pe

OLAZAR BENGURIA, MARIA DEL CARMEN & MARISCAL, FELIX ARENAS: *ica-steine: sind sie doch echt?* In: Mysteries Nr. 5/2009

OLAZAR BENGURIA, MARIA DEL CARMEN & MARISCAL, FELIX ARENAS: *La Verdad Sobre las Piedras de Ica.* Barcelona 2008

PETRATU, CORNELIA, & ROIDINGER, BERNARD: *Die Steine von Ica.* München und Essen 1994

POLIDORO, MASSIMO: *Ica Stones: Yabba-Dabba Do!* In: Skeptical Inquirer Nr. 5, September/Oktober 2002

7 War die Grabkammer in der Cheops-Pyramide wirklich leer?

DÄNIKEN, ERICH VON: *Die Augen der Sphinx.* München 1989

ERCIVAN, ERDOGAN: *Das Sternentor der Pyramiden.* Rottenburg 1997

ERCIVAN, ERDOGAN: *Verbotene Ägyptologie.* Rottenburg 2001

FISCHINGER, LARS A.: *Historia Mystica.* München 2009

FISCHINGER, LARS A.: *Mythos Cheops-Pyramide.* In: Q'Phaze Nr. 3/2009

GÖÖCK, ROLAND: *Die großen Rätsel unserer Welt.* Gütersloh 1969

GRAEFE, ERICH: *Das Pyramidenkapitel in Al-Makrizi's »Hitat«*, Leipziger semitistische Studien, Band V 1911

RÉTYI, ANDREAS VON: *Geheimakte Gizeh-Plateu.* Rottenburg 2005

SITCHIN, ZECHARIA: *The Stairway to Heaven. Avon Books* 1980

VYSE, RICHARD WILLIAM HOWARD: *Operations carried on at the Pyramids of Gizeh in 1837.* Bd I & II London 1840.

8 Das Rätsel der Pyramiden vom Dongting-See

BUTTLAR, JOHANNES VON: *Leben auf dem Mars.* München 1987

BUTTLAR, JOHANNES VON: *Zeitriß.* München 1989

DENDL, JÖRG: *Chinas phantastische Vergangenheit.* G.R.A.L.-Sonderband Nr. 11, Berlin 1998

DENDL, JÖRG: *Das Geheimnis der »chinesischen Pyramiden«.* In G.R.A.L. Nr. 3/1996

FISCHINGER, LARS A.: *Die Götter waren hier!* Lübeck 2001

FISCHINGER, LARS A.: *Göttliche Zeiten.* Münster 1996

HAUSDORF, HARTWIG, & KRASSA, PETER: *Satelliten der Götter.* München 1995

HAUSDORF, HARTWIG: *Die weiße Pyramide.* München 1994

KRASSA, PETER: *... und kamen auf feurigen Drachen.* Wien 1984

KRASSA, PETER: *Als die gelben Götter kamen.* München 1973

KRASSA, PETER: *Chinas schweigende Zeugen.* In: EFODON-SYNESIS Nr. 5/2001

O.A.: *Ufos vor 45000 Jahren?* In: Das vegetarische Universum, Nr. 9/1961 (September)

PAUWELS, LOUIS & BERGIER, JACUES: *Die Entdeckung des ewigen Menschen.* Wien 1971

STUMPF, HANS E: *Das Abenteuer der biblischen Forschung.* Wiesbaden 1966

9 Die »Weiße Pyramide« – das Ende einer Suche?

BUTTLAR, JOHANNES VON: *Leben auf dem Mars.* München 1987

CATHIE, BRUCE: *Bridge to Infinity.* Bolder 1989

CHARROUX, ROBERT: *Die Meister der Welt.* Düsseldorf 1972

COPPENS, PHILIP: *China's Great Pyramids Controversy.* In: Nexus New Time Magazin 1995 unter: http://www.philipcoppens.com/china_pyr.html

CROWLEY, BRIAN: *The Face on Mars.* Melbourne 1986

DENDL, JÖRG: *Chinas phantastische Vergangenheit.* G.R.A.L.-Sonderband Nr. 11, Berlin 1998

DENDL, JÖRG: *Das Geheimnis der »chinesischen Pyramiden«.* In G.R.A.L. Nr. 3/1996

DENDL, JÖRG: *Die »Weiße Pyramide«.* In G.R.A.L. Nr. 4/1996

DENDL, JÖRG: *Die große Pyramide von Xian.* In: Sagenhafte Zeiten Nr. 5/2002

FISCHINGER, LARS A.: *Die Götter waren hier!* Lübeck 2001

FISCHINGER, LARS A.: *Göttliche Zeiten.* Münster 1996

HAIN, WALTER: *Das Mars-Gesicht.* München 1995

HAIN, WALTER: *Pyramiden in China.* In: Ancient Skies Nr. 6/1991

HAUSDORF, HARTWIG, & KRASSA, PETER: *Satelliten der Götter.* München 1995

HAUSDORF, HARTWIG: *Die weiße Pyramide.* München 1994

KRASSA, PETER: *... und kamen auf feurigen Drachen.* Wien 1984

KRASSA, PETER: *Als die gelben Götter kamen.* München 1973

KRASSA, PETER: *Chinas schweigende Zeugen.* In: EFODON-Synesis Nr. 5/2001

SCHRÖDER, DIETMAR: *Auf der Suche nach der Weißen Pyramide.* In: Sagenhafte Zeiten Nr. 3/2002

SCHRÖDER, DIETMAR: *Pyramiden im Reich der Mitte.* In: Sagenhafte Zeiten Nr. 4/2001

WELSS, MARK & RICHARD: *The Xianyang Pyramids.* 6. November 2001 unter: http://www.earthquest.co.uk/articales/articale4.html

10   Eiszeit-Pyramiden im Rock Lake?

CERAM, C. W.: *Der erste Amerikaner.* Reinbek 1972

ERMEL, GISELA: *Das Moundbuilder Phänomen.* Groß-Gerau 2008

JOSEPH, FRANK (HRSG.): *Discovering the Mysteries of Ancient America.* Franklin Lakes 2006

JOSEPH, FRANK: *Atlantis in Wisconsin.* Lakeville 1995

JOSEPH, FRANK: *Survivors of Atlantis.* Vermont 2004

JOSEPH, FRANK: *The Lost Civilization of Lemuria.* Vermont 2006

JOSEPH, FRANK: *The Lost Pyramids of Rock Lake.* Lakeville 1992

LANGBEIN, WALTER-JÖRG: *10 000 Jahre alte Pyramiden unter Wasser?* In: Ancient Skies Nr. 2/1990

LANGBEIN, WALTER-JÖRG: *Bevor die Sintflut kam.* München 1996

11   Der Fund von Aiud – des Rätsels nächster Teil

BÜRGIN, LUC: *Geheimakte Archäologie.* München 1998

FISCHIGER, LARS A.: *Der Aluminiumfund von Aiud.* In: Sagenhafte Zeiten Nr. 6/2009

FISCHINGER, LARS A.: *Historia Mystica.* München 2009

GHEORGHITA. FLORIN: *Das Objekt von Aiud.* In: Ancient Skies Nr. 3/1992

GHEORGHITA. FLORIN: *Enigme in Galaxie.* Iasi 1983

GHEORGHITA. FLORIN: *Leserbrief zu Hesemann.* In: Magazin 2000 Nr. 5/1996 (Nr. 112)

HESEMANN, MICHAEL: *Ich fand das Objekt von Aiud!* In: Magazin 2000 Nr. 1/1996 (Nr. 108)

LEB, PETER & REMAN, TIBOR: *Posibilul Object Extraterestru de la Aiud.* In: RUFOR vol. 2, Nr. 2/1995 (Nr. 15)

LEB, PETER: *Obiecte Misterioase la Muzeul de Istorie a Transilvaniei din Cluj.* In: Formula AS vom 23. Juli 2001 (Nr. 474)

POMPEI, CRISTIAN & COHAL, GHEORGHE: *Câlcîiul de aluminium de la Aiud.* In: Lumea Misterelor, 22. Juli bis 22. August 2008

TRENDLER, GÜNTER: *Zeugen vorgeschichtlicher Technik?* In: Ancient Skies Nr. VI/1988

VESCAN, DORU: *Obiect de origine extreterestrâ în muzeul national de istorie din Cluj.* In: Libertatea vom 25. Februar 2002

TEIL II
ÜBERLIEFERUNGEN GEBEN RÄTSEL AUF

12 Wer waren die Anunnaki?

FALKENSTEIN, A., & VON SODEN, W.: *Sumerische und akkadische Hymnen und Gebete.* Zürich und Stuttgart 1953

FISCHINGER, LARS A.: *Götter der Sterne.* Weilersbach 1997

FISCHINGER, LARS A. & GYUR, EWA: *Die Akte 2012.* Güllesheim 2010

GORION, MICHA JOSEF BIN: *Die Sagen der Juden.* Frankfurt a. M. 1962

GRIMAL, PIERRE (HRSG.): *Mythen der Völker. Band 1: Ägypten, Sumerer, Babylonier, Hethiter, Westsemiten, Griechen, Römer.* Frankfurt a. M. 1967

HAAG, HERBERT (HRSG.): *Bibel Lexikon.* Zürich und Köln 1968

RIESSLER, PAUL (HRSG./ÜBERS.): *Altjüdisches Schrifttum außerhalb der Bibel.* Freiburg und Heidelberg 1928

SCHMIDT, KLAUS: *Sie bauten die ersten Tempel.* München 2006

SCHOTT, ALBERT: *Das Gilgamesch-Epos.* Stuttgart 1958/1972

SITCHIN, ZECHARIA: *Der zwölfte Planet.* Untergäeri (Zug) 1979

SITCHIN, ZECHARIA: *Stufen zum Kosmos.* Untergäeri (Zug) 1982

SPROUL, BARBARA C.: *Schöpfungsmythen der östlichen Welt.* München 1993

13   Moses – von Außerirdischen entführt?

FISCHINGER, LARS A.: *Götter der Sterne.* Weilersbach 1997

FISCHINGER, LARS A.: *War Moses high am heiligen Berg?* In: Q'Phaze Nr. 12

HAAG, HERBERT (HRSG.): *Bibel Lexikon.* Zurück und Köln 1968

HAHN, JOACHIM: *Das »Goldene Kalb«. Die JHWH-Verehrung bei Stierbildern in der Geschichte Israels.* Europäische Hochschulschriften 23/154, Frankfurt a. M. 1987

MERTENS, HEINRICH A.: *Handbuch der Bibelkunde* (Düsseldorf 1984)

RIESSLER, PAUL (HRSG./ÜBERS.): *Altjüdisches Schrifttum außerhalb der Bibel.* Freiburg und Heidelberg 1928

SHANON, BENNY: *Biblical Entheogens: a Speculative Hypothesis.* In: Time and Mind – The Journal of Archaeology Consciouiisness an Cult, Vol I, Nr. 1, März 2008

14   Gab es Riesen in der Welt?

BAIGENT, MICHAEL: *Das Rätsel der Sphinx.* München 1998

BIERHORST, JOHN: *Die Mythologie der Indianer Nordamerikas.* Augsburg 1993

CREMO, MICHAEL A. UND THOMPSON, RICHARD L.: *Forbidden Archeology.* Los Angeles 1996

DÄNIKEN, ERICH VON: *Beweise*. Düsseldorf 1977

DAVIDSON, DESMOND: *Bigfoot is someons's idea of a joke*. In: The New Straits Times, 16. Juni 2008

DONA, KLAUS, UND HABECK, REINHARD: *Im Labyrinth des Unerklärlichen*. Rottenburg 2004

DOOLAN, ROBERT: *The fossil hunter from Mount Blanco*. In: Creation Nr. 13 (Juni 1991)

GOLIATH, RIESE DER BIBEL. ARTE, 13. August 2004

KOLOSIMO, PETER: *Sie kamen von einem anderen Stern*. Wiesbaden 1969

KOLOSIMO, PETER: *Woher wir kommen*. Wiesbaden 1972

KUNDING, GAING, TAN RAYMOND, & BANJI, CONNY: *Bigfoot was here!* In: The Borneo Post, 13. Juli 2008

MERTENS, HEINRICH A.: *Handbuch der Bibelkunde*. Düsseldorf 1984

O. A.: Biblische Riesen: *Hinterließen sie ihre Spuren auch in Syrien?* In: Mysteries Nr. 3/2010

O. A.: *Faulty Peripheral Vision Of Goliath May Have Aided David In His Historic Battle In The Elah Valley*, Pressemitteilung des Department of Public Affairs der Ben-Gurion University of the Negev, Israel, 16. Februar 2000

O. A.: *Giant stone-age axes found in African lake basin*, Pressemitteilung der Universität von Oxford vom 10. September 2009 unter http://www.ox.ac.uk/media/news_stories/2009/090910.html

O. A.: *Lebten in der Urzeit Riesen?* In: Kölnische Rundschau, 29. September 1949

PROBST, ERNST: *Gegner der Götter*, In: Wiener Zeitung, 31. Juli 1998

PROBST, ERNST: *Riesen im Rhein. Das Fossil als Rätsel: Wie der Blick in die Vergangenheit unsere Vorfahren verwirrte*. In: Die Zeit, 20. Dezember 1996

SAURAT, DENIS, & STRELLER, JUSTUS: *Atlantis und die Herrschaft der Riesen*. Stuttgart 1955

SCHWAAB, GUSTAV, & SEEWALD, RICHARD: *Sagen des klassischen Altertums*. Freiburg i. Br. 1961

STINGL, MILOSLAV: *Das Reich der Inka.* Düsseldorf 1982

ZILLMER, HANS-JOACHIM: *Darwins Irrtum.* München 1998

ZILLMER, HANS-JOACHIM: *Irrtümer der Erdgeschichte.* München 2001

15 Götter, Kriege und Atomwaffen

BERLITZ, CHARLES: *Geheimnisse versunkener Welten.* Frankfurt a. M. 1973

CHARROUX, ROBERT: *Phantastische Vergangenheit.* Berlin 1966

DÄNIKEN, ERICH VON: *Erinnerungen an die Zukunft.* Düsseldorf 1968

DÄNIKEN, ERICH VON: *Beweise.* Düsseldorf 1977

DÄNIKEN, ERICH VON: *Die Götter waren Astronauten!* München 2001

FISCHINGER, LARS A.: *Göttliche Zeiten.* Münster 1996

GANGULI, KISARI MOHAN: *The Mahabharata of Krishna-Dwaipayana Vyasa.* Calcutta 1883 bis 1896

GENTES, LUTZ: *Der Krieg gegen Dwârakâ: Beschreibung eines Luftangriffs im altindischen Mahâbhârata und Bhâgavata-Purâna.* In: Scientific Ancient Skies, Band 2, Berlin 1995

GENTES, LUTZ: *Die Wirklichkeit der Götter.* München und Essen 1996

GENTES, LUTZ: *Zur Frage der Tatsächlichkeit von Kontakten zu Außerirdischen in Altertum und Vorzeit: Ein neuer Weg zur Beweisführung anhand eines Vergleichsverfahrens zur Psychologie plötzlicher Kontakte sowie altindischer Schriften zur Luft- und Raumfahrt.* Ergänzungsband zum Bericht über die Tagung der MUFON – Central European Section. München 1977

JUNGK, ROBERT: *Heller als tausend Sonnen.* Bern und Stuttgart 1962

LESLIE, DESMOND, & ADAMSKI, GEORGE: *Flying Saucers have landed.* London 1953

O. A.: *Atomexplosion vor 8000 Jahren?* In: Sagenhafte Zeiten Nr. 2/2001

ROY, BIREN: *Mahābhārata.* München 1995

SITCHIN, ZECHARIA: *Die Kriege der Menschen und der Götter.* München 1991

16   Vater Abrahams Himmelfahrt

BREMER, DIETER: *Der verborgene Schlüssel zu Atlantis.* Grimma 2006

FISCHINGER, LARS A.: *Götter der Sterne.* Weilersbach 1997

LÉON-DUFOUR, XAVIER: *Wörterbuch zur biblischen Botschaft.* Freiburg i. Br. 1964

NEUE JERUSALEMER BIBEL. Freiburg i. Br. 1985

RIESSLER, PAUL (HRSG./ÜBERS.): *Altjüdisches Schrifttum außerhalb der Bibel.* Freiburg und Heidelberg 1928

17   Wenn der Herr die Zeit dehnt

FISCHINGER, LARS A.: *Begleiter aus dem Universum.* Lübeck 1999

FISCHINGER, LARS A.: *Götter der Sterne.* Weilersbach 1997

HOPKINS, BUDD: *Entführt ins All.* Berlin 1997

HOPKINS, BUDD: *Missing Time.* New York 1981

MACK, JOHN E.: *Entführt von Außerirdischen.* Essen und München 1995

RIESSLER, PAUL (HRSG./ÜBERS.): *Altjüdisches Schrifttum außerhalb der Bibel.* Freiburg und Heidelberg 1928

18   Altindische Flugwagen

BOPP, FRANZ: *Ardschuna's Reise zu Indra's Himmel nebst drei anderen Episoden des Mahâ-Bhârata.* Berlin 1824

BOPP, FRANZ: *Die Sündflut nebst drei anderen der wichtigsten Episoden des Mahâ-Bhârata.* Berlin 1829

CHILDRESS, DAVID HATCHER: *Vimana Aircraft of Ancient India & Atlantis.* Kempton 1994

GANGULI, KISARI MOHAN: *The Mahabharata of Krishna-Dwaipayana Vyasa.* Calcutta 1883 bis 1896

GENTES, LUTZ: *Der Krieg gegen Dwârakâ: Beschreibung eines Luftangriffs im altindischen Mahâbhârata und Bhâgavata-Purâna.* In: Scientific Ancient Skies, Band 2, Berlin 1995

GENTES, LUTZ: *Die Wirklichkeit der Götter.* In: Beiträge zur UFO-Forschung aus Geschichte, Biologie und Physik. MUFON-CES-Bericht Nr. 12, Feldkirchen-Westerham 2009

GENTES, LUTZ: *Die Wirklichkeit der Götter.* München 1996

GENTES, LUTZ: *Zur Frage der Tatsächlichkeit von Kontakten zu Außerirdischen in Altertum und Vorzeit: Ein neuer Weg zur Beweisführung anhand eines Vergleichsverfahrens zur Psychologie plötzlicher Kontakte sowie altindischer Schriften zur Luft- und Raumfahrt.* Ergänzungsband zum Bericht über die Tagung der MUFON – Central European Section. München 1977

KANJILAL, DILEEP KUMAR: *Vimana in Ancient India.* Calcutta 1985

MITTWEDE, MARTIN: *Spirituelles Wörterbuch Sanskrit – Deutsch.* Sankt Augustin 2010

SCHMÖLDERS, CLAUDIA: *Ramayana.* München 2004

THOMPSON, RICHARD L.: *Begegnungen mit Außerirdischen.* München 2000

UMFANGREICHE PRO- UND KONTRA-DISKUSSION IM INTERNET-FORUM RÄTSEL DER VERGANGENHEIT, Oktober 2009 bis November 2009 unter: http://www.fdoernenburg.de/Forum/viewtopic. php?f=13&t=3619

19   »Der Hauch seines Mundes war übler Geruch ...«

CHARROUX, ROBERT: *Die Meister der Welt.* Düsseldorf 1972

DAUMAS, FRANÇOIS: *Ägyptische Kultur im Zeitalter der Pharaonen,* Frankfurt a. M. 1971

GARBAGNATI, MARCELLO: *Svelato il mistero del »Papiro de Tulli«.* 11. Ap-

ril 2006 unter: http://www.egittologia.net/Articoli/MisteriSvelati/
tabid/56/ctl/Details/mid/517/ItemID/133/Default.aspx (unter www.
Antikitera.net als PDF)

GENTES, LUTZ: *Zur Frage der Tatsächlichkeit von Kontakten zu Außer-*
irdischen in Altertum und Vorzeit: Ein neuer Weg zur Beweisführung
anhand eines Vergleichsverfahrens zur Psychologie plötzlicher Kon-
takte sowie altindischer Schriften zur Luft- und Raumfahrt. Ergänzungsband zum Bericht über die Tagung der MUFON – Central
European Section. München 1977

HESEMANN, MICHAEL: *Ein UFO-Dokument aus dem Staatsarchiv von*
Pharao Thutmosis III.? In: Magazin 2000 Nr. 1/1997 (Nr. 114)

MAGIN, ULRICH: *Die UFOs und der Pharao.* UFO-Student Sonderband
Nr. 2, 2001

MAGIN, ULRICH: *Great Rings of Fire – Flying Saucers Attack the King of*
Egypt. In: Fortean Studies Nr. 6, 1999

MAGIN, ULRICH: *Neues vom Tulli-Papyrus.* In: Mysteria 3000 Nr. 2/2002

MAGIN, ULRICH: *Tulli-Papyrus ist gefälscht.* In: Mysteries Nr. 3/2006

STOOF, MAGDALENA: *Das hunderttorige Theben.* Rastatt 1989

TEIL III

DIE VERBORGENE SEITE DES LEBENS

20 Spuren im Stein

AMANNIJAZOV, K.: *Ist der Mensch Zeitgenosse der Dinosaurier?* In:
Ancient Skies Nr. V/1984

BAIGENT, MICHAEL: *Das Rätsel der Sphinx.* München 1998

BERLITZ, CHARLES: *Die Welt des Unbegreiflichen.* München 1990

CREMO, MICHAEL A. & THOMPSON, RICHARD L.: *Forbidden Archeology.*
Badger 1993

DOUGHERTY, CECIL: *Valley of the Giants*. Cleburne 1971

DÜNNENBERGER, WILLI, & DÄNIKEN, ERICH VON: *Neue prähistorische Rätsel in Texas*. In: Ancient Skies Nr. VI/1986

KUBAN, GLEN J.: *The a Paluxy Dinosaur/«Man Track« Controversy*. 1996 bis 2010 unter: http://paleo.cc/paluxy/paluxy.htm

LANGBEIN, WALTER-JÖRG, & DÜNNENBERGER, WILLI: *Götter und Riesen im Altertum*. In: Ancient Skies Nr. II/1979

O. A.: *Glen-Rose-Hammer: Nicht von dieser Erde?* In: Magazin 2000 Nr. 6/1994 (Nr. 101)

SAURAT, DENIS: *Atlantis und die Herrschaft der Riesen*. Stuttgart 1955

SIEBENHAAR, WOLFGANG: *Evolution und Fakten*. In: Ancient Skies Nr. II/1979

WEBSEITE DES CREATION EVIDENCE MUSEUM IN GLEN ROSE unter: www.creationevidence.org

WEBSEITE VON HANS-JOACHIM ZILLMER MIT ZAHLREICHEN STELLUNG-NAHMEN unter: www.zillmer.com

ZILLMER, HANS-JOACHIM: *Darwins Irrtum*. München 1998

ZILLMER, HANS-JOACHIM: *Sind Fußspuren von Menschen und Dinosauriern in den gleichen geologischen Schichten gefälscht?* Ohne Datum unter: http://www.zillmer.com/evo_9.htm

21 Dinosaurier im Dschungel Afrikas – noch heute?

GIBBONS, WILLIAM J.: *Mokele-Mbembe: Mystery Beast of the Congo Basin*. Landisville 2010

HAGENBECK, CARL: *Von Tieren und Menschen*. Berlin 1909

HEUVELMANS, BERNARD: *On the Track of Unknown Animals*. London 1958

MACKAL, ROY P.: A *Living Dinosaur?: In Search of Mokele-Mbembe*. New York 1987

MONSTER QUEST: *The last Dinosaur*. History Channel 24. Juni 2009

NUGENT, RORY: *Drums along the Congo*. Boston 1993

POWELL (JR.), JAMES H.: *On the Trail of the Mokele-Mbembe*. In: Explorers Journal, vol. 59, Nr. 2 (Juni 1981)

PROYART, ABBÉ: *Geschichte von Loango, Kakongo und anderen Königreichen in Afrika*. Leipzig 1777

SHUKER, KARL P.: *In Search of Prehistoric Survivors*. London 1996

22 Der Mythos vom »Ziegensauger«

ADAMS, DAVID: *The Weird Tale of the Goatsucker*, In: St. Petersburg Times vom 21. März 1996

FISCHINGER, LARS A.: *...und dann kamen die UFOs*. Lübeck 2001

HORN, ROLAND M.: *Rätselhafte & phantastische Formen des Lebens*. Lübeck 2002

MARTÍN, JORGE: *Begegnungen mit Außerirdischen in Puerto Rico*, Teil 1: *UFO-Basis in der Karibik?* In: *Magazin 2000* Nr. 5/1995 (Nr. 106)

MARTÍN, JORGE: *Begegnungen mit Außerirdischen in Puerto Rico*, Teil 2: *Begegnungen der dritten und vierten Art*. In: *Magazin 2000* Nr. 6/1995 (Nr. 107)

MARTÍN, JORGE: *Der tote Außerirdische*. In: *Magazin 2000* Nr. 2/1996 (Nr. 109)

MARTÍN, JORGE: *UFOs, the goverment, and the conspiracy – the Chupacabras Phenomenon*. Unter: http://www.princeton.edu/~accion/chupa13.html

O.A.: *Angriff der Chupacabras*. In: Faktor X Nr. 18

O.A.: *Chupacabras terrorisieren das Land*. In: Magazin 2000 plus Nr. 6/1996 (Nr. 113)

SAMMLUNG VON THEMEN UND DISKUSSIONEN ZUM CHUPACABRAS UNTER: http://user.twilightline.com/viewtopic.php?f=51&t=22#p118

SCHNEIDER, MICHAEL: *»El Chupacabras« – Geburt eines Mythos*. Unter: http://www.kryptozoologie.net/artikel/wp-content/files/2007/10/el_chupacabras.pdf

SCHNEIDER, MICHAEL: *Rassismus, Amerika und El Chupacabras.* Unter: http://www.kryptozoologie.net/artikel/archiv/chupi-experimental/

SCHNEIDER, MICHAEL: *Spuren des Unbekannten – Reloaded.* Krombach 2008

SCOTT, CORRALES: *How many Goats can a Goatsucker suck?* In: *Fortean Times* Nr. 8/1996 (Nr. 89)

23 Seltsame »Alienleichen« und ein bisschen »Akte X«

HABECK, REINHARD: *Geheimnisvolles Österreich.* Wien 2006

HESEMANN, MICHAEL: *Polizei-Video von totem Außerirdischen freigegeben!* In: Magazin 3000, April 2002 (Nr. 5)

HESEMANN, MICHAEL: *Russische Polizei findet Außerirdischen-Leiche.* In: Magazin 3000, Dezember 2000 (Nr. 1)

MARTÍN, JORGE: *Begegnungen mit Außerirdischen in Puerto Rico,* Teil 1: *UFO-Basis in der Karibik?* In: *Magazin 2000* Nr. 5/1995 (Nr. 106)

MARTÍN, JORGE: *Der tote Außerirdische.* In: *Magazin 2000* Nr. 2/1996 (Nr. 109)

MÜLLER, DIETMAR: *»Monstrum humanum« – Die anatomische Sammlung.* In: Sächsische Landestelle für Museumswesen (Hrsg.): Naturalienkabinett Waldenburg. Chemnitz 1999

O.A.: *Der »Außerirdische« von Puerto Rico.* 1996 bis 2007 (nach J. Martín 1996) unter: http://www.acolina.de/content/seti/puerto.htm

O.A.: *Der Humanoide von Kystym – das Polizeivideo.* DEGUFO e.V. News vom 8. September 2002

O.A.: *Mysterious dwarfish alien brutally murdered in Russia's remote village.* PRAVDA, 5. April 2007

O.A.: *Russian geneticists to reveal alien's DNA mystery.* PRAVDA, 24. März 2007

VIRGILIO SANCHEZ-OCEJO, VIRGILIO: *Tiny Humanoid Creature Found in Chile.* 26. Oktober 2002 unter: http://rense.com/general31/tinyt.htm

24 Liebling der Medien: der »Alien« von Metepec

ALBERT, ATTILA: *Alien-Baby in Tierfalle gefangen? Es lebte noch.* BILD online am 24. August 2009 unter: http://www.bild.de/BILD/news/mystery-themen/2009/08/alien-baby/ausserirdischer-in-mexico-gefangen.html

ALBERT, ATTILA: *Hat das »Mexiko Alien« noch einen Bruder?* In: BILD online am 30. August 2009 unter: http://www.bild.de/BILD/news/mystery-themen/2009/08/mexiko-alien/hat-es-einen-bruder.html

ALBERT, ATTILA: *War es die Rache der Aliens?* In: BILD online am 25. August 2009 unter: http://www.bild.de/BILD/news/mystery-themen/2009/08/alien-baby-mexiko-bauer-tot/im-auto-ver-brannt-rache-der-ausserirdischen.html

BAUERNEBEL, H. & ALBERT, ATTILA: *Lösen die Forscher das DNA-Rätsel nie?* BILD online am 26. August 2009 unter: http://www.bild.de/BILD/news/mystery-themen/2009/08/alien-baby-entdecker-spricht/ufo-forscher-ueber-das-angebliche-alien-baby.html

GERHARD, ROLAND: *Alienbaby die Vierte.* UFO-Meldestelle am 27. August 2009 unter: http://ufo-meldestelle.blog.de/2009/08/27/alien-baby-vierte–6832937/

GERHARD, ROLAND: *Schweinegrippe: Die Aliens sind schuld!* UFO-Meldestelle am 31. August 2009 unter: http://ufo-meldestelle.blog.de/2009/08/31/schweinegrippe-aliens-schuld–6859297/

KUCK, EVA: *»Das Alien ist ein Schwindel.«* FOCUS online am 1. September 2009 unter: http://www.focus.de/wissen/wissenschaft/mensch/paranormales-vs-wissenschaft-das-alien-ist-ein-schwindel_aid_431658.html

REMKE, MICHAEL: *BamS-Reporter traf das Wesen von Metepec.* BILD am Sonntag online am 30. August 2009 unter: http://www.bild.de/BILD/news/mystery-themen/2009/08/bams-reporter-beim-alien-baby/spekulationen-um-wesen-von-metepec-au_C3_9Ferirdisch.html

25 Der Bundestag und die Außerirdischen

DEUTSCHER BUNDESTAG (16. WAHLPERIODE), DRUCKSACHE 16/13332 VOM 12.06.2009/SCHRIFTLICHE FRAGEN MIT DEN IN DER WOCHE VOM 8. JUNI 2009 EINGEGANGENEN ANTWORTEN DER BUNDESREGIERUNG. Dokumentations- und Informationssystem des Deutschen Bundestages unter http://dipbt.bundestag.de/dip21.web/welcome.do?resetNav=y

DEUTSCHER BUNDESTAG (16. WAHLPERIODE), DRUCKSACHE 16/13570 VOM 26.06.2009/SCHRIFTLICHE FRAGEN MIT DEN IN DER WOCHE VOM 22. JUNI 2009 EINGEGANGENEN ANTWORTEN DER BUNDESREGIERUNG. Dokumentations- und Informationssystem des Deutschen Bundestages unter http://dipbt.bundestag.de/dip21.web/welcome.do?resetNav=y

DEUTSCHER BUNDESTAG (16. WAHLPERIODE), DRUCKSACHE 16/9554 VOM 13.06.2008/SCHRIFTLICHE FRAGEN MIT DEN IN DER WOCHE VOM 9. JUNI 2008 EINGEGANGENEN ANTWORTEN DER BUNDESREGIERUNG. Dokumentations- und Informationssystem des Deutschen Bundestages unter http://dipbt.bundestag.de/dip21.web/welcome.do?resetNav=y

LUDWIGER, ILLOBRAND VON: *UFOs – die unerwünschte Wahrheit*. Rottenburg 2009

WALTER, ULRICH: *Da draußen ist keiner*. In: Das Parlament vom 1. Februar 2008

SCHETSCHE, MICHAEL: *Auge in Auge mit dem maximal Fremden?* Kontaktszenarien aus soziologischer Sicht. In: Schetsche, Michael & Engelbrecht, Martin (Hg.): *Von Menschen und Außerirdischen*. Bielefeld 2008

26   »Ein zerstörtes außerirdisches Raumschiff« und seltsame Signale der »Aliens«?

BAGBY, JOHN P.: *Terrestrial Satellites: Some direct and indirect Evidence.* In: ICARUS Nr. 10/1969

GRIS, HENRY: *Is there a dead Ship from outer Space?* In: Rand Daily Mail vom 20. August 1979

KEITH, JIM: *Casebook on Alternative 3.* Lilburn 1994

LUNAN, DUNCAN: *Man and the Stars.* London 1974

O. A.: *Message from a Star.* In: Time vom 9. April 1973

O. A.: *Scientists discover damaged Alien Spacecraft is in Orbit around Earth.* In: National Enquirer, August 1979

STECKLING, FRED: *We Discovered Alien Bases on the Moon.* Vista 1981

STØRMER, CARL/POL, BALTH VAN DER: *Short-wave Echos and the Aurora Borealis.* In: Nature, Nr. 3079, vol. 122, 3. November 1928

WATKINS, LESLIE: *Alternative 3.* London 1978

27   UFO-Crash vor 12000 Jahren: vom Tod einer Legende

CHARROUX, ROBERT: *Die Meister der Welt.* Düsseldorf 1972

DÄNIKEN, ERICH V.: *Aussaat und Kosmos.* Düsseldorf 1974

DÄNIKEN, ERICH V.: *Zurück zu den Sternen.* Düsseldorf 1969

DENDL, JÖRG: *Chinas phantastische Vergangenheit.* G.R.A.L. Sonderband Nr. 11, Berlin 1998

FISCHINGER, LARS A.: *Außerirdische Panne vor 12000 Jahren?* In: DISCOVER Nr. 4/1994

FISCHINGER, LARS A.: *Die Götter waren hier!* Lübeck 2001

FISCHINGER, LARS A.: *Göttliche Zeiten.* Münster 1996

HAUSDORF, HARTWIG: *Baian-Kara-Ula: Neue Erkenntnisse zum Jahrhunderträtsel.* In: Ancient Skies Nr. 6/1995

HAUSDORF, HARTWIG: *Chinesische Expedition nach Baian Kara Ula.* In: Sagenhafte Zeiten Nr. 5/2002

HAUSDORF, HARTWIG: *Die weiße Pyramide.* München 1994

HAUSDORF, HARTWIG: *Nicht von dieser Welt.* München 2008

KOLOSIMO, PETER: *Sie kamen von einem anderen Stern.* Wiesbaden 1969

KRASSA, PETER: *...und kamen auf feurigen Drachen.* Wien 1984

KRASSA, PETER: *Als die gelben Götter kamen.* München 1973

KRASSA, PETER: *Ich fand meine »Fata Morgana«.* In: Ancient Skies Nr. 6/1983

KRASSA, PETER: *Wie eine Fata Morgana ... Chinesische Steinscheiben- und ET-Story widerlegt?* In: G.R.A.L. Nr. 3/1995

O. A.: *UFOs in der Vorzeit?* In: Das Vegetarische Universum Nr. 7/1962

28 Coral Castle und die Antigravitation

CORAL CASTLE MUSEUM unter: http://coralcastle.com

GILLIES, GEORG T.: *The Newtonian gravitational constant: recent measurements and related studies.* In: Reports on Progress in Physics Nr. 60 (Februar 1997)

HATTWIG, PETER: *Der Transport überschwerer Objekte im Altertum.* Vortrag, Bremen 7. März 2010

LEEDSKALNIN, EDWARD: *Rock Gate.* In: Miami Daily News vom Oktober 1945

MCCLURE, RUSTY, & HEFFRON, JACK: *Coral Castle.* Dublin 2009

MIAZZI, ALESSANDRO: *Coral Castle.* Unter: http://www.daltramonto-allalba.it/misteri/coralcastle.htm

PODKLETNOV, E. E.: *Weak gravitation shielding properties of composite bulk YBa_2Cu_3O_{7-x} superconductor below 70 K under e.m. field.* Moskau 1997

WEBSEITE VON CHRISTOPHER DUNN UNTER: www.Gizapower.com

TEIL IV
GEHEIMNISSE DER GESCHICHTE

29   Die Kolumbus-Lüge

BALABANOVA, S., PARSCHE, F. & PIRSING W.: *First identification of drugs in Egyptian Mummies.* In: Naturwissenschaften vol. 79 Nr. 8/1992

BERLITZ, CHARLES: *Der 8. Kontinent.* München 1995

BÜRGIN, LUC: *Geheimakte Archäologie.* München 1998

BÜRGIN, LUC: *Lexikon der verbotenen Archäologie.* Rottenburg 2009

CARNAC, PIERRE: *Geschichte beginnt in Bimini.* Olten und Freiburg i. Br. 1978

CERAM, C. W.: *Der erste Amerikaner.* Reinbek 1972

DAS BUCH MORMON. Frankfurt am Main 1985

DENDL, JÖRG: *Amerikafahrten vor Columbus.* Saxa et Libri Nr. 4/2007

HANCOCK, GRAHAM: *Spiegel des Himmels.* München 1998

HAPGOOD, CHARLES H.: *maps of the ancient sea kings.* kempton 1965

HEYERDAHL, THOR: *Aku-Aku.* Berlin o.J.

HEYERDAHL, THOR: *kon-tiki.* berlin 1949

IRWIN, CONSTANCE: *Fair Gods and Stone Faces.* New York 1963

IRWIN, CONSTANCE: *Kolumbus kam 2000 Jahre zu spät.* Wien 1963

MEIER, JULIA: *Waren die Phönizier in Amerika?* In: G.R.A.L. Nr. 1/1995

MENZIES, GAVIN: *1421.* München 2004

NEVES, WALTER A. & HUBBE, MARK: *Luzia und die Geschichte der ersten Amerikaner.* In: Abenteuer Archäologie Nr. 1/2004

O.A.: *Mumien voller Hasch,* in: GEO Nr. 19/1992

OTH, RENÉ: *Bevor Kolumbus kam.* Stuttgart 2006

RIVET, PAUL: *Alt-Mexiko.* München 1954

SUDHOFF, HEINKE: *Sorry, Kolumbus.* Bergisch-Gladbach 1990

THE MYSTERY OF THE COCAINE MUMMIES, Channel 4, 8. September 1996

ZILLMER, HANS-JOACHIM: *Kolumbus kam als Letzter.* München 2004

30 Volto Santo, der Schleier von Manoppello

BADDE, PAUL: *Das Göttliche Gesicht.* München 2006

BADDE, PAUL: *Im Schweiße seines Angesichtes:* In: Welt am Sonntag, 27. August 2006 (Nr. 35)

BARALDI, PIETRO: *Untersuchung des Volto Santo von Manoppello mit dem Raman-Mikroskop.* In: Veronica Nr. 1/2008

BULST, WERNER, & PFEIFFER, HEINRICH: *Das Turiner Grabtuch und das Christusbild, Band 2: Das echte Christusbild.* Frankfurt a. M. 1991

FISCHINGER, LARS A.: *Das Wunder von Guadalupe.* Güllesheim 2007

HORST, GUIDO: *Der Krimi geht weiter.* In: Veronika Nr. 2/2006

LIEB, ARNE: *Muschelseidene Wahrheiten.* In: Süddeutsche Zeitung, 4. April 2007

PENUEL E.V. – KREIS DER FREUNDE DES WAHREN ANTLITZES JESU CHRISTI unter http://www.antlitz-christi.de

PFLÜGER, HELMUT: *Wölfe im Schafspelz.* Stein am Rhein 2008

ROTHWEILER, IRENE: *Auf der Suche nach dem Antlitz Christi.* In: Veronika Nr. 2/2006

SCHLÖMER, BLANDINA PASCHALIS: *Der Schleier von Manoppello und das Grabtuch von Turin.* Innsbruck 1999

SCHLÖMER, BLANDINA PASCHALIS: *Homepage* unter: http://www.sr. blandina.ofm.li

SCHWIBACH, ARMIN: *Eine verehrungswürdige Ikone ungewisser Herkunft.* In: Die Tagespost, 27. Juli 2006 (Nr. 87)

UND JETZT KOMMT DER PAPST. IN: Berliner Morgenpost, 27. August 2006

VAN DEN HÖVEL, MARKUS: *Der Manoppello-Code.* Norderstedt 2009

31 Die Nacht, in der der Teufel kam

BÜHLER, MARKUS: *Die teuflischen Mäusespuren von Devon.* Bestiarium, 14. Juni 2007, unter: http://bestiarium.kryptozoologie.net/artikel/die-teuflischen-mausespuren-von-devon/

CLARKE, ARTHUR C., WELFARE, SIMON, & FAIRLEY, JOHN: *Geheimnisvolle Welten.* Augsburg 1990

DASH, MIKE: *The Devil's Hoofmarks.* In: *Fortean Studies Nr. 1.* (1994) & Nr. 3 (1996)

FARKAS, VIKTOR: *Rätselhafte Wirklichkeiten.* München 1998

FISCHINGER, LARS A.: *...und dann kamen die UFOs.* Lübeck 2001

O. A.: *The Two-Legged Wounder.* In: Western Times vom 24. Februar 1855

OWEN, RICHARD. FOOTPRINTS IN THE SNOW. IN: *Illustrated London News* vom 31. Dezember 1855

PARKINSON, DANIEL: *The Devil's Footprints.* Mysterious Britain & Ireland, ohne Datum, unter: http://www.mysteriousbritain.co.uk/england/devon/other-mysteries/the-devils-footprints.html

ROSS, CLARK JAMES: *A Voyage or Discovery and Research in the Southern and Antarctic Regions, During the Years 1939–43.* Band 1, London 1947

SHUKER, KARL P.N.: *The Unexplained.* London 1996

32   Die grünen Kinder von Woolpit

BRIGGS, KATHARINA: *The Fairies in Tradition and Literature.* London 1977

DASH, MIKE: *X Phänomene.* München & Essen 1997

HARRIS, PAUL: *The Green Children of Woolpit.* In: Fortean Times Nr 57 (1991)

HARRIS, PAUL: *The Green Children of Woolpit: A 12th Century Mystery and its Possible Solution.* In: Fortean Studies Nr 4/1998

KRASSA, PETER, & HABECK, REINHARD: *Die Palmblatt-Bibliothek und andere geheimnisvolle Schauplätze dieser Welt.* München 1998

33 Verschwörung um die »Mauer von Gizeh«

EGGERS, STEFAN: *Die Giza Mauer.* 30. Dezember 2007 unter: http://www.pyramidenbau.info/index.php?option=com_content&view=article&id=61&Itemid=75

FISCHINGER, LARS A.: *Die »Giza-Mauer«* In: Q'Phaze Nr. 10

GEISE, GERNOT L.: *Der Gizeh-Komplex.* In: EFODON-Synesis Nr. 4/2005

RÉTYI, ANDREAS VON: *Geheimakte Gizeh-Plateau.* In: Sagenhafte Zeiten Nr. 1/2006

RÉTYI, ANDREAS VON: *Geheimakte Gizeh-Plateau.* Rottenburg 2005

RISI, ARMIN: *Die Giza-Mauer: Der aktuelle Stand.* Januar/April 2007 unter: http://www.armin-risi.ch/Artikel/Aegypten/Die_Giza-Mauer_Aktuell.html

34 War Juri Gagarin wirklich der erste Mensch im All?

BENÍTEZ, J. J.: *OVNIS: SOS a la Humanidad.* Barcelona 1975

BÜRGIN, LUC: *Russen enthüllt: »Ich war vor Gagarin im All!«,* in: Mysteries Januar/Februar 2005 (Nr. 7)

HESEMANN, MICHAEL: *Geheimsache U.F.O.* Güllesheim 1994

NEMERE, ISTVÁN: *Gagarin = kozmikus hazugsag.* Budapest 1990

PUTTKAMER, JESCO VON: Apollo 11: *»Wir sehen die Erde«.* München 1999

STECKLING, FRED & GLENN: *Wir entdeckten außerirdische Basen auf dem Mond.* Rottburg 1996

ABBILDUNGSVERZEICHNIS

Kap. 1: Archiv Peter Krassa & Lars A. Fischinger

Kap. 2, 23a, 23b: André Kramer

Kap. 3, 4a, 4b, 7, 9a, 11a, 11b, 13, 14a, 15, 17, 18a, 19a, 23d, 29a, 29b, 30b, 30c, 31: Archiv Lars A. Fischinger

Kap. 5a, 5b: Ingrid Kapitanj

Kap. 5c, 5d: Nenad Djurdjević

Kap. 6, 18b: Walter-Jörg Langbein

Kap. 9b: Alexander Knörr

Kap. 11c: Dantheman9758

Kap. 12: Mario Ringmann

Kap. 14b: Mike Presto

Kap. 16, 34: NASA

Kap. 19b: Silke Fischinger nach »Doubt«

Kap. 22: Zeichnung: Nadine Schneider, Interessengemeinschaft kryptozoologische Forschung, 2005

Kap. 23c: Reinhard Habeck

Kap. 24: Jaime Maussan

Kap. 30a: Josef Läufer

Kap. 33: Armin Risi

DANKSAGUNG

An dieser Stelle möchte ich mich bedanken. Bedanken bei allen, die mich bei meinen Recherchen zu diesem Buch und bei der Beschaffung von Quellen- und Bildmaterial unterstützt haben. Ebenso für die fruchtbaren (manchmal hitzigen) Pro- und Kontra-Diskussionen zu den in diesem Buch dargestellten und nicht selten umstrittenen Themen.

Ganz besonders danken möchte ich **Sonja Ampssler** für ihre konstruktive Mitarbeit, Kritik und dass sie mich oft auf meinen Reisen auf den Spuren der ungelösten Rätsel unseres Planeten begleitet hat.

Ebenso gilt mein herzlichster Dank **Andreas Wilhelm** für das hervorragende Vorwort zu diesem Buch.

Vor allem möchte ich mich bei folgenden Personen und Institutionen für ihre Unterstützung bedanken – auch wenn man oftmals geteilter Meinung war und ist:

Adriana Winkler, Alexander Knörr (DEGUFO e.V.), Alexandru-Ioan-Cuza-Universität Iaşi (Rumänien), André Kramer, Andreas Zimmermann, Anna Rostek, Archäologisches Museum Königsbrunn, Armin Risi, Bernfried Fischinger, Bernhard Beier, Clemens Struffert, Cornelia Schrader, Dan Khadikin, Deutscher Wetterdienst Offenbach, Dieter Bremer, Dr. Bergfeld Schmiedetechnik GmbH (Solingen),

Dr. Carmen Ciongradi, Dr. Dr. h.c. Hans-Joachim Zillmer, Dr. h. c. Erich von Däniken, Dr. h.c. Hubert Zeitlmair, Dr. Klaus Richter, Dr. Markus van den Hövel, Dr. Peter Hattwig, Dr. Ralf Grünke, Dr. Roberto Pinotti, Elfriede Fischinger, Emanuel Bruckner, Erdogan Ercivan, Ewa G., Florin Gheorghita, Forschungsgesellschaft für Archäologie, Astronautik und SETI, Frank Dörnenburg, Gerhard Lux, Gisela Ermel, Hartwig Hausdorf, International Office der Universität Freiburg, Iris Scharfenberger-Roth, Jaime Maussan, Joan Self, Jörg Boer, Jörg Dendl, Josef Läufer (Penuel e.V.), Julz Bremer, Katrin Buschmann-Möller, Klaus Dona, Kolja Brand, Kulturbüro Königsbrunn, Luc Bürgin, Lutz Gentes, Mario »Ossi« Ringmann, Marius Kettmann (MUFON-CES), Markus Pezold, Michael Hesemann, Michael Kran, Michael Schneider, Mike Dash, Mike Presto, Nenad Djurdjević, Penuel – Kreis der Freunde des wahren Antlitz Jesu Christi e. V. (Triberg), Peter Fiebag, Peter Krassa, Petra Frey, Philip Pucher, Prof. Dr. Calina Gogalniceanu (Alexandru-Ioan-Cuza-Universität Iași, Rumänien), Prof. Dr. Christian Bernhard, Prof. Dr. Dr. h. c. Günter Gottstein (Institut für Metallkunde und Metallphysik, Rheinisch-Westfälische Technische Hochschule Aachen), Prof. Dr. Jana Eccard (Institut für Biochemie und Biologie der Universität Potsdam), Prof. Dr. Jürgen Hirsch (Hydro Aluminium Deutschland GmbH), Prof. Dr. Norbert Sachser (Department of Behavioural Biology der Universität von Münster), Prof. h.c. Dr. Bernhard Schröder (Universität Freiburg, Grigore-T.-Popa-Mediz.-Pharm. Universität Iași), Professor Dr. Gheorghe Lazarovici, Professor Dr. Helmut Pflüger, Ralph Götzinger, Reinhard Habeck, Reinhild Fischinger, Roland

M. Horn, Roland Roth, Rumänische Botschaft Berlin, Schwester Blandina Schlömer, Siglinde Matysik, Silke Fischinger, Tatjana Heise, Thorsten Filter, Thorsten Warrick, Uafa Karani, Ulrich Dopatka, Ulrich Magain, Walter-Jörg Langbein, Westfälische Wilhelms-Universität Münster, Wolfgang Siebenhaar, Xavier I. von Krumau und Übersetzungsbüro Christa Aldea, Köln.

Abschließend danke ich dem Team und den Teilnehmern des Forums von alien.de sowie den Mitarbeitern meines Verlages.

Die großen Geheimnisse der Menschheit

Lars A. Fischinger
Historia Mystica

Rätselhafte Phänomene, dunkle Geheimnisse
und das unterdrückte Wissen der Menschheit
320 Seiten, gebunden

ISBN 978-3-7787-7364-2

Ansata